荣获

新闻出版总署优秀畅销书奖
全国优秀古籍图书普及读物奖
第十七届山西省优秀图书一等奖
第 二 届 山 西 出 版 政 府 奖
山西出版集团2008年度十种好书

全套藏书累计销售500万册

诸子百家卷

《诗经》《尚书》《礼记》《楚辞》《论语·大学·中庸》《孟子》
《老子》《庄子》《荀子》《韩非子》《孙子兵法·尉缭子·鬼谷子》
《墨子》《周易》《山海经》《吕氏春秋》《三十六计》

名家选集卷

《三曹诗集》 《陶渊明集》 《王勃集》 《王维集》 《孟浩然集》
《高适集》 《岑参集》 《李白集》 《杜甫集》 《白居易集》
《刘禹锡集》 《元稹集》 《李商隐集》 《李贺集》 《杜牧集》
《韩愈集》 《柳宗元集》 《李煜集》 《欧阳修集》 《王安石集》
《苏轼集》 《黄庭坚集》 《柳永集》 《秦观集》 《周邦彦集》
《李清照集》 《辛弃疾集》 《陆游集》 《范成大集》 《杨万里集》
《姜夔集》 《文天祥集》 《元好问集》 《唐寅集》 《张岱集》
《三袁集》 《李贽集》 《傅山集》 《纳兰性德集》 《袁枚集》
《郑板桥集》 《龚自珍集》

史著选集卷

《左传》《国语》《战国策》《史记》《汉书》《后汉书》《三国志》
《资治通鉴》

综合选集卷

《唐诗三百首》《宋词三百首》《元曲三百首》《千家诗》《古文观止》
《汉魏六朝小赋骈文选》 《唐宋八大家文选》 《明清小品文选》

笔记杂著卷

《蒙学六种——三字经·百家姓·千字文·增广贤文·幼学琼林·格言联璧》
《颜氏家训·朱子家训》 《世说新语》 《金刚经·坛经·心经·地藏经》
《曾国藩家书》《菜根谭·小窗幽记·幽梦影》《浮生六记》《闲情偶寄》
《近思录》《徐霞客游记》《古代书信精选》

戏曲小说卷

《元杂剧精选》《西厢记》《牡丹亭》《长生殿》《桃花扇》《今古奇观》
《三国演义》《水浒传》《西游记》《红楼梦》《聊斋志异》《儒林外史》
《封神演义》《话本小说选》《文言小说选》

荀子

孙安邦 译注

中国家庭基本藏书 诸子百家卷

山西出版集团
三晋出版社

博学工作室

高文典籍
傳家瑰寶
藏用同功
永垂華藻

張領

· 著名考古学家、古文字学家张领先生为《中国家庭基本藏书》题词

前言

诸子百家卷

荀子·前言

战国末期,封建制度已经确立。诸子百家、各派各家之间出现了百家争鸣、学术繁荣的局面。荀子的学说及其哲学体系达到了先秦哲学的最高峰,他的文学实践也取得了光辉的成就。

荀子名况,又称孙卿、孙卿子,被时人尊称为荀卿。战国晚期赵国(今山西安泽县)人。他的生卒年代很难确考,大约生于公元前313年以前,卒于公元前238年前后。

荀子生活在战国末年七雄并峙局面即将结束、封建的大一统即将形成的时期。当时,齐国的统治者为了扩大政治影响,笼络知识分子,聘请了许多著名学者到都城临淄(今山东淄博市东北)的稷下学宫讲学。当时名士像孟轲、邹衍、宋钘、鲁仲连等都曾活跃于稷下。稷下成为当时学术活动的中心。

荀子十五岁时,游学齐国,当时齐国兵强势盛。他企图说服齐国宰相实行王道,争取统一天下。他说:"处胜人之势,行胜人之道,天下莫忿,汤、武是也;处胜人之势,不以胜人之道,厚于有天下之势，索为匹夫不可得也，桀、纣是也。"（《荀子·王霸篇》）他还劝说齐国君臣选贤任能，重用儒家，"如是，则国孰敢不为义矣？君臣上下，贵贱长少，至于庶人，莫不为义，则天下孰不欲合义矣？贤士愿相国之朝，能士愿相国之官，好利之民莫不愿以齐为归，是一天下也。"（《荀子·强国篇》）但当时齐湣王居功自傲，听不进荀子的建议。荀子向其君臣提出警告说："今巨楚县吾前，大燕鳅吾后，劲魏钩吾右。"（同上）齐国如果不行王道，三国将乘机瓜分齐国。荀子这些警告未被采纳，只好离齐去秦。后来齐国果然被燕国所打败，齐湣王在逃亡途中被杀。

未几，荀子到秦国会见秦昭王和宰相范雎，陈述自己的意见，把统一全国的希望寄托于秦，应侯范雎问他入秦看到什么，他回答：秦国边塞险固，形势便利，山川秀美，资源丰富。更重要的还在于秦国的百姓风俗淳朴，朝廷政治清明，治理的效果好。一次，他在与秦昭王答辩中，宣讲了隆礼、尊君、爱民等实行王道的儒家学说。

荀子在秦国难于推行自己的学说，便到楚国。楚国的春申君任命他为兰陵令。有人对春申君说："汤在亳，武王在鄗，地方都不过百里，都成为天子。现在荀卿是个贤人，你给他百里之地，恐怕不当吧！"于是，春申君差人辞谢了荀卿。荀卿离楚又到赵国，赵以荀子为上卿（见《战国策·楚策》）。在赵国，他与临武君、赵孝成王议兵。在记述这次议兵的文章《议兵篇》中阐明了他的用兵主张："凡用兵攻战之本在乎壹民。"壹民，即争取民心归向。他的议论受到赵孝成王和临武君的赞赏。荀子还对赵国君臣说，只有仁义之师，才能无敌于天下。认为战争不是军事的竞赛，而更重要的是政治的竞赛，实力强弱是可以转化的，正义的战争得到人心，就可以由弱为强。荀子的这一主张，并未真正被赵国接受，反而遭到诽谤。这时，楚国又有人欢迎他回到楚国，对春申君说："以前伊尹离夏到商，结果商灭了夏；管仲离鲁到齐，结果鲁弱而齐强。贤人所在的国家，国家没有不尊贵、没有不兴旺的。现在荀卿是天下的贤人，你为何让他离开呢？"于是，春申君派人又把荀子请回楚国。

当年荀子曾两度在"稷下学宫"讲学，他的门下弟子李斯要去秦国游说，辞行时对他说："我听说得到时机就不要懈怠，现在万乘之国相互争战，游说的可以主治大事，如今秦王想统一天下，我将要西往秦国游说秦王去了。"荀子不满意李斯看重法术和权谋。后来，师徒相遇，在议兵时，两人发生严重分歧。李斯说："秦四世有胜，兵强海内，威行诸侯，非以仁义为之也，以便从事而已。"荀子答道："女所谓便者，不便之便也。吾所谓仁义者，大便之便也……今女不求之于本而索之于末，此世之所以乱也。"(《议兵篇》)李斯说的"以便从事"是指法家注重实力和权谋。荀子则把这种观点批评为本末倒置，指出轻仁义、重权谋是致乱的根源。

后来，春申君被杀，荀子无事可干，于是便定居兰陵，发愤著述。所著《荀子》三十二篇，内容非常丰富，涉及哲学思想、政治主张、治学方法、立身处世之道、学术论辩，等等。《劝学篇》、《天论篇》、《解蔽篇》、《非十二子篇》和《王制篇》、《议兵篇》等都具有代表性。他的论说文富于文采，结构形式完美。这些文章词藻丰富，善于排比，说理精辟，浑厚朴实，风格独特，向有"学者之文"的美誉。

荀文造语用词，注重锤炼，语言含意深刻、哲理性强。如"君子崇人之德，扬人之美，非谄谀也；正义直指，举人之过，非毁疵也"(《不苟篇》)、"大事殆乎弛，小事殆乎遂"(《王制篇》)、"无用之辩，不急之察，弃而不治"(《天论篇》)、"知者之举事也，满则虑嗛，平则虑险，安则虑危"(《仲尼篇》)等，莫不理精语隽、含义深沉。

《劝学篇》是《荀子》全书的第一篇。着重阐明为学的重要性，讲解为学的方法。这篇文章辞藻丰富，善于取喻；结构严谨，论理精警；文字简洁，句法骈俪。如"青，取之于蓝，而青于蓝；冰，水为之，而寒于水"，从正面设比，道理隐含其中，形象地说明了只有经过勤奋学习，才能有所提高、有所前进的道理。"骐骥一跃，不能十步；驽马十驾，功在不舍。锲而舍之，朽木不折；锲而不舍，金石可镂"，从正反两面设比，形象地说明为学重在积累，贵在坚持。全文用比犹如连珠，由比喻连缀成文，增强了文章的形象性和感染力，是古代哲理文中难得的佳作。

《天论篇》也是荀子的力作。文章阐述天(自然)人关系，是按照固有的次序运动和变化的。明确指出社会的治乱与天道无关，提出了"制天命而用之"的观点，认为自然界是可以被认识的，人类应当发挥主观努力去利用并改造自然，为人类服务。这是中国历史上首次提出的人定胜天的光辉思想。是一篇批判唯心主义"天命论"，阐述朴素唯物主义自然观的哲学文章，也是一篇文采斐然的优秀散文。文章采用了丰富多彩的修辞方式，使层次更清晰、明白，造成一种磅礴充沛的文章气势。或设问设答，使文章波澜起伏，富于启发，如："治乱，天邪？曰：日、月、星、辰、瑞历，是禹桀之所同也；禹以治，桀以乱，治乱非天也。"或运用对比手法，全篇层次分明，深入浅出，气势充沛，说理精警，如："天行有常，不为尧存，不为桀亡。应之以治则吉,应之以乱则凶。"或运用排比手法,使文章声调铿锵,如:"天不为人之恶寒也,辍冬;地不为人之恶辽远也,辍广。""大天而思之,孰与物畜而制之?从天而颂之,孰与制天命而用之?望时而待之,孰与应时而使之?因物而多之,孰与骋能而化之?思物而物之,孰与理物而勿失之也?愿于物之所以生,孰与有物之所以成?"这些修辞格的运用,使文笔活泼,增强了文章的说理效果。

荀子目睹"诸侯异政,百家异说"的局面,在《解蔽篇》中,把矛头指向那些"乱国之君"和"乱家之人"的唯心主义谬论。他认为,人们思想上的主观武断和迷信鬼神,在认识论上犯了片面性的错误。因此,他不仅强调"解蔽"的必要性,并且指出了怎样"解蔽"。

《解蔽篇》总纲明确,中心突出。文章开头先正面提出论点"凡人之患,蔽于一曲,而暗于大理",然后列举种种具体事实,从各方面层层论述,说明了由于蔽塞,而产生认识上片面性的主客观原因,以及解蔽的途径。全文着力批判片面性,主张全面看问题,正确认识客观事物这个中心。在论述过程中,充分运用了对比、排比、比喻等修辞手法,使文章波澜起伏、妙趣横生。从日常生活中援比说理,如文中的涓蜀梁疑鬼的故事:

夏首之南,有人焉,曰涓蜀梁。其为人也,愚而善畏。明月而宵行,俯见其影,以为伏鬼也;仰视其发,以为立魅也;背而走,比至其家,失气而死,岂不哀哉!

全文仅六七十个字,深入浅出,通晓畅达,点明了涓蜀梁的性格、心理、动作,交代出故事发生的时间、地点、结果。有人物,有情节,有评论,短小精粹,很有说服力。荀子通过这个形象生动的故事嘲笑了怕鬼的人,并且形象地告诉人们,在观察事物时,不受种种错觉的蒙蔽,才能做出符合客观情况的正确判断。

《非十二子篇》综合分析评论诸家学说,对墨家、儒家、名家、道家和法家各流派的十二位代表人物的一些观点分别进行了评论和批判。他以犀利的语言批判孟子"略法先王而不知其统",认为孟子徒法先王,只言尧舜之道,而不知兴作的方略。他指出子思、孟轲的学说是"僻违而无类,幽隐而无说,闭约而无解"的荒谬说教,指斥思孟之流是清高傲世、行动离奇、不学无术、胡言乱语的贱儒。他指责惠施、邓析的论说"好治怪说,玩琦辞,甚察而不惠,辩而无用,多事而寡功,不可以为治纲纪",揭露他们玩弄花言巧语,但无实际效用,事倍而效微,不能作为治理国家的原则。

这篇文章以"俨然、壮然、祺然、蕼然、恢恢然、广广然、昭昭然、荡荡然"形容父兄之容；以"俭然、恀然、辅然、端然、訾然、洞然、缀缀然、瞀瞀然"形容子弟之容；以八个形容词联绵重叠连用的手法，极写两种不同人物外在的衣着、举止、姿态，透视出内在精神、品德、胸襟。文字简练，生动传神，初开词赋之先河。

荀子的赋篇今存有《礼》、《知》、《云》、《蚕》、《箴》五篇。皆为短赋，多用四言，似诗歌又似散文；用韵，又有对话。荀子把自己的政治主张用文学形式来反映，假物寓意，托物讽喻。文章言简意赅，笔法生动优美。通过对云、蚕、箴形象而细致的刻画，颂扬和表达了他理想中的封建君主和官吏应该具备的道德风尚：像云那样"充盈大宇"，"功被天下"；像蚕那样"功立而身废，事成而家败"；像箴那样锐利而"掉缭"，能够合纵连横，缝表连里，以"下覆百姓，上饰帝王"。这些"离谗忧国"、"作赋以风"的比喻是十分形象生动的。

荀子晚年写的《成相篇》，更是风格别致。他多取当时的民歌，创造出歌谣式的新诗《成相篇》，巧妙地表达了他的政治理想。

所谓"成相"，是民间歌谣的一种。古代劳动人民集体劳作时往往唱出"杭育"、"邪许"的歌声，既减轻疲乏，又统一动作。"成相"就是古代劳动人民所唱的歌。而本篇所用的也正是当时所流行的通俗形式——"请成相"，就是请奏此曲，让我来唱一曲。荀子《成相篇》共五十六章，每篇均以"请成相"起首，兹录篇首数章如下：

> 请成相，世之殃，愚暗愚暗堕贤良。人主无贤，如瞽无相，何伥伥。
> 请布基，慎听之，愚而自专事不治。主忌苟胜，群臣莫谏，必逢灾。
> 论臣过，反其施，尊主安国尚贤义。拒谏饰非，愚而上同，国必祸。
> 曷谓罢？国多私，比周还主党与施。远贤近谗，忠臣蔽塞，主势移。
> 曷谓贤？明君臣，上能尊主下爱民。主诚听之，天下为一，海内宾。

在《成相篇》中，荀子借用一些历史故事，从各个方面宣扬了封建礼义制度，塑造了他理想中的圣王和贤相的形象，表达了他要求建立统一中央集权的封建国家的政治理想。这一主张，符合当时社会发展的需要，为地主阶级实现全国统一的要求，做好了舆论准备。《成相篇》每章句法相同，皆作三、三、七、四、七。这种格式，与后世弹词相类似，故被视为"弹词之祖"。荀子能采取劳动人民的诗歌形式，创造人民喜闻乐见的新形式，借以表达自己的政治主张，是具有独创精神的。

荀子不愧为一位哲学家，而且也不愧是一位富有创造的散文家。他作为新兴地主阶级的思想家，在我国古代哲学史上起了承前启后的作用。他对于先秦各家各派的哲学、学术思想，都进行了批判和总结。他的思想对我国两汉时期的哲学、学术思想发展有很大影响，对后来的唯物主义思想的发展也起过积极作用。他的散文在战国诸子中是成就最高的，说理周密而又讲究文采，两千多年以来的政论文和学术论文都继承了这个优良的传统。他的《赋篇》开汉赋的先声，他的散文在中国文学史上也是具有较高地位的。

本书以清王先谦《荀子集解》为底本，在注释翻译过程中，主要参考了俞樾、刘师培、罗根泽、梁启雄及日本久保爱关于《荀子》的集解注释。对诸本中字词的不同诠释和辩解，依据本文的认同，择其一而从之，恕不一一注明。

《荀子》全书共三十二篇，这里选择了《劝学篇》、《修身篇》及《成相篇》、《赋篇》等二十二篇中的部分章节，予以简要注释和白话翻译。注释选择难懂的词语和关键的字词简明释义，并对难字括注汉语拼音。

由于对《荀子》历来颇多歧说谬解，本书注、译虽极为简洁、明快，但在实际注译过程中，多音字、多义字、关键字，特别是古音通假、联绵重叠字词短语，如"道"、"礼"、"义"、"知"、"分"，"君子"、"小人"、"治人"、"材人"及"知知"、"治治"、"皇皇"、"具具"、"信信"、"将将"，"祺然"、"侈然"、"俨然"、"偃然"、"晻然"、"拆然"、"填填然"、"狄狄然"、"瞡瞡然"、"盱盱然"、"瞒瞒然"等，校勘，考证，鉴别，厘定，竭尽心力，斟酌词语，颇费周折，务求正误纠谬、注译互补，以免贻误读者。

对章节的选择，主要考虑荀子的哲学思想、政治理想、处世治学以及批评先秦学派、论辩学术问题和在文学史上有特殊价值的文艺创作（《成相篇》、《赋篇》）等方面，力求将荀子文字优美、体例完整、能代表其写作方法和风格的作品呈现给读者。

为了方便读者，特将"荀子简表"、"《荀子》名言警句"、"《荀子》主要版本"及"《荀子》重要研究著作"附录书后。其中"《荀子》名言警句"依次集中排列，括注其在正文中的页码，在正文中则加着重号。

译注者
2008年4月

荀况与《荀子》(代序)

骆玉明

荀况,又称荀卿,赵国人,是先秦儒家的最后一位大师。生于战国末期。曾游学于齐,后去楚,春申君以为兰陵令。死于楚。他的著作,后人编定为《荀子》三十二篇。《荀子》和《韩非子》,代表了先秦论说文的新成就。

荀子的思想虽出于儒,但又吸收了其他各家的学说,对儒学有所改造。其中最突出的,是反对法先王,主张文化制度随着历史的发展而改变;否认天有意志而能主宰人间的事务,提出"人定胜天"的观点,"人性恶"也是他的著名观点。所谓人性恶是指人天然有各种情欲,不加限制地发展下去,必然导致暴乱争夺。但他相信通过后天的学习熏染,可以达到善的境界。

荀子对社会文化的态度,是重视政治和伦理上的实用性,要求一切诗书礼乐,都归于儒家所说的圣王之道。对于不顺礼义的文章,一概斥为"奸说",由此建立了后世儒家文学观的基础。这对文学的发展是不利的。《荀子》书中的文章,实践了他的观点。全书体系完整,涉及面很广,多为关于社会政治、伦理、教育等方面的长篇专题学术论文,论点明确,论断缜密,结构谨严,风格朴实、深厚;善于运用自然界和日常生活中的事例作为论据,巧譬博喻,反复论证;造语简练,多用铺陈手法和排比句式,整齐流畅,适于诵读。

> 君子曰:学不可以已。青,取之于蓝,而青于蓝;冰,水为之,而寒于水。木直中绳,𫐓以为轮,其曲中规;虽有槁暴,不复挺者,𫐓使之然也。故木受绳则直,金就砺则利,君子博学而日参省乎己,则知明而行无过矣。(《劝学篇》)

文章开宗明义,而后广取譬喻,文字浅显而含义深切,自然而然得出结论,确是善于说理。此仅为一节。全篇层层论述关于学习的道理,十分完密。

《荀子》中还有一组称为《赋篇》的文章,共有《礼》、《知》、《云》、《蚕》、《箴》五篇。形式为问答体,前半设谜,后半破谜,在描述中掺杂说教的成分。但论理既不能透彻,又不具有文学应有的美质。可见他的严格要求实用的文章观念,对于文学作品是不合适的。不过,在体制上,《赋篇》也是汉赋的渊源之一。另外又有《成相篇》,以民间歌谣形式表达他的政治思想:

> 请成相,世之殃,愚暗愚暗堕贤良。人主无贤,如瞽无相,何伥伥。

这种体裁,具有明快的节奏感,读来很顺口。对于研究古代民谣,是珍贵的资料。

骆玉明,1951年7月生。1977年毕业于复旦大学中文系研究生班。毕业后留校任教。1979年任助教,1983年任讲师,1995年任教授,1997年任博士生导师。主要研究方向是汉魏六朝文学。主要著作有《老庄哲学随谈》(香港中华书局1991年版)、《纵放悲歌——明中叶江南才士诗》(香港中华书局1991年版,另有江苏古籍版)、《近二十年文化热点人物述评》(复旦大学出版社2000年版)、《徐文长评传》(与贺圣遂合著,浙江古籍出版社1986年版)、《南北朝文学》(与张宗原合著,安徽教育出版社1991年版)、《中国文学史》三卷本(与章培恒共同主编,复旦大学出版社1996年版)等。以上"代序"录自《中国文学史》第一编第三章第五节。

目录

诸子百家卷
荀子·目录

前言 /001
荀况与《荀子》(代序)(骆玉明)/001

劝学篇 /001
修身篇 /010
不苟篇 /017
荣辱篇 /025
非相篇 /035
非十二子篇 /046
仲尼篇 /057
儒效篇 /063
王制篇 /075
王霸篇 /086
君道篇 /105
臣道篇 /121
致士篇 /128
议兵篇 /133

天论篇 /143

乐论篇 /153

解蔽篇 /162

正名篇 /171

成相篇 /176

赋　篇 /181

宥坐篇 /189

哀公篇 /192

附　录

　　荀子简表 /195

　　《荀子》名言警句 /196

　　《荀子》主要版本 /200

　　《荀子》重要研究著作 /201

◎ 劝学篇

题解

《劝学》是《荀子》的第一篇，也是代表篇目之一，旨在谈论为学的重要性，劝勉人们勤奋读书，持恒专一，学以致用。文章辞藻丰富，善于取喻，结构严谨，说理精警，文字简洁，句法骈俪，充分体现了荀子文章的风格和特色。

原文

君子曰①：学不可以已②。青③，取之于蓝④，而青于蓝；冰，水为之，而寒于水。木直中绳⑤，鞣以为轮⑥，其曲中规⑦；虽有槁暴⑧，不复挺者，鞣使之然也。故木受绳则直，金就砺则利⑨，君子博学而日参省乎己⑩，则知明而行无过矣⑪。

故不登高山，不知天之高也；不临深溪，不知地之厚也；不闻先王之遗言，不知学问之大也。干越、夷貉之子⑫，生而同声，长而异俗，教使之然也。《诗》曰⑬："嗟尔君子，无恒安息，靖共尔位，好是正直。神之听之，介尔景福。"神莫大于化道，福莫长于无祸。

① 君子：指德高望重的才智之士。
② 已：停止。
③ 青：指蓝色的染料靛（diàn）青。
④ 蓝：指蓼（liǎo）蓝，多年生草本植物。
⑤ 中（zhòng）：符合。
⑥ 鞣（róu）：通"煣"，用火熏烤新砍伐的木材或竹子，使之变弯或挺直。
⑦ 规：圆规。
⑧ 有：通"又"。
⑨ 砺（lì）：磨刀石。
⑩ 参：同"三"，泛指多次。
⑪ 知：同"智"。
⑫ 干越：春秋时的两个小国，在今江浙一带。　夷貉（mò）：我国古代对居于东方和北方的民族的泛称。
⑬《诗》：即《诗经》。以下所有出现《诗》的地方，均指《诗经》。此处所引的诗句出自《诗经·小雅·小明》。

君子说：学习不可以终止。青，从蓼蓝中提取，但比蓼蓝青；冰，由水所结成，但比水冷。木材挺直而合于木匠的墨线，但加火烘烤能弯曲成车轮，它的弯度同圆规画的相合，尽管再用火烘烤或曝晒，也不会挺直了，这是由于烘烤使它弯曲成这样的。所以木材经木匠画墨线加工才能取直，刀剑经在磨刀石上磨砺才会锋利。君子博学精思而又能每天多次省察自己，那就智慧聪明而行为无过错了。

所以，不登上高山，不知道天的高；不下临深谷，不知道地的厚；不听到前代圣王的遗言，不知道学问的渊博。吴国、越国或夷族、貉族的孩童，初生时的哭声相同，长大后的习俗相异，这是后天教育使他们这样的呀。《诗经·小雅·小明》上说："唉呀！你们君子，不要只顾安居淫逸！忠于职守，认真从公，品格言行，应求端正。谨慎小心，遵守规范，你的大福，愈加增添。"精神境界没有比潜移默化于圣贤道德更高的了，幸福没有比无灾无祸更好的了。

吾尝终日而思矣，不如须臾之所学也①；吾尝跂而望矣②，不如登高之博见也。登高而招，臂非加长也，而见者远；顺风而呼，声非加疾也，而闻者彰。假舆马者③，非利足也，而致千里；假舟楫者，非能水也，而绝江河④。君子生非异也⑤，善假于物也。

① 须臾：一会儿。
② 跂（qǐ）：踮起脚跟。
③ 假：凭借。
④ 绝：渡水。
⑤ 生：通"性"，指先天的资质。

我曾经整天地思考，但不如片刻学习所得的多；我曾经踮着脚远望，但不如登高所见的广阔。登高而招手，手臂并没加长，但远处的人能看到；顺风而呼喊，声音并没加大，但听见的人觉得很清楚。凭借车马出行的人，并不是两脚善于行走，却能到达千里之外；凭借舟船出游的人，并不是他善于游泳，却能横渡大江长河。君子资质并非比人奇异，不过是善于凭借外物罢了。

南方有鸟焉，名曰蒙鸠①，以羽为巢，而编之以发，系之苇苕，风至苕折，卵破子死。巢非不完也，所系者然也。西方有木焉，名曰射干②，茎长四寸，生于高山之上，而临百仞之渊。木茎非能长也，所立者然也。蓬生麻中，不扶而直；白沙在涅，与之俱黑。兰槐之根是为芷③，其渐之滫④，君子不近，庶人不服。其质非不美也，所渐者然也。故君子居必择乡，游必就士，所以防邪僻而近中正也⑤。

① 蒙鸠：一种体长约三寸，毛色发红的小鸟，又叫鹪鹩。
② 射干：草药名，根可入药。
③ 兰槐：香草名。
④ 滫（xiǔ）：泔水。
⑤ 邪僻：邪恶的，不正确的。

南方有一种鸟儿，名叫鹪鹩，它用羽毛筑巢，又用毛发编结起来，系在芦苇的花穗上，大风劲吹，花穗折断，巢里的鸟蛋摔破，幼鸟跌死。这不是因为巢筑得不完善，而是由于所系的花穗折断才这样的。西方有一种草木，名叫射干，茎长四寸，生在高山上，而面对七八百尺的深渊，不是射干的茎能变长，而是它生长的地势位置使它这样。蓬草长在麻丛中，不扶也直；白沙混在黑土里，与土同黑。兰槐的根叫香芷，若把它泡在尿中，君子不去接近它，百姓也不愿佩戴它。它的本质并不是不美好，而是所泡的尿使它这样的。因此，君子居住必然选择乡里，交游必然接近贤士，这就是所谓的防止自己走上邪路而接近正道。

物类之起，必有所始；荣辱之来，必象其德。肉腐出虫，鱼枯生蠹①。怠慢忘身，祸灾乃作。强自取柱②，柔自取束。邪秽在身，怨之所构。施薪若一，火就燥也；平地若一，水就湿也。草木畴生③，禽兽群焉，物各从其类也。是故质的张而弓矢至焉④，林木茂而斧斤至焉，树成阴而众鸟息焉，醯酸而蚋聚焉⑤。故言有召祸也，行有招辱也，君子慎其所立乎！

① 蠹（dù）：蛀虫。
② 柱：折断。
③ 畴：同"俦"，类。
④ 质的（dì）：箭靶子的中心。

⑤ 醯（xī）：醋。　蚋（ruì）：一种小蚊虫。

译文

各类事物的发生，必然有它的起因；荣辱的来临，必然同他的品行一致。肉腐烂会生蛆，鱼发臭要生虫。怠慢而忘记自身，灾祸便发生。强硬的东西容易自己折断，柔弱的东西容易自己束缚。邪恶肮脏存在于自身，所以怨恨集中在他身上。铺开的柴草看起来一样，火总是向干燥的烧去；平整的地面看起来一样，水总是向低湿处流。草木总是按类生长，鸟兽总是成群活动，万物各自依从它们的同类。所以箭靶一张，弓箭就向它射来；林木茂盛，斧头就向它砍伐；树木成荫，群鸟就来栖息；醋一发酸，小蚊虫就飞来聚集。所以说话有招祸的，行事有招辱的，君子要谨慎地立身行事啊！

原文

积土成山，风雨兴焉；积水成渊，蛟龙生焉；积善成德，而神明自得，圣心备焉。故不积跬步①，无以至千里；不积小流，无以成江海。骐骥一跃②，不能十步；驽马十驾③，功在不舍。锲而舍之④，朽木不折；锲而不舍，金石可镂。螾无爪牙之利⑤，筋骨之强，上食埃土，下饮黄泉，用心一也；蟹八跪而二螯⑥，非蛇、鳝之穴无可寄托者⑦，用心躁也。是故无冥冥之志者，无昭昭之明；无惛惛之事者，无赫赫之功。行衢道者不至⑧，事两君者不容。目不能两视而明，耳不能两听而聪。螣蛇无足而飞⑨，鼫鼠五技而穷⑩。《诗》曰⑪："尸鸠在桑，其子七兮；淑人君子，其仪一兮⑫；其仪一兮，心如结兮。"故君子结于一也。

昔者瓠巴鼓瑟而沉鱼出听⑬，伯牙鼓琴而六马仰秣⑭。故声无小而不闻，行无隐而不形。玉在山而草木润，渊生珠而崖不枯。为善不积邪，安有不闻者乎？

① 跬（kuǐ）步：半步。
② 骐骥：骏马。
③ 十驾：马走十天的路程。
④ 锲（qiè）：用刀子雕刻。
⑤ 螾（yǐn）：同"蚓"，蚯蚓。
⑥ 跪：此处指螃蟹的脚。一作"蟹六跪而二螯"。螯（áo）：指螃蟹的大爪。
⑦ 鳝：黄鳝。
⑧ 衢（qú）道：歧路。

⑨螣（téng）蛇：传说中一种会飞的蛇。
⑩鼫（shí）鼠：一种状似兔子的鼠。据说它会飞但上不了屋，会爬树但爬不上树顶，会游泳但渡不过山涧，会挖洞但不足以藏身，会奔跑但不能领先，因此说"五技而穷"。
⑪《诗》：这里引用的诗句出自《诗经·曹风·尸鸠》。
⑫仪：通"义"。
⑬瓠（hù）巴：传说中古代楚国擅长奏瑟的人。
⑭伯牙：传说中古代擅长弹琴的人。　仰秣（mò）：抬头停食草料。秣，草料。

　　堆积泥土成为山丘，风雨就在那里兴起；汇积流水形成深渊，蛟龙就在那里生长；累积善行成了德行高尚的人，就会聪颖睿智，圣贤的思想境界便具备了。所以，不积累半步，就无法到达千里之外；不汇集细流，就无从形成大江大海。骏马一腾跃，不超过十步；劣马跑十天，可达到千里，成功在于不停顿地行走。比如雕刻，刻一下就放在一边，即便是朽木也刻不断；若不停顿地刻，就是金属石块也能雕空。蚯蚓并无锋利的爪牙和强壮的筋骨，却能在地下上吃泥土、下吸泉水，原因在于用心专一；螃蟹有八只脚两只钳螯，若无蛇、鳝的洞穴就没有栖身之处，原因是它用心浮躁。所以，无专心致志的思想，就不能洞明事理；无埋头苦干的精神，就没有显赫的功绩。徘徊歧路的人，到不了目的地；侍奉两个主子的人，道义不能宽容。眼睛不能同时看清楚两件事物，耳朵不能同时听明白两种声音。螣蛇没脚而能飞行，鼫鼠有五技却陷入困窘。《诗经·曹风·尸鸠》中说："布谷鸟宿在桑树上，哺育着七只小雏。那些善人君子呀，执义如一，处事公正。执义如一，处事公正，专心一致，坚定不移。"因此，君子为学行事总把心志集中在一点上。

　　从前，楚人瓠巴一鼓瑟，沉入水底的鱼也浮出水面听；伯牙一弹琴，连正在吃草的马也抬起头听。所以，声音没有小到听不见的，行动没有隐蔽到不显露的。宝玉储藏山中，山上的草木都得到润泽；深渊生出珍珠，崖岸就不显干枯。如若做善事，就怕不积累，(积累了）又哪有不为人知道的呢？

　　学恶乎始①？恶乎终？曰：其数则始乎诵经②，终乎读礼；其义则始乎为士，终乎为圣人。真积力久则入，学至乎没而后止也③。故学数有终，若其义则不可须臾舍也。为之，人也；舍之，禽兽也。故《书》者，政事之纪也；《诗》者，中声之所止也；《礼》者，法之大分，群类之纲纪也，故学至乎《礼》而止矣。夫是之谓道德之极。《礼》之敬文也，《乐》之中和也，《诗》、《书》之博也，《春秋》之微也，在天地之间者毕矣。

　　君子之学也，入乎耳，箸乎心④，布乎四体，形乎动静；端而言，蠕而动⑤，一可以为法则。小人之学也，入乎耳，出乎口。口、耳之间则四寸耳，曷足以美七尺之躯哉⑥？

古之学者为己，今之学者为人。君子之学也，以美其身；小人之学也，以为禽犊⑦。故不问而告谓之傲⑧，问一而告二谓之啧⑨。傲，非也；啧，非也；君子如向矣⑩。

① 恶（wū）：哪里，何处。
② 数：此处指学习的顺序和步骤。
③ 没（mò）：通"殁"，去世。
④ 箸：通"著"，铭记。
⑤ 蠕：缓慢地行动。
⑥ 曷（hé）：怎么，何时。
⑦ 禽犊：家禽和小牛犊。
⑧ 傲：急躁。
⑨ 啧（zàn）：唠叨，啰嗦。
⑩ 向：同"响"，回声。

学习从何处开始？到哪里终结？回答是：从学习的具体科目说，是由诵读《诗》《书》开始，而终结于读《礼》；从学习的意义说，是从做一个读书人开始，到成为圣人终结。真心积累、持久力行，才能深入，学习要到老死后才停止。所以，在学习的科目上是有穷尽的，但在学习的意义上却是一刻也不能舍弃的。做到坚持学习，就成为人；舍弃学习，无异于禽兽。《尚书》是记载政事的；《诗经》是和谐音乐所存的诗篇；《礼》是礼法规范的准则，各种条例的总纲。所以，学到《礼》就到了头，这就叫达到了道德的最高境界。《礼》的严肃而有文采，《乐》的中正而和谐，《诗》《书》的内容广博，《春秋》的微言大义，存在于天地之间的道理都收集在这些典籍里了。

君子的学习，把学到的知识输入耳中，记在心中，贯通到全身心，表现在行动上；所以君子稍微说一句话，稍微动一动，都可以作为效法的榜样。小人的学习，把学习的知识，仅仅从耳中听进去，从嘴上说出来，口耳之间只不过相距四寸，怎能靠它去完美七尺之躯的品行呢？

古时的学者，学习是为了提高自己的；如今的学者，学习是为了向人炫耀。君子的学习，是用以完美个人的身心；小人的学习，是把学问当作家禽小牛。所以，人家没问就说给人家叫做急躁；人家问一却答二叫做啰嗦。急躁是不对的，啰嗦也是不对的；君子回答人家问一答一，就像回声应和原声一样。

原文

学莫便乎近其人。《礼》、《乐》法而不说①,《诗》、《书》故而不切②,《春秋》约而不速。方其人之习君子之说③,则尊以遍矣,周于世矣。故曰,学莫便乎近其人。

学之经莫速乎好其人④,隆礼次之。上不能好其人,下不能隆礼,安特将学杂识志⑤,顺《诗》、《书》而已耳,则末世穷年,不免为陋儒而已!将原先王,本仁义,则礼正其经纬、蹊径也。若挈裘领⑥,诎五指而顿之⑦,顺者不可胜数也。不道礼、宪,以《诗》、《书》为之,譬之犹以指测河也,以戈舂黍也,以锥餐壶也⑧,不可以得之矣。故隆礼,虽未明,法士也;不隆礼,虽察辩,散儒也。

注释

① 说:解说。
② 切:切合实际。
③ 方:通"仿",效法,仿效。
④ 经:通"径",途径。
⑤ 特:只是。
⑥ 挈:提起。
⑦ 诎(qū):通"屈",弯曲。
⑧ 以锥餐壶:用锥子去投壶。用箭矢投壶是古时候的一种游戏,改用锥子去投壶,既难以投进,又容易将壶弄坏。

译文

学习没有比接近良师更便当的了。《礼》《乐》记载法典而未加详细解说,《诗》《书》记载古代掌故而不切近现实,《春秋》文辞简约而不易很快理解。效法良师而学习君子的学说,就能品德高尚、知识广博,并通晓世事。所以说,学习没有比接近良师更便当的了。

学习的途径,没有比受教于良师更迅速有效,尊重礼法是次一等的。倘若上不能受教于良师,下不能尊重礼法,而只是学习些杂乱的知识,读通《诗》《书》,那么即使老死,也不过是个学识浅陋的儒生而已。若想追溯先王寻求仁义的根本,那么施行礼法正是必须遵循的条理和途径。正像提起皮衣的领子,弯着五指去抖动它一样,被理顺的裘毛数也数不清。不遵循礼法,而只是依《诗》《书》立身处世,如果打个比喻,就像用手指去测量河水的深浅,用戈矛去舂谷米,用锥子代替矢去投壶一样,是不可能达到目的的。所以,遵行礼法,虽对其精义未弄明白,也不失为一个崇尚礼仪的儒士；不遵行礼法，即使对其精义明察善辨，也不过是一个思想涣散的文人。

原文

问楛者①，勿告也；告楛者，勿问也；说楛者，勿听也；有争气者，勿与辩也。故必由其道至，然后接之，非其道则避之。故礼恭，而后可与言道之方②；辞顺，而后可与言道之理；色从，而后可与言道之致。故未可与言而言谓之傲，可与言而不言谓之隐，不观气色而言谓之瞽。故君子不傲不隐不瞽，谨顺其身。《诗》曰："匪交匪舒③，天子所予。"此之谓也。

百发失一，不足谓善射；千里跬步不至，不足谓善御；伦类不通，仁义不一，不足谓善学。学也者，固学一之也④。一出焉，一入焉，涂巷之人也⑤；其善者少，不善者多，桀、纣、盗跖也⑥；全之尽之，然后学者也。

① 楛（kǔ）：粗劣，此处指不合礼法。
② 方：方向，宗旨。
③ 匪：通"非"，不。
④ 固：原来，本来。
⑤ 涂巷之人：泛指普通百姓。涂通"途"。
⑥ 桀：夏桀，夏朝的最后一个君主。　纣：商纣，商朝的末代暴君。　跖（zhí）：据传为春秋末年的农民起义领袖，被诬为"盗跖"。

有人问粗野恶劣不合礼法的事，就不要告诉他；有人告诉你粗野恶劣不合礼法的事，也不要去追问；谈论粗野恶劣不合礼法的话，不要去听；不讲道理争强逞能的人，也不要同他争辩。所以，必须是遵照礼仪之道来请教，然后才接待他；若是不按照礼仪之道而来的，就避开他。所以，请教的人恭敬礼貌，然后才可以同他谈论学习道义的宗旨；请教的人言辞和顺，然后才可以同他谈论道义的内容；请教的人乐于听从，然后才可以同他谈论道义的极致。所以，不可以同他谈论却谈论了，叫做急躁；可以同他谈论却不谈论，叫做隐瞒；不观看他的气色就谈论，叫做盲目。因而，君子不急躁、不隐瞒、不盲目，谨慎地顺着说话的对象来谈论。《诗经·小雅·采菽》说："不浮躁不怠惰，天子所赞许。"就是说的这种情况。

射一百支箭，只有一支未射中，就不能称为善于射箭；走一千里路，只有半步没走到，就不能称为善于驾车；伦理法规不能融会贯通，仁义道德不能专一奉行，就不能称为善于学习。学习么，本来就应一心一意坚持不懈。一会儿这样，一会儿那样，只能说是里巷的普通人罢了；其中真正好的少，不好的多，都是夏桀、商纣、盗跖一样的人；学习只有达到尽善尽美的境界，然后才称得上是一个真正的学者。

君子知夫不全不粹之不足以为美也，故诵数以贯之，思索以通之，为其人以处之，除其害者以持养之，使目非是无欲见也，使耳非是无欲闻也，使口非是无欲言也，使心非是无欲虑也。及至其致好之也，目好之五色①，耳好之五声②，口好之五味③，心利之有天下。是故权利不能倾也，群众不能移也，天下不能荡也。生乎由是，死乎由是，夫是之谓德操。德操然后能定，能定然后能应。能定能应，夫是之谓成人。天见其明，地见其光④，君子贵其全也。

① 五色：五种颜色，即赤、青、黄、白、黑。
② 五声：古代的五声音阶，即宫、商、角、徵（zhǐ）、羽。
③ 五味：指甜、咸、酸、苦、辣。
④ 光：通"广"，广阔。

君子知道学习礼仪不全面、不纯正是不能认为完美的，因此博览群书以求融会贯通；思考问题以求洞晓精通；效法良师益友去认真实践；取消有害的东西培养学识。做到使自己的眼睛对不好的东西不想看见，使自己的耳朵对不好的东西不想听到，使自己的嘴巴对不好的东西不想去说，使自己的脑子对不好的东西不想思考。等到极其爱好学习时，就像眼睛喜好看五色(青、黄、赤、白、黑)，耳朵喜好听五音(宫、商、角、徵、羽)，嘴巴喜好尝五味(甜、咸、酸、苦、辣)，心里贪图有天下一样。所以，权利不能使他倾倒，势众不能使他变心，天下不能使他动摇。活着是如此，死了也是如此，这样才称得上有道德操守。有道德操守，然后才能坚定不移；坚定不移，然后才能应付种种复杂情况。既能坚定不移，又能应付各种复杂情况，这样才称得上是完美的人。天空显现出它的光亮，地上显现出它的广阔，君子最宝贵的是他人格的完美无缺。

◎修身篇

题解

这是《荀子》的第二篇,论述儒者修养身心之法和提高品德修养之术,以及最终所要达到之境界。而根本的一点是遵循礼义,以礼为"正身的准则,学问的极致"。通篇文辞精彩,旨意纯美,音韵铿锵,声情并茂。

原文

见善,修然必以自存也①;见不善,愀然必以自省也②;善在身,介然必以自好也;不善在身,菑然必以自恶也③。故非我而当者,吾师也;是我而当者,吾友也;谄谀我者,吾贼也。故君子隆师而亲友④,以致恶其贼⑤。好善无厌,受谏而能诫,虽欲无进,得乎哉?小人反是。致乱,而恶人之非己也;致不肖,而欲人之贤己也;心如虎狼,行如禽兽,而又恶人之贼己也。谄谀者亲,谏争者疏,修正为笑,至忠为贼,虽欲无灭亡,得乎哉?《诗》曰:"噏噏呰呰⑥,亦孔之哀⑦。谋之其臧⑧,则具是违⑨;谋之不臧,则具是依。"此之谓也。

注释

① 修然:认真地。
② 愀（qiǎo）然:忧惧的样子。 省（xǐng）:自我反省。
③ 菑（zāi）然:受灾祸的样子。
④ 隆:敬重。
⑤ 致:最。
⑥ 噏噏（xī）:众口附和的样子。 呰呰（zǐ）:诋毁。呰,通"訾"。
⑦ 孔:甚,十分。
⑧ 臧:好。
⑨ 具:通"俱"。

译文

见到善良的行为,一定要认真地检查对照自己,使得这些善良的行为也在自己身上出现;见到不良的行为,一定要严肃地反省检查自己;善良的品行在自己身上,一定要坚定不移地自我珍视;不良的品行在自己身上,一定要如受灾祸一般而自我痛恨。所以，指责我而又恰当中肯的人，就是我的良师；称赞我而又恰当中肯的人，就是我的益友；阿谀奉承我的人，是害我的贼子。所以，君子崇敬老师，亲近朋友，非常憎恨害人的贼子；好善而永不满足，接受规劝而能警戒，虽说不想进步，可能吗？小人正相反，自己昏乱胡为，却憎恨别人责备自己；自己行为恶劣，却要求别人称赞自己贤良；自己心如虎狼、行如禽兽，却憎恨别人说自己坏；对阿谀奉承自己的就亲近，对诤谏批评自己的便疏远。把批评纠正自己错误的话当作讥笑自己，把规劝自己极其忠诚的话看成陷害自己，这样的人即使不想灭亡，可能吗？《诗经·小雅·小旻》中说："当面附和，背后诋毁拆台，无是无非，最为可哀！很好的谋略，都违背不从；不好的谋略，反而一一执行。"说的就是这种人。

扁善之度①，以治气养生，则身后彭祖②；以修身自强，则名配尧、禹。宜于时通，利以处穷，礼信是也。凡用血气、志意、知虑，由礼则治通，不由礼则勃乱提僈③；食饮、衣服、居处、动静，由礼则和节，不由礼则触陷生疾；容貌、态度、进退、趋行，由礼则雅，不由礼则夷固僻违④，庸众而野。故人无礼则不生，事无礼则不成，国家无礼则不宁。《诗》曰："礼仪卒度，笑语卒获。"此之谓也。

① 扁：遵循。
② 彭祖：传说中的长寿者，据说活了八百岁。
③ 勃乱：荒谬错乱。勃，同"悖"。 提僈（màn）：散漫。
④ 僻违：邪僻。

遵循无往而不善的礼仪为法度，以调理养生，就能保证长寿仅次于八百岁的彭祖；以修身自强，就能使自己的名声匹配尧、禹。既适宜于显达时立身行事，又有利于穷困时立身处世，礼，确实是这样。凡是运用血气、意志、思虑时，遵循礼法就顺利通达，不遵循礼法就错乱散漫；凡在饮食、衣服或居住、举动时，遵循礼法就和谐恰当，不遵循礼法就犯忌生病；凡在容貌、态度、进退、行走方面，遵循礼法就显得文雅，不遵循礼法就邪僻粗野。所以做人没有礼法就不能生存，行事没有礼法就不能办成，国家没有礼法就不得安定。《诗经·小雅·楚茨》中说："礼仪完全恰当，笑语完全适度。"说的就是这种情况。

治气、养心之术：血气刚强，则柔之以调和；知虑渐深，则一之以易良；

勇毅猛戾①，则辅之以道顺；剂给便利②，则节之以动止；狭隘褊小，则廓之以广大；卑湿重迟贪利③，则抗之以高志；庸众驽散，则刦之以师友；怠慢僄弃④，则昭之以祸灾；愚款端悫⑤则合之以礼乐，通之以思索。凡治气、养心之术，莫径由礼，莫要得师，莫神一好。夫是之谓治气、养心之术也。

注释

① 猛戾（lì）：暴戾。
② 剂给便利：本意为敏捷快速，此处是指不太稳重。
③ 卑湿：卑下。 重迟：迟钝。
④ 僄（piào）弃：轻浮而自暴自弃。
⑤ 悫（què）：诚实。

译文

理气养心的方法是：血气方刚之人，就用柔化使他心平气和；对思虑深沉的人，就用同化使他坦诚善良；对勇猛暴戾的人，就用依顺的道理帮助他；对不太稳重的人，就用安静的办法节制他；对胸怀狭窄气量很小的人，就用宽宏大量扩展他；对卑下迟钝贪图暴利的人，就用志节高尚提高他；对庸俗平凡低劣散漫的人，就用良师益友管教他；对怠慢轻浮自暴自弃的人，就将灾祸加以昭示提醒他；对过分愚钝诚恳拘谨的人，就用礼乐节奏协调他，用思考探索开通他。大凡理气养心的方法，没有比遵循礼仪更直截了当的，没有比得到良师益友更重要的，没有比爱好善行更神妙的。这就是所谓的理气养心的方法。

原文

志意修则骄富贵①，道义重则轻王公；内省而外物轻矣。传曰："君子役物，小人役于物。"此之谓矣。身劳而心安，为之；利少而义多，为之。事乱君而通，不如事穷君而顺焉②。故良农不为水旱不耕，良贾不为折阅不市③，士君子不为贫穷怠乎道。

体恭敬而心忠信，术礼义而情爱人④，横行天下，虽困四夷，人莫不贵；劳苦之事则争先，饶乐之事则能让。端悫诚信，拘守而详，横行天下，虽困四夷，人莫不任。体倨固而心势诈，术慎墨而情杂污，横行天下，虽达四方，人莫不贱；劳苦之事则偷儒转脱，饶乐之事则佞兑而不曲，辟违而不悫，程役而不录⑤，横行天下，虽达四方，人莫不弃。

① 修：完美。

②顺：顺应时代潮流。
③折阅：亏本，赔本。
④术：行，遵循。
⑤程役：逞欲。

志向完美就傲视富贵；以道义为重就藐视帝王公卿；内心常常反省，那么身外之物就轻微不足道了。古书记载："君子役使外物，而小人为外物所役使。"说的就是这个道理。身体劳累而内心安适的事，就去做；利益虽少而道义却多的事，就去做。侍奉昏庸的君主即使通达显贵，也不如侍奉困顿的君主而顺应潮流。所以，优秀的农夫并不因为水旱灾害就放弃耕耘，优秀的商人并不因为买卖亏本就不进市场，有学问的人并不因为贫困潦倒而对道义有所懈怠。

体貌恭敬内心忠诚讲信义，遵循礼义法度而又性情仁爱的人，才能走遍天下，即使一时被困在少数民族偏远之地，人们没有不尊重他的；劳累辛苦的事就争先去干，富饶享乐的事就让给别人，而且端庄谨慎诚恳信实，恪守法度又明察事理的人，才能走遍天下，即使一时被困在少数民族偏远之地，人们没有不信任他的。外貌倨傲内心狡诈很固执，遵循慎到、墨翟学说而又精于异端邪说的人，即使走遍天下，到处飞黄腾达，人们没有不轻视他的；劳累辛苦的事就偷懒畏缩、转身逃避，富饶享乐的事就巧言令色毫不退让，而且邪恶卑劣不拘束，放纵私欲不检点的人，即使走遍天下，到处飞黄腾达，人们没有不厌弃他的。

夫骥一日而千里，驽马十驾则亦及之矣。将以穷无穷、逐无极与？其折骨①、绝筋，终身不可以相及也；将有所止之，则千里虽远，亦或迟、或速、或先、或后，胡为乎其不可以相及也？不识步道者②，将以穷无穷、逐无极与？意亦有所止之与③？夫"坚白"④、"同异"⑤、"有厚无厚"之察⑥，非不察也，然而君子不辩，止之也；倚魁之行⑦，非不难也，然而君子不行，止之也；故学曰迟彼止而待我⑧，我行而就之，则亦或迟、或速、或先、或后，胡为乎其不可以同至也？故跬步而不休，跛鳖千里；累土而不辍，丘山崇成⑨；厌其源，开其渎，江河可竭；一进一退，一左一右，六骥不致。彼人之才性之相县也⑩，岂若跛鳖之与六骥足哉？然而跛鳖致之，六骥不致，是无他故焉，或为之或不为尔！道虽迩⑪，不行不至；事虽小，不为不成。其为人也多暇日者⑫，其出入不远矣。

① 其：则，那么。
② 步道：行路。
③ 意：通"抑"，抑或。
④ 坚白：即战国时名家公孙龙的哲学命题"离坚白"。公孙龙创作《坚白论》，以石头为例，认为坚硬与白色是各自独立的，而不是石头同时具有的，从而阐明共性与个体的区别。
⑤ 同异：即庄子的"同异论"，指出事物的同异是相对的。
⑥ 有厚无厚：也是庄子提出的，指的是空间的无限性与具体的空间的有限性。
⑦ 倚魁：通"奇傀"，奇异怪诞。
⑧ 曰：假设，如果。
⑨ 崇：通"终"，终究。
⑩ 县：通"悬"，悬殊。
⑪ 迩：近。
⑫ 多暇日者：指懒惰的人。

骏马一天能奔跑千里，劣马走十天也能达到千里。若要走完没有穷尽的道路、赶完无尽的途程，那劣马即使跑折了骨头、走断了脚筋，一辈子也赶不上骏马。如果有个尽头，那么千里虽然遥远，劣马也或走慢点，或跑快点，或者先到点，或者后到点，为什么说不能赶上骏马呢？不知道那些走路的人是要走完没有穷尽的道路、赶完没有穷尽的途程，还是也想有个尽头呢？对那些"坚白"、"同异"、"有厚无厚"哲学命题的考察争论，不是不明察，而是君子不去论辩它，有所节制；那些奇异怪诞的行为，不是不难做，而是君子不去做它，也是有所节制。所以学习如若迟缓，他们停下来等待我，我赶上来接近他们，那也是或者走慢点，或者跑快点，或者先到点，或者后到点，为什么说不能同样到达终点呢？因此，半步半步走而不停止，跛了腿的甲鱼也能走到千里之外；堆积泥土而不中断，丘山终能堆成；堵住源头，开通沟渠，就是长江黄河也可以流干；一会儿进一会退，一会儿左一会儿右，就是六匹骏马拉车也到不了终点。那些人们的才能资质即使彼此悬殊，也不会像跛腿甲鱼与六匹骏马那样悬殊吧？但是，跛腿甲鱼能走到千里之外，六匹骏马却到达不了，这没有其他的缘故，只不过是一个去做了，一个根本不去做罢了。路途虽然很近，但不走就不会到达；事情虽然很小，但不做就不能成功。那些活在世上常常闲暇无事的人，就与原地不动的六匹骏马相差不远了。

礼者，所以正身也；师者，所以正礼也。无礼，何以正身？无师，吾安知礼之为是也？礼然而然①，则是情安礼也；师云而云，则是知若师也②。情安礼，知若师，则是圣人也。故非礼，是无法也；非师，是无师也。不是师法③，而好自用，譬之是犹以盲辨色，以聋辨声也，舍乱妄无为也。故学也者，礼法也；夫师以身为正仪，而贵自安者也。《诗》云："不识不知，顺帝之则。"此之谓也。

① 礼然而然：礼怎么规定就怎么去做。
② 知：同"智"。 若：顺承。
③ 不是：违背，不遵循。

礼法，是用以正身的；老师，是为了正确解释礼法的。无礼法，用什么来正身？无老师，我怎么知道礼应当是这样的？礼法这样规定你就这样做，是性情安于礼法；老师这样说你就这样说，是理智顺承老师。性情安于礼法，理智顺承老师，这就是圣人。所以，违背礼法，就是无视法度；违背了老师，就是无视师教。不遵循师教法度而喜欢刚愎自用，打个比方，就好比让瞎子辨别颜色，让聋子辨别声音，除了胡说妄为之外，不会有所作为的。因此学习，就是学习礼法；而老师，就是要以身作则，尤其重在自己安守礼法。《诗经·大雅·皇矣》中说："不能自作聪明，而要顺应天之法则。"说的就是这个道理。

君子贫穷而志广，富贵而体恭，安燕而血气不惰，劳倦而容貌不枯。怒不过夺①，喜不过予②。君子贫穷而志广，隆仁也③；富贵而体恭，杀势也④；安燕而血气不惰，柬理也⑤；劳倦而容貌不枯，好文也；怒不过夺，喜不过予，是法胜私也。《书》曰⑥："无有作好，遵王之道；无有作恶，遵王之路。"此言君子之能以公义胜私欲也。

① 过夺：过分地处罚。
② 过予：过分地赏赐。
③ 隆仁：弘扬、推崇仁爱。
④ 杀：减少。
⑤ 柬理：选择做的事合乎礼法。

⑥《书》：指《尚书》。

　　君子即使贫困潦倒，但志向远大；即使荣华富贵，但谦恭从容；即使安逸，但精神不懈；即使疲倦，但容颜不衰；即使发怒，但不过分处罚别人；即使喜悦，但不过分奖赏别人。君子贫穷而志向远大，是由于他要弘扬仁爱；荣华富贵而谦恭从容，是由于他要减少盛气；安逸而精神不懈，是由于他所做的事合乎礼法；疲倦而不无精打采，是由于他爱好礼仪；发怒而不过分处罚别人，喜悦而不过分奖赏别人，是由于他奉行礼法而胜过私情。《尚书·洪范》中说："没有个人的爱好，只有遵循先王之道；没有个人的憎恶，只有遵循先王之路。"这是说君子能用公理道义战胜个人的一己私欲。

◎ 不苟篇

这是《荀子》的第三篇,阐述立身行事不能苟且,一定要遵循礼义。论列君子小人之别,贬斥欺世盗名。首尾呼应,精微独到。

君子行不贵苟难,说不贵苟察,名不贵苟传,唯其当之为贵①。故怀负石而赴河,是行之难为者也,而申徒狄能之②;然而君子不贵者,非礼义之中也③。山渊平,天地比,齐秦袭④,入乎耳,出乎口,鉤有须⑤,卵有毛,是说之难持者也,而惠施⑥、邓析能之⑦;然而君子不贵者,非礼义之中也。盗跖吟口⑧,名声若日月,与舜、禹俱传而不息;然而君子不贵者,非礼义之中也。故曰:君子行不贵苟难,说不贵苟察,名不贵苟传,唯其当之为贵。《诗》曰:"物其有矣,唯其时矣⑨。"此之谓也。

① 当:符合。
② 申徒狄:据说是商代人,因痛恨政治主张的不得实行而抱石投河。
③ 礼义:泛指封建社会的制度、道德、伦理、仪式等一整套行为准则。
④ 袭:合并。
⑤ 鉤:疑作"姁","姁"同"妪",老年妇女。
⑥ 惠施:战国时宋国人,名家代表人物。
⑦ 邓析:春秋时代郑国人,能言善辩。
⑧ 吟口:在人们口中传布。
⑨ 时:适时。

君子的行为,不以不合礼义的难能为可贵;君子的学说,不以不合礼义的明察为可贵;君子的名声,不以不合礼义的传颂为可贵。只以他的行为、学说、名声合于礼义为可贵。所以,怀抱石头而投河自尽,是难以做到的行为,而殷朝的申徒狄能够做到;但是,君子并不认为可贵,这是因为它不合于礼义。高山和深渊高低相等,上天和大地高低一样,齐秦两国合并,从耳朵进入从嘴里出来,女性有胡须,蛋有羽毛,都是难以坚持的学说,可是宋国的惠施、郑国的邓析却能这样论说;然而君子并不以为可贵,这是因为它不合于礼义。盗跖的名字传布人口,名声很大,如同日月一样无人不知,如同大圣人虞舜、夏禹一样都流传不息;然而君子并不以为可贵,这是因为它不合于礼义。所以说,君子的行为,不以不合礼义的难能为可贵;君子的学说,不以不合礼义的明察为可贵;君子的名声,不以不合礼义的传颂为可贵。只以他的行为、学说、名声合于礼义为可贵。《诗经·小雅·鱼丽》中说:"多么丰富的佳肴,都是时鲜适时的啊!"说的就是这个道理。

君子易知而难狎,易惧而难胁,畏患而不避义死,欲利而不为所非,交亲而不比,言辩而不辞。荡荡乎!其有以殊于世也。

君子能亦好①,不能亦好;小人能亦丑,不能亦丑。君子能则宽容易直以开道人②,不能则恭敬缚绌以畏事人③;小人能则倨傲僻违以骄溢人,不能则妒嫉怨诽以倾覆人。故曰:君子能则人荣学焉④,不能则人乐告之;小人能则人贱学焉⑤,不能则人羞告之。是君子、小人之分也。

【注释】

① 能:有才能。
② 易直:平易正直。 开道:即"开导"。
③ 缚绌(zǔn chù):谦虚。缚,同"撙",抑制;绌,同"黜",减少。
④ 荣学:以向他学习为荣。
⑤ 贱学:以向他学习为耻辱、轻贱。

君子容易结交但难以亵狎;容易恐惧但难以威胁;畏惧祸患但不逃避为正义而死;希望取利但不做非礼的事;与人结交且很亲密但不勾结;言谈雄辩但不追求丽辞。胸怀多么坦荡宽广啊!他是不同于一般世俗的。

君子有才能是美好的,没有才能也是美好的;小人有才能是丑恶的,没有才能也是丑恶的。君子有才能,就以宽宏大量、平易正直开导启发人;没有才能,就以恭敬谦虚、退让敬畏小心对待人。小人有才能,便以骄傲蛮横、邪僻悖理盛气欺凌人;没有才能,便以嫉妒怨恨、诽谤倾轧排挤搞垮人。所以说:君子有才能,人们就会以向他学习为荣;没有才能,人们便乐于向他传授知识。小人有才能,人们会把向他学习视为轻贱;没有才能,人们便耻于向他传播知识。这就是君子与小人的区别。

君子崇人之德，扬人之美，非谄谀也；正义直指①，举人之过，非毁疵也②；言己之光美，拟于舜、禹，参于天地，非夸诞也③；与时屈伸，柔从若蒲苇，非慑怯也；刚强猛毅，靡所不信④，非骄暴也。以义变应，知当曲直故也。《诗》曰："左之左之，君子宜之⑤；右之右之，君子有之。"此言君子能以义屈信，变应故也。

君子，小人之反也。君子大心则敬天而道，小心则畏义而节；知则明通而类⑥，愚则端悫而法；见由则恭而止⑦，见闭则敬而齐⑧；喜则和而治，忧则静而理；通则文而明，穷则约而详。小人则不然，大心则慢而暴，小心则淫而倾；知则攫盗而渐⑨，愚则毒贼而乱；见由则兑而倨⑩，见闭则怨而险；喜则轻而翾⑪，忧则挫而慑；通则骄而偏，穷则弃而儑⑫。传曰："君子两进，小人两废。"此之谓也。

① 义：通"议"，议论。
② 毁疵：诋毁挑剔。
③ 夸诞：虚妄，狂言。
④ 靡：没有。 信：通"伸"，伸展。
⑤ 宜：适宜。
⑥ 知：同"智"。 类：类推。
⑦ 见由：被任用。
⑧ 见闭：不被任用。
⑨ 攫（jué）盗：大肆偷盗。
⑩ 兑：同"锐"，指快速向上爬。
⑪ 翾（xuān）：轻浮。
⑫ 儑（àn）：忧郁，迟钝。

君子推崇别人的品行，赞扬别人的美德，并非出于谄媚阿谀；公正议论，坦诚指出别人的过失，并非出于诋毁挑剔；说自己光明磊落，与舜、禹比拟，同天地相并列，并非出于虚夸诳骗；随着时势或屈或伸，柔顺如蒲苇一样，并非出于怯懦怕事；刚强勇猛坚毅，从不屈服，并非出于骄矜横暴。这些都是依据礼义随机应变，决定该屈该伸的缘故。《诗经·小雅·裳裳者华》中说："该左就左，君子在左无不宜；该右就右，君子在右也常有。"这里所说的就是君子能依礼义屈伸进退随机应变。

君子是小人的反面。君子心往大的方面考虑，就敬重自然而遵循规律；心往小的方面考虑，就敬畏礼义而严守节操。聪明的便会通达事理，触类旁通；愚钝的便会端正诚恳，遵守礼法。若被起用，就会恭敬而不放纵；若未起用，就会庄重而不轻动。愉快时会平和地去治理；忧愁时会冷静地去处事。通达时文雅而又理智；困顿时约束而又明察。小人就不是这样，小人心往大处用，会傲慢而又凶暴；心往小处用，又会淫邪而倾轧。聪明的就会豪夺巧取、极尽欺诈；愚钝的就会坑陷毒害、胡作非为。若被任用，会极力上爬而又倨傲；不被任用，便怨怒凶狠。高兴时，既轻佻又浮躁；忧愁时，既沮丧又惊惧。显贵时，骄横而不公正；困窘时，自弃又忧郁。古书上说："君子无论顺利或不顺利都在进步，小人无论顺利或不顺利都会堕落。"说的就是这种情况。

　　君子治治①，非治乱也。曷谓邪？曰：礼义之谓治，非礼义之谓乱也。故君子者，治礼义者也，非治非礼义者也。然则国乱将弗治与？曰：国乱而治之者，非案乱而治之之谓也②，去乱而被之以治。人污而修之者，非案污而修之之谓也，去污而易之以修。故去乱而非治乱也，去污而非修污也。治之为名，犹曰君子为治而不为乱，为修而不为污也。

①治治：治理守礼法的、有秩序的（国家）。
②案：根据，依照。

译文

　　君子治理有秩序的国家，而不治理混乱的国家。这是怎么说的呢？这是说：遵循礼义称之为"治"，违背礼义称之为"乱"。所以，君子治理遵循礼义的国家，而不治理违背礼义的国家。既然这样，那国家混乱就不治理吗？回答是：国家混乱而去治理它，并非在混乱的基础上去治理，而是制止混乱，使它有秩序。正像人的思想肮脏而去治理一样，并非在思想肮脏的基础上去治理，而是除去肮脏，使思想美好。因此制止混乱并不等于治理混乱，除去肮脏并不等于治理肮脏。治理这个名词，等于说，君子治理有秩序的国家而不治理混乱的国家，只做美好的事而不做肮脏的事。

　　君子养心莫善于诚，致诚则无它事矣，唯仁之为守，唯义之为行。

诚心守仁则形①，形则神，神则能化矣；诚心行义则理，理则明，明则能变矣。变化代兴，谓之天德。天不言而人推高焉，地不言而人推厚焉，四时不言而百姓期焉：夫此有常，以至其诚者也。君子至德，嘿然而喻②，未施而亲，不怒而威。夫此顺命，以慎其独者也。善之为道者，不诚则不独，不独则不形，不形则虽作于心，见于色，出于言，民犹若未从也，虽从必疑。天地为大矣，不诚则不能化万物。圣人为知矣，不诚则不能化万民。父子为亲矣，不诚则疏。君上为尊矣，不诚则卑。夫诚者，君子之所守也，而政事之本也。唯所居以其类至，操之则得之，舍之则失之。操而得之则轻，轻则独行，独行而不舍则济矣。济而材尽，长迁而不反其初③，则化矣。

① 形：表现。
② 嘿：同"默"。
③ 反：通"返"。

　　君子修养身心没有比诚实更好的了，做到诚实，就再没有其他的事了，只有以仁德作为立身的根本，以道义作为行为的准则。真心诚意地坚持仁德，并表现在行动上，表现在行动上就显得神明，神明就能够感化别人；真心诚意地奉行礼义，就会变得理智，变得理智，就能明察事理，明察事理就能够改变别人。感化和改变交替使用，就叫做天德。上天不说话，而人们推崇它最高远；大地不说话，而人们推崇它最深厚；四时不说话，而老百姓知道春夏秋冬季节的变化：这些都是有了常规因而达到真诚的。君子有了极高的德行，虽然默默不言，但人们都明白；没有施舍，而人们却亲近他；不用发怒，就很威严。这是因为他顺应了自然规律，能够在独自一人时谨慎诚实。善于感化改变人的君子是这样的：不诚实，就不能慎独；不能慎独，行动上就表现不出来；行动上表现不出来，那么即使发自内心，表现在脸色上，吐露在言词中，人们仍然不会顺从他；即使顺从了他，也必定疑虑在心。天地是最大的了，不诚实就不能化育万物；圣人是睿智的了，不诚实就不能感化万民；父子是最亲的了，不诚实就会相互疏远；国君是至高至上的了，不诚实就显得卑下。所以，诚实，是君子的操守，是政事的根本。只要立身诚实，并将它推行到同类事物上，便能得到诚实。保持诚实，就会得到，舍弃诚实，就会失去。保持而又得到了，就容易感化他们；感化了他们，那么慎独的作风就会流行；慎独的作风得到流行而且坚持不舍，那么人们的诚实就养成了。诚实养成了，人们的才能就能得到最大的发挥，并永远趋向于诚实而不会返回到当初不诚实的本性上去，这样他们就完全彻底被感化了。

君子位尊而志恭①，心小而道大，所听视者近，而所闻见者远。是何邪？则操术然也②。故千人万人之情，一人之情是也；天地始者，今日是也；百王之道，后王是也。君子审后王之道，而论于百王之前，若端拱而议。推礼义之统③，分是非之分，总天下之要，治海内之众，若使一人。故操弥约④，而事弥大。五寸之矩，尽天下之方也。故君子不下室堂而海内之情举积此者⑤，则操术然也。

① 志恭：心志恭谨。
② 操术：指所掌握的方法。
③ 推：推究。
④ 弥：愈，越。
⑤ 举：全都。 积：聚集。

【译文】

君子地位虽尊贵但态度仍然很谦恭，心虽只有方寸之小但胸怀理想却很远大；所听的、所看的虽然很近，但所能听到的、所能看到的却很远。是什么原因呢？这是由于君子掌握了道术方法才这样的。因为千千万万人的思想感情，同一个人的思想感情是一样的；开天辟地之初的情况，同今日是一样的；上古历代帝王的治国之道，同后代帝王是一样的。君子审视了当代帝王的治国之道，然后再去考察上古历代帝王的治国之道，就像正身拱手谈论而从容不迫。推究礼义的统类，分清是非之界限，总览天下之纲要，治理四海之百姓，犹如役使一个人一样容易。因而掌握的方法越简约，而成就就越大。五寸长的矩，可以量尽整个天下的方形。因此君子不必走出居室而天下的事全都汇聚于他的面前，这是他的方法使然。

有通士者，有公士者，有直士者，有悫士者，有小人者。上则能尊君，下则能爱民，物至而应，事起而辨①，若是则可谓通士矣。不下比以暗上，不上同以疾下②，分争于中，不以私害之，若是则可谓公士矣。身之所长，上虽不知，不以悖君；身之所短，上虽不知，不以取赏；长短不饰，以情自竭，若是则可谓直士矣。庸言必信之，庸行必慎之，畏法流俗，而不敢以其所独甚，若是则可谓悫士矣。言无常信，行无常贞③，唯利所在，无所不倾，若是则可谓小人矣。

① 辨：处置。
② 疾：同"嫉"，危害。
③ 贞：正。引申为原则。

世上有通达的人，有公正的人，有直爽的人，有诚信的人，还有小人。对上能尊重君主，对下能爱护民众，事情来了能应付自如，事件发生能妥当办理，能像这样就可以称得上通达的人。不在下面结党营私而蒙蔽君主，不向上面迎合趋奉而嫉害民众，对问题分辩论争，不因为个人私利去陷害对方，能像这样就可以称得上公正的人。自身具备了某种特长，君主虽然未发现，但不将它隐瞒；自身的某种短处，君主虽然不知道，但也不靠它骗取奖赏；对特长和短处都不加掩饰，将真实情况自动暴露无遗，像这样就可以称得上直爽的人。说一句平常的话一定诚实可信，做一件平常的事一定谨慎小心，害怕效法平凡的流俗，也不敢以自己的特别爱好自以为是，像这样就可以称得上诚信的人。说话常常不可信，行为常常无原则，只要是有利可图的地方，就没有不使他倾倒的，像这样就可以称得上小人了。

公生明，偏生暗，端悫生通，诈伪生塞，诚信生神，夸诞生惑：此六生者，君子慎之，而禹、桀所以分也。

欲恶取舍之权①：见其可欲也，则必前后虑其可恶也者；见其可利也，则必前后虑其可害也者；而兼权之，孰计之②，然后定其欲恶取舍，如是则常不失陷矣。凡人之患，偏伤之也。见其可欲也，则不虑其可恶也者；见其可利也，则不顾其可害也者，是以动则必陷，为则必辱，是偏伤之患也。

人之所恶者，吾亦恶之。夫富贵者则类傲之③；夫贫贱者则求柔之；是非仁人之情也，是奸人将以盗名于晻世者也④，险莫大焉。故曰：盗名不如盗货。田仲⑤、史䲡不如盗也⑥。

① 权：本义是指秤锤，引申为标准。
② 孰：同"熟"，仔细。

③ 类傲：一律加以傲视。
④ 晻：同"暗"。
⑤ 田仲：战国时齐国人，主张自食其力。
⑥ 史鰌（qiū）：春秋时卫国大夫，以直谏著称于世。

译文

公正会产生聪明，偏私会产生暗昧，端正诚实会产生通达，欺诈虚伪会产生闭塞，忠诚老实会产生神明，大言夸饰会产生迷惑。这六种相生的情况，君子一定要慎重对待，这也就是圣人夏禹和暴君桀所不同的地方。

追求与厌恶、取得与舍弃，衡量的标准是：见到自己所追求的，就一定要前前后后考虑它使人可厌恶的一面；见到自己可以取利的，就一定要前前后后考虑它对人有危害的一面；从两方面比较权衡一番，然后去决定自己是追求还是厌恶，是取得还是舍弃。如果这样做，就不会经常失败了。凡是人的祸患，往往是由于主观片面害了自己。见到自己所追求的，就不去考虑它可厌恶的一面；见到自己可以取利的，就不去顾及它有危害的一面。所以，一行动就必然失误，一去做就必然受辱，这就是主观片面所造成的危害祸患。

人们所厌恶的，我也厌恶它。对于享受富贵的人就一律傲视他，对于身受贫困的人就一概屈就他，这不是仁人的常情啊，而是奸猾的人用来在黑暗时代盗名欺世的手段，世间没有比这更用心险恶了！所以说："盗名欺世的远不如盗货劫财的。"春秋战国时的田仲、史鰌还不如盗贼。

◎ 荣辱篇

题解

本篇论述了有关荣辱的一系列问题,诚如《劝学篇》所说的"荣辱之来,必象其德"。文章中"先义而后利者荣,先利而后义者辱",正是荣辱的根本区别,也是君子、小人不同之所在。

原文

憍泄者①,人之殃也;恭俭者,屏五兵也②,虽有戈矛之刺,不如恭俭之利也。故与人善言,暖于布帛;伤人以言,深于矛戟。故薄薄之地③,不得履之,非地不安也,危足无所履者④,凡在言也。巨涂则让⑤,小涂则殆,虽欲不谨,若云不使。

注释

① 憍泄:傲慢而轻薄。憍,通"骄",泄,通"亵"。
② 屏:同"摒",摒除。 五兵:刀、剑、矛、戟、箭五种常用兵器。此处泛指兵器。
③ 薄薄:通"溥溥",广大无边的样子。
④ 危足:踮起脚跟。
⑤ 涂:通"途"。 让:通"攘",拥挤。

译文

骄傲和轻薄,是人的祸害。恭谨和俭约,可以摒除各种兵器的杀身之祸,虽说有戈矛的锋利刺人,但也不如恭谨俭约的厉害。所以同别人说善意的话,比给他穿上棉衣还温暖;用恶语伤人,比用戈矛刺人还厉害。因此,广阔无垠的大地,没有自己的立足之处,并不是由于地面不安稳;踮起脚跟走路,没有可踩之处的缘故,都是因为恶语伤人了。大路很挤,小路又险,即使想不谨慎,又好像迫使你非谨慎不行!

原文

快快而亡者①,怒也;察察而残者,忮也②;博而穷者,訾也③;清之而俞浊者④,口也;豢之而俞瘠者⑤,交也;辩而不说者,争也;直立而不见知者⑥,胜也;廉而不见贵者,刿也⑦;勇而不见惮者⑧,贪也;信而不见敬者,好专行也。此小人之所务,而君子之所不为也。

① 怏怏：痛快。
② 忮（zhì）：忌恨。
③ 訾（zǐ）：诽谤，诋毁。
④ 俞：同"愈"，反而，更加。
⑤ 豢（huàn）：本意是喂养，这里指以酒肉结交朋友。 瘠：瘦弱，引申为交情淡薄。
⑥ 直立：正直。
⑦ 刿（guì）：伤害。
⑧ 惮：敬畏。

痛快一时而招致死亡，是因为愤怒所造成的；明察一切而受到残害，是因为忌恨所造成的；知识渊博而困窘贫穷，是因为诽谤所造成的；名声清白反而越来越混浊，是因为口舌是非所造成的；款待朋友反而越来越淡漠，是因为结交不当所造成的；能言善辩但不能说服别人，是因为喜欢争论所造成的；为人正直但不能被人理解，是因为争强好胜所造成的；廉正守节却不受人尊重，是因为尖刻伤人所造成的；勇敢而不受人敬畏，是因为贪图私利所造成的；守信而不受人崇敬，是因为独断专行所造成的。这些都是小人所做的，而君子是不会做的。

【原文】

斗者，忘其身者也，忘其亲者也①，忘其君者也。行其少顷之怒，而丧终身之躯，然且为之，是忘其身也；室家立残②，亲戚不免乎刑戮，然且为之，是忘其亲也；君上之所恶也，刑法之所大禁也，然且为之，是忘其君也。忧忘其身③，内忘其亲，上忘其君，是刑法之所不舍也，圣王之所不畜也。乳彘不触虎④，乳狗不远游，不忘其亲也。人也，忧忘其身，内忘其亲，上忘其君，则是人也而曾狗彘之不若也。

① 亲：指父母亲。
② 室家：指妻子儿女。
③ 忧：据文意，疑当作"下"。
④ 乳彘（zhì）：正在哺乳的母猪。

斗殴的人，是忘记了自己的身躯的人，是忘记了自己的双亲的人，是忘记了自己的君主的人。发泄自己一时的怒气，却丧失了一生的身躯，但是他还是要去斗殴，这就是忘记了自己的身躯；家室立刻遭到杀害，亲戚也不免受刑被杀，但是他还是要去斗殴，这就是忘记了自己的双亲；斗殴是君主所厌恶的，是刑法所严厉禁止的，但是他还是要去斗殴，这就是忘记了自己的君主。对己忘记了自身，对内忘记了亲人，对上忘记了君主，这种人是刑法都不能舍弃的，是圣明帝王都不能相容的。正在哺乳的母猪不去触动老虎，正在喂奶的母狗不到远处游逛，这是由于它们没有忘记自己的亲生骨肉。但作为一个人，对己忘记了自身，对内忘记了亲人，对上忘记了君主，那么这种人，岂不是连猪狗都不如吗！

凡斗者，必自以为是而以人为非也。己诚是也，人诚非也，则是己君子而人小人也。以君子与小人相贼害也，忧以忘其身，内以忘其亲，上以忘其君，岂不过甚矣哉！是人也，所谓以狐父之戈镢牛矢也①。将以为智邪？则愚莫大焉；将以为利邪？则害莫大焉；将以为荣邪？则辱莫大焉；将以为安邪？则危莫大焉。人之有斗，何哉？我欲属之狂惑疾病邪②，则不可，圣王又诛之。我欲属之鸟鼠禽兽邪，则不可，其形体又人，而好恶多同。人之有斗，何哉？我甚丑之③。

① 狐父：古地名，在今江苏，出产优质的戈。 镢（zhú）：砍斫。 牛矢：牛屎。
② 属：归纳。
③ 丑：憎恨，鄙视。

凡斗殴的人，必然自以为是对的而认为别人是错的。自己真是对的，别人真是错的，那么自己就是君子而别人便是小人了，以君子而与小人相互残害，就是对己忘记了自身，对内忘记了亲人，对上忘记了君主，这岂不是太过分了吗？这种人呀，就是所谓用狐父产的名戈来斫牛粪。这种做法，能认为是明智吗？其实没有比这更愚蠢的了；能认为是有利吗？其实没有比这更有害的了；能认为是光荣吗？其实没有比这更耻辱的了；能认为是安全吗？其实没有比这更危险的了。人们有斗殴的行为，是何原因呢？我想要把斗殴的行为归之为疯狂惑乱等精神病吧，但又不可以，这是由于圣明的帝王要惩罚这种行为。我想要把斗殴的行为归之为鸟鼠禽兽吧，但也不可以，这是由于他们的形体还是人，而且爱好憎恶的情感大多与人相同。人们的斗殴的行为，是何原因呢？我非常鄙视这种人。

原文

有狗彘之勇者,有贾盗之勇者①,有小人之勇者,有士君子之勇者。争饮食,无廉耻,不知是非,不辟死伤②,不畏众强,恈恈然唯饮食之见③,是狗彘之勇也。为事利,争货财,无辞让,果敢而振,猛贪而戾,恈恈然唯利之见,是贾盗之勇也。轻死而暴,是小人之勇也。义之所在,不倾于权,不顾其利,举国而与之不为改视,重死持义而不桡④,是士君子之勇也。

注释

① 贾(gǔ):商人。
② 辟:通"避"。
③ 恈恈(móu)然:贪婪的样子。
④ 重死:看重生命。 桡:同"挠",屈从。

译文

世间有狗和猪的勇敢,有商贾和盗贼的勇敢,有小人的勇敢,还有士君子的勇敢。争夺吃的喝的,毫无廉耻,不分是非,不避死伤,不怕众人的强大,贪婪地只想要吃的喝的,这是狗和猪的勇敢。做事图利,争抢财物,毫不谦让,果敢而又恶毒,极其贪心而又暴戾,贪婪地唯利是图,这是商贾和盗贼的勇敢。轻视死亡而凶暴,这是小人的勇敢。合于道义的,就不屈服于权势,不顾及私利,把整个国家给他也不会改变看法;尽管看重生命,但为了坚持正义决不屈从,这是士君子的勇敢。

原文

材性知能,君子、小人一也。好荣恶辱,好利恶害,是君子、小人之所同也。若其所以求之之道则异矣。小人也者,疾为诞而欲人之信己也①,疾为诈而欲人之亲己也,禽兽之行而欲人之善己也。虑之难知也,行之难安也,持之难立也,成则必不得其所好,必遇其所恶焉。故君子者,信矣,而亦欲人之信己也;忠矣,而亦欲人之亲己也;修正治辨矣,而亦欲人之善己也。虑之易知也,行之易安也,持之易立也,成则必得其所好,必不遇其所恶焉。是故穷则不隐,通则大明②,身死而名弥白③。小人莫不延颈举踵而愿曰:"知虑材性,固有以贤人矣!"夫不知其与己无以异也,则君子注错之当④,而小人注错之过也。故孰察小人之知能,足以知其有馀可以为君子之所为也,譬之越人安越,楚人安楚,君子安雅,是非知能材性然也,是注错习俗之节异也。

① 疾:本义是快速,引申为极力。
② 大明:十分显赫。
③ 白:显现,光辉。
④ 注错:行为举措。错,通"措"。

人的资质、本性、智慧、才能,无论是君子还是小人,本来都是一样的。爱好荣誉,厌恶耻辱;爱好利益,厌恶祸害,无论是君子还是小人也是相同的。但是,他们用来求取荣誉和利益、避免耻辱和祸害的方法和途径就完全不同了。对于小人来说,他们极力谎骗还想让人相信自己,极力欺诈还想让人亲近自己,行同禽兽还想让人说自己好。他们考虑问题不容易明智,做什么事不容易稳妥,坚持的观点不容易成立,结果必然得不到自己所爱好的荣誉和利益,必然遭到自己所厌恶的耻辱和祸害。至于君子么,他们讲究信义,也想要别人相信自己;待人忠诚,也想要别人亲近自己;善良正直,处事公正,也想要别人说自己好。他们考虑问题非常明智,办什么事非常稳妥,坚持的主张容易成立,结果必然得到自己所爱好的荣誉和利益,必然不会遭到自己所厌恶的耻辱和祸害。所以,君子困顿时名声不会被湮没,通达时名声会十分显赫,死后名声会更加光辉。而小人没有不伸长脖子、踮着脚跟羡慕地说:"这种人智慧、才能、资质、思虑,肯定有超过别人的地方啊!"实际上他们不知道君子与自己并没有什么不同,只不过君子行为举措得当,而小人行为举措不当而已。所以,仔细考察小人的智慧、才能,就会明白他们可以绰绰有馀地做到君子所能做到的一切。不妨打个比方,好像越人习惯于越国、楚人习惯于楚国、君子习惯于美德一样,并不是君子的智慧、才能、资质、本性所造成的,而是因为行为举措和日常习气的规律彼此不同而造成的。

仁义德行,常安之术也,然而未必不危也;污僈突盗①,常危之术也,然而未必不安也。故君子道其常②,而小人道其怪。

凡人有所一同:饥而欲食,寒而欲暖,劳而欲息,好利而恶害,是人之所生而有也,是无待而然者也,是禹、桀之所同也。目辨白黑美恶,耳辨音声清浊,口辨酸咸甘苦,鼻辨芬芳腥臊,骨体肤理辨寒暑疾养③,是又人之所生而有也,是无待而然者也,是禹、桀之所同也。可以为尧、禹,可以为桀、跖，可以为工匠，可以为农贾，在注错习俗之所积耳。为尧、禹则常安荣，为桀、跖则常危辱；为尧、禹则常愉佚④，为工匠、农贾则常烦劳。然而人力为此而寡为彼，何也？曰：陋也。尧、禹者，非生而具者也，夫起于变故，成乎修为，待尽而后备者也。

① 污僈（màn）：污浊放纵。僈，通"慢"。
② 道：遵循。
③ 疾养：痛痒。养，通"痒"。
④ 愉佚：愉快安逸。

奉行仁义、道德，是使人们经常保证安全的方法，但不一定不发生危险；污浊放纵、豪夺劫盗，是人们经常遇到危险的方法，但不一定得不到安全。所以君子遵循正常的途径，而小人走的是怪邪的途径。

凡人都有完全相同的地方，如饥饿时就想吃饭，寒冷时就想穿暖，劳累时就想休息，喜好得利而厌恶受害，这是人生下来就具有的本性，是不需要学习就会这样的，是贤君夏禹和暴君夏桀所相同的。眼睛能够辨别黑白美丑，耳朵能够分辨声音的清浊，口舌能够辨别酸咸甜苦，鼻子能够辨别芳香腥臭，身体肌肤能够辨别冷热痛痒，这也是人生下来就具有的本性，是不需要学习就会这样的，是贤君夏禹和暴君夏桀所相同的。人可以成为贤君唐尧、夏禹，也可以成为暴君夏桀、盗跖；可以成为工人匠人，也可以成为农夫商人，关键在于行为举措和日常习气怎样积累罢了。做贤君唐尧、夏禹一样的人，常常安定、光荣，做暴君夏桀、盗跖一样的人，常常危险、耻辱；做贤君唐尧、夏禹一样的人，常常愉快、安逸，做工人、匠人、农夫、商人，常常麻烦、劳累。可是人们却尽力做这种危辱、烦劳的事，而很少去做那种光荣、愉快的事。到底是什么原因呢？回答是：因为浅陋愚昧。唐尧、夏禹这样的人，并不是一生下来就具备了贤君的条件，而是开始于经历各种变化患难，成功于修养身心道德，修养身心道德的所作所为，能让恶劣的本性消除殆尽，然后就具备了贤君的条件。

人之生固小人，无师、无法，则唯利之见耳。人之生固小人，又以遇乱世、得乱俗，是以小重小也，以乱得乱也。君子非得势以临之，则无由得开内焉①。今是人之口腹，安知礼义？安知辞让？安知廉耻、隅积②？亦呐呐而噍③，乡乡而饱已矣④。人无师、无法，则其心正其口腹也。今使人生而未尝睹刍豢稻粱也⑤，惟菽藿糟糠之为睹，则以至足为在此也。俄而粲然有秉刍豢稻粱而至者，则瞲然视之曰⑥："此何怪也！"彼臭之而嗛于鼻⑦，尝之而甘于口，食之而安于体，则莫不弃此而取彼矣。今以夫先王之道，仁义之统，以相群居，以相持养，以相藩饰，以相安固耶？以夫桀、跖之道，是其为相县也⑧，几直夫刍豢稻粱之县糟糠尔哉！然而人力为此而寡为彼，何也？曰：陋也。陋也者，天下之公患也，人之大殃大害也。故曰：仁者好告示人。告之示之，靡之儇之⑨，铅之重之⑩，则夫塞者俄且通也，陋者俄且俼也⑪，愚者俄且知也。是若不行，则汤、武在上曷益？桀、纣在上曷损？汤、武存，则天下从而治；桀、纣存，则天下从而乱。如是者，岂非人之情固可与如此、可与如彼也哉？

① 内：通"纳"，接纳。
② 隅积：整体和局部。
③ 呥呥（rán）：嚼东西的样子。 噍（jiào）：咀嚼。
④ 乡乡：即"芗芗"，亦即香香。
⑤ 今：若。
⑥ 瞲（xuè）然：惊奇的样子。
⑦ 嗛（qiè）于鼻：闻起来舒服快意。
⑧ 县：通"悬"。
⑨ 儇（xuān）：积累。
⑩ 铅（yán）：遵循。
⑪ 俼：开窍，长见识。

人生下来，本来就是小人，如果没有老师教导，没有礼法约束，就只能看到利益而已。人生下来，本来就是小人，又由于遇到乱世，沾染了昏乱习俗，于是小人更加渺小，昏乱的本性更加昏乱了。君子如若不能得到权势而统治小人，那么就没有任何办法开导和向他们灌输好的品德。今天，这些人的嘴巴和肠胃，哪里还知道什么道德礼义？哪里还知道什么推辞谦让？哪里还知道什么廉洁耻辱、局部整体？只知道不停地咀嚼、香香地吃饱而已。人没有老师教导，没有法律约束，那么他们的心灵正如他们只顾吃喝的嘴巴和胃肠一样。假如人生下来以后从未看到牛羊猪狗等肉食和稻粱谷米等细粮，只看到过菽藿等豆叶菜蔬和糟糠等粗粮，那就会认为最好的食物是菽藿糟糠了；假如突然有人很显眼地把牛羊肉、稻粱等肉食细粮拿到他们面前，他们便会十分惊奇地瞪眼看着说："这是什么奇怪东西呢？"他嗅到气味，觉得舒服快意，用嘴尝一尝，感到又甜又香，吃了，感到身体很舒适，就没有不抛弃菽藿糟糠之类而选取肉类稻粱的了。今天，是用古代圣王的办法，仁义的要旨，来帮助人们合群居住、得到保养、得到服饰、得到安定呢？还是用夏桀、盗跖的办法？这两种办法相差十分悬殊，而且岂止是肉食细粮同菜蔬粗粮的悬殊呢！但是，人们却尽力做夏桀、盗跖的事，而很少做古代圣王的事，这是什么原因呢？回答是：浅陋愚昧。浅陋愚昧，实在是天下的公害呀，人们的大灾大难呀！所以说：仁义的人总是把道理告诉人们，做出榜样给人们看。把道理告诉人们，做出榜样给人们看，使人们顺从，使人们积累成习惯，使人们遵循，使人们重视，于是即使是很闭塞的人也会很快就开通，浅陋的人也会很快开窍，愚昧的人也会很快聪明。这件事如果不做，那么商汤王、周武王这样的贤君在上有何益处？夏桀、商纣这样的暴君在上又有何害处？商汤王、周武王在，于是天下便得到安定；夏桀王、商纣王在，于是天下便随着混乱。像这样，难道不就说明人的品质本来是可以这样的，也可以是那样的吗？

原文

人之情，食欲有刍豢，衣欲有文绣，行欲有舆马，又欲夫馀财蓄积之富也，然而穷年累世不知足，是人之情也。今人之生也，方知畜鸡狗猪彘，又畜牛羊，然而食不敢有酒肉；馀刀布①，有囷窌②，然而衣不敢有丝帛；约者有筐箧之藏，然而行不敢有舆马。是何也？非不欲也，几不长虑顾后而恐无以继之故也。于是又节用御欲、收敛蓄藏以继之也，是于己长虑顾后，几不甚善矣哉！今夫偷生浅知之属，曾此而不知也。粮食大侈，不顾其后，俄则屈安穷矣。是其所以不免于冻饿，操瓢囊，为沟壑中瘠者也③。况夫先王之道，仁义之统，《诗》《书》《礼》《乐》之分乎！彼固天下之大虑也，将为天下生民之属长虑顾后而保万世也，其流长矣，其温厚矣，其功盛遥远矣，非顺孰修为之君子，莫之能知也。故曰：短绠不可汲深井之泉④，知不几者不可与及圣人之言。夫《诗》《书》《礼》《乐》之分，固非庸人之所知也。故曰：一之而可再也，有之而可久也，广之而可通也，虑之而可安也，反铅察之而俞可好也。以治情则利，以为名则荣，以群则和，以独则足乐，意者其是邪？！

① 刀布：钱。
② 囷窌（qūn jiào）：谷仓和地窖。
③ 瘠者：饿死的人。

④缏（gěng）：绳子。

译文

人的情欲，吃饭，想有肉食；穿衣，想有绣花；行路，想有车马；又想积蓄馀财来致富。然而一年又一年、一代又一代总是感到财物不足，这就是人的情欲。今天，人们活着，就知道畜养鸡狗猪，又畜养牛马，可是吃饭却不敢有酒肉；钱币有馀，又有粮仓，可是穿衣却不敢穿丝绸；节约的有一箱箱财物，可是行路却不敢用车马。这是何原因呢？并不是不想要这些东西，而是从长远考虑，顾及以后，恐怕没有继续维持生计的缘故。于是，又节衣缩食，抑制欲望，收藏积蓄财物，以便继续维持将来困顿时的生计，这是对自己从长远考虑、顾及以后，岂不很好吗？今天那些苟且偷生、浅陋无知的人，竟连这个道理也不懂得。他们极端地浪费粮食，不顾及以后，时间不长就会浪费尽而陷入困境了。这就是他们所以难免于冻饿，只有手拿饭瓢布袋、沿街乞讨、终于饿死在沟壑之中的原因。更何况他们连古代圣王的办法，仁义的要旨，《诗》、《书》、《礼》、《乐》的道理，都不懂！而这些本来就是治理天下的远大谋略，是为了天下人民长远考虑，顾及以后，而永葆世世代代长治久安的；它源远流长，它蕴蓄丰厚，它的功业传得遥远无穷，倘若不是精通熟练、学习研究它的君子，不能够知道它的精义。所以说：短绳子不可能汲出深井里的泉水；知识不精的人不可能与他论及圣人的言论。《诗》、《书》、《礼》、《乐》的道理本来就不是庸人所能理解的。所以说，一旦掌握了《诗》、《书》、《礼》、《乐》的道理，便可以再深入钻研；精通了它，便可以长期使用；推而广之，便可以触类旁通；深思熟虑，便可以平和安定；遵循弄清，便会越发喜欢它们。用它们调理情欲，就能得到好处；用它们谋求名声，就能获取荣誉；用它们交友待人，就能和气融洽；用它们独善其身，就能心情快乐，想来就是这样吧！

原文

夫贵为天子，富有天下，是人情之所同欲也。然则从人之欲，则势不能容，物不能赡也①。故先王案为之制礼义以分之，使有贵贱之等，长幼之差，知愚、能不能之分，皆使人载其事而各得其宜，然后使谷禄多少厚薄之称②，是夫群居和一之道也。

故仁人在上，则农以力尽田，贾以察尽财，百工以巧尽械器，士大夫以上至于公侯，莫不以仁厚知能尽官职，夫是之谓至平。故或禄天下而不自以为多③，或监门、御旅、抱关、击柝，而不自以为寡。故曰："斩而齐④，枉而顺，不同而一。"夫是之谓人伦。《诗》曰："受小共大共，为下国骏蒙⑤。"此之谓也。

① 赡：满足。
② 谷禄：俸禄。
③ 禄天下：以天下为俸禄，即做天子或帝王。
④ 斩：不齐。
⑤ 骏蒙：保护的人。

尊贵到成为天子，富贵到拥有天下，这是人心所共同希望的；然而若要顺从人们的欲望，那在权势上是不能容许的，在财富上是不能满足的。因此，古代圣王制定礼义来区分，使人们有贵贱等级，有长幼差别，有聪明和愚蠢、贤能和无能的区别，使每个人都各执其事，各得其所，而后依据等级使俸禄的多少同各自的地位和工作相称，这就是使群体和睦协调一致的办法。

所以仁人处在君主位上，那么农民就尽力去耕田种地，商人就精明地经营财，各行业的工匠就把技艺用在制造器械上，而士大夫以上直至公侯没有不用仁慈、忠厚、智慧、才能恪尽职守的，这就叫做公正有序的大治。所以，有的贵为天子富有天下，而不认为自己所得到的多；有的看守城门、招待旅客、守卫关卡、巡逻打更，也不认为自己所得到的少。因此说："有参差才有整齐，有枉曲才有顺直，有不同才有同一。"这就叫做人伦等级。《诗经·商颂·长发》中说："(商汤)接受小的法度和大的法度，使诸侯各国得到庇护。"说的就是这个。

◎ 非相篇

本篇论述了三个问题：首先严厉否定了相人之术，认为"相形不如论心，论心不如择术"；另外论述了"法后王"和有关论辩的必要性与方法。"法后王"是荀子的一个中心思想，也是不同于其他各家的进步思想。文辞奇丽，表现了荀子的论辩技术和风度。

原文

相人①，古之人无有也，学者不道也。古者有姑布子卿②，今之世，梁有唐举③，相人之形状颜色而知其吉凶妖祥，世俗称之。古之人无有也，学者不道也。

① 相人：给人看相。
② 姑布子卿：春秋时郑国大夫，他曾经给孔子和赵襄子看相。
③ 梁：此处指魏国，因魏国的都城在大梁，故这样代称。 唐举：战国时魏国人，会看相。

观看人的相貌来推测吉凶祸福，古代人是没有的，有学问的人也不谈论这样的事。古时候有个叫姑布子卿的人，今天梁魏有个叫唐举的人，他们看了人的容貌、面色就知道这个人的吉凶、祸福。世俗普通人都称赞他们。古代人是没有的，有学问的人也不谈论这样的事。

故相形不如论心①，论心不如择术。形不胜心②，心不胜术。术正而心顺之，则形相虽恶而心术善，无害为君子也；形相虽善而心术恶，无害为小人也。君子之谓吉，小人之谓凶。故长短、小大、善恶形相，非吉凶也。古之人无有也，学者不道也。

① 论心：考察思想。

② 不胜（shēng）：不如，比不上。

译文

观看人的相貌不如考察他的内心，考察他的内心不如鉴别他处世的方法。相貌不如心理重要，心理不如处世的方法重要。处世的方法正确而内心又顺应它，那么形体相貌虽然丑陋而内心与处世的方法好，不会妨害他成为君子；形体相貌虽然好看而内心与处世的方法丑恶，不能掩饰他是个小人。君子可说是吉，小人可说是凶。所以人的高低、大小、美丑等形体相貌上的特征，并不是吉凶的标志。古代人是没有讲究看相的，有学问的人也不谈论这样的事。

原文

盖帝尧长①，帝舜短；文王长，周公短；仲尼长，子弓短。昔者，卫灵公有臣曰公孙吕，身长七尺，面长三尺，焉广三寸②，鼻、目、耳具，而名动天下。楚之孙叔敖，期思之鄙人也③，突秃长左④，轩较之下⑤，而以楚霸。叶公子高，微小短瘠，行若将不胜其衣。然白公之乱也，令尹子西、司马子期皆死焉；叶公子高入据楚，诛白公，定楚国，如反手尔，仁义功名善于后世。故事不揣长⑥，不揳大⑦，不权轻重，亦将志乎尔。长短、大小、美恶形相，岂论也哉？

且徐偃王之状，目可瞻焉；仲尼之状，面如蒙倛⑧；周公之状，身如断菑⑨；皋陶之状，色如削瓜；闳夭之状，面无见肤；傅说之状，身如植鳍⑩；伊尹之状，面无须麋⑪。禹跳，汤偏，尧、舜参眸子。从者将论志意、比类文学邪？直将差长短，辨美恶，而相欺傲邪？

注释

① 长：个子高。
② 焉：通"颜"，面额。
③ 期思：古邑名。
④ 突秃：秃顶。　长左：左腿长。
⑤ 轩较：车前的直木和横木。
⑥ 事：通"士"。
⑦ 揳（xiē）：估计，测量。
⑧ 蒙倛（qī）：古人驱鬼时蒙在脸上的面具。倛，通"顗"，驱除鬼役时的面具。
⑨ 菑（zī）：枯树桩。
⑩ 植鳍（qí）：皮肤像鱼鳍。
⑪ 麋：同"眉"。

据说帝尧个子高,帝舜个子低;文王个子高,周公个子低;孔子个子高,冉雍个子低。古时,卫灵公有个臣子叫公孙吕,身高七尺,脸长三尺,额宽三寸,鼻子、眼睛、耳朵俱全,而他的名声震动天下。楚国的孙叔敖,是河南期思地方的乡村人,短发秃顶,左腿长,站在轩车上个子还在车厢横木下,但能使楚国称霸诸侯。叶公子高,矮小瘦弱,走路时好像连自己的衣服都撑不起来似的。但在白公胜叛乱时,令尹子西、司马子期都被杀死了;叶公子高却带兵入楚,杀死白公胜,安定楚国,就如同把手反转一样简单,他的仁义功名为后世人所称赞。所以,对于一个士人,不是去量他的高矮,不是去测他的大小,不是去称他的轻重,而是要看他的志向。高矮、大小、美丑等形体相貌,岂值得一谈?

西周时徐偃王的相貌,眼睛可以看到自己的额头;孔子的相貌,脸面如同蒙着丑陋的驱鬼面具;周公的相貌,身体如同断折的枯桩;皋陶的相貌,脸色如同削去皮的瓜;闳夭的相貌,脸上多须看不见皮肤;傅说的相貌,身上的皮肤如同鱼鳍;伊尹的相貌,脸上没有胡须眉毛。禹跛了腿,走路如跳一样;汤半身偏枯;舜眼睛是双瞳。相信相术的人是考察他们的志向、比较品评他们的学识呢,还是只区别他们的高矮、分辨他们的美丑而相互欺骗傲视呢?

古者,桀、纣长巨姣美,天下之杰也①;筋力越劲,百人之敌也。然而身死国亡,为天下大僇②,后世言恶,则必稽焉③。是非容貌之患也,闻见之不众,论议之卑尔!

今世俗之乱君④,乡曲之儇子莫不美丽姚冶⑤、奇衣妇饰,血气、态度拟于女子。妇人莫不愿得以为夫,处女莫不愿得以为士⑥,弃其亲家而欲奔之者,比肩并起。然而中君羞以为臣⑦,中父羞以为子,中兄羞以为弟,中人羞以为友。俄则束手有司而戮乎大市,莫不呼天啼哭,苦伤其今而后悔其始,是非容貌之患也,闻见之不众,而论议之卑尔!然则从者将孰可也?

① 杰:指相貌出众。
② 僇(lù):通"戮",耻辱。
③ 稽:引证。
④ 乱君:依文意,当作"乱民"。
⑤ 儇(xuān)子:轻薄子弟。

⑥士：此处意为未婚夫。
⑦中：一般的，普通的。

古代，夏桀、商纣魁伟英俊，是天下出众的相貌；他们体格敏捷强壮，足以力敌百人。但是，他们性命葬送了，国家灭亡了，成了天下最耻辱的人，后世谈到坏人，就必定拿他们作例证。这并不是因为容貌造成的祸患啊，而是他们的见闻不多，思想论调卑下造成的。

今天世上犯上作乱的人，乡村的轻薄子弟，没有不美丽妖艳的，穿着奇服异装等妇女的装饰，神情姿态都好比女子。妇女没有不愿意得到这样的人做丈夫，姑娘没有不愿意得到这样的人为未婚夫，抛弃了自己的亲人家庭而想同他们私奔的女人，比肩接踵。但中等水平的国君羞于把他们作为臣子，中等水平的父亲羞于把他们作为儿子，中等水平的兄长羞于把他们作为弟弟，中等水平的人羞于把他们作为朋友。时间不长，这种人便会被官衙逮去斩首于闹市，他们没有不呼天叫地号啕大哭的，痛苦地伤心今天的下场而后悔当初的作为。这并不是因为容貌所造成的祸患啊，而是他们见闻不多，思想论调卑下造成的啊！那么，相信相术的人认为哪种意见是正确的呢？

人有三不祥：幼而不肯事长，贱而不肯事贵，不肖而不肯事贤，是人之三不祥也。人有三必穷：为上则不能爱下，为下则好非其上，是人之一必穷也；乡则不若①，偝则谩之②，是人之二必穷也；知行浅薄，曲直有以相县矣，然而仁人不能推，知士不能明，是人之三必穷也。人有此三数行者，以为上则必危，为下则必灭。《诗》曰："雨雪瀌瀌③，宴然聿消④。莫肯下隧⑤，式居屡骄。"此之谓也。

①乡：通"向"，当面。　若：顺从。
②偝：同"背"，背地。
③瀌瀌（biāo）：雨雪纷飞的样子。
④宴然：日光照射的样子。　聿（yù）：助词，无义。
⑤隧：通"坠"，退位。

人有三种不吉祥的行为：年幼的不肯侍奉年长的，卑贱的不肯侍奉高贵的，无德才的不肯侍奉贤能的,这是世人三种不吉祥啊!人有三种必然困窘的情况:做君主的不能爱护臣民,做臣民的喜欢非议君主,这是世人第一种必然陷入困窘的情况;当面不顺从,背后又非议,这是世人第二种必然陷入困窘的情况;知识浅陋,行为卑劣,辨别是非曲直的能力又比别人相差悬殊,但对有仁德的人不能推重,对明智的人不能尊敬,这是世人第三种必然陷入困窘的情况。人如果有了这三种不吉祥和必然困窘的行为,做君主的就必然危险,为臣民的就必然死亡。《诗经·小雅·角弓》中说:"雨雪纷纷满天飘,日出天晴便消融。人却不肯自告退,在位对人任欺凌。"就是说的上述情况。

人之所以为人者,何已也?曰:以其有辨也。饥而欲食,寒而欲暖,劳而欲息,好利而恶害,是人之所生而有也,是无待而然者也,是禹、桀之所同也。然则人之所以为人者,非特以二足而无毛也,以其有辨也。今夫狌狌笑亦二足而毛也①,然而君子啜其羹,食其胾②。故人之所以为人者,非特以其二足而无毛也,以其有辨也。夫禽兽有父子而无父子之亲,有牝牡而无男女之别③。故人道莫不有辨。

① 狌狌:即猩猩。 笑:据上下文意,疑作"相"。
② 胾(zì):肉。
③ 牝(pìn)牡:雌雄。

人之所以为人,是何原因呢?回答是:因为人对事物有辨别能力。饥饿时想吃饭,寒冷时想温暖,劳顿时想休息,喜好得利而厌恶受害,这是人生下来就具有的本能,是不需要学习就会这样的,是贤君夏禹和暴君夏桀所相同的。这样看来,人之所以为人,并不仅仅是由于有两只脚而身体无毛,而是因为人对事物有辨别能力。今天猩猩的形状与人相似,也有两只脚,只是全身有毛而已,可是君子却尝它的肉汤,吃它的肉块。所以人之所以为人,并不仅仅是由于有两只脚而又身体无毛,而是因为人对事物有辨别能力。禽兽有父子的生育关系而无父子的亲情;有雌雄而无男女的界限。所以只要是人,没有哪个不对各种事物都有辨别能力。

原文

辨莫大于分①,分莫大于礼,礼莫大于圣王。圣王有百,吾孰法焉?

故曰:文久而息②,节族久而绝③,守法数之有司极而褫④。故曰:欲观圣王之迹,则于其粲然者矣,后王是也。彼后王者,天下之君也,舍后王而道上古,譬之是犹舍己之君而事人之君也。故曰:欲观千岁,则数今日⑤;欲知亿万,则审一二;欲知上世,则审周道;欲知周道,则审其人所贵君子。故曰:"以近知远,以一知万,以微知明。"此之谓也。

① 分:名分。
② 文:指礼法条文。
③ 节族:指音乐节奏。族,通"奏"。
④ 褫(chǐ):废弛,脱离。
⑤ 数:审视。

对事物的辨别没有比确定上下亲疏等级名分更重要的了。确定上下亲疏等级名分没有比遵循礼法更重要的了,遵循礼法没有比效法圣明君王更重要的了。圣明君王数以百计,我们该效法谁呢?我们说:礼法条文由于年代久远而湮没废弃了,音乐节奏由于年代久远而失传了,掌管礼法条文的官吏也由于年代久远而使礼法脱节了。所以说,想要观察圣明君王的事迹,就要观察其中政绩显著的,后代的君王就是这样。这个后代的君王,就是今日天下的君王;舍弃后代的君王而称道上古的君王,可以打个比方,就好比舍弃自己的君王而侍奉别人的君王一样。所以说:想要观察千年的往事,那就要仔细审视今天;想要知道亿万件事情,那就要真正弄清一两件事情;想要知道上古的社会情况,那就要审视现在周王朝的社会情况;想要知道周王朝的社会情况,那就要审视周王朝所尊重的君子。所以说:"从眼前的事就知道上古的事,从一件事就知道上万件事,从隐微的就知道明显的。"就是讲的这个道理。

夫妄人曰:"古今异情,其所以治乱者异道。"而众人惑焉。彼众人者,愚而无说,陋而无度者也。其所见焉,犹可欺也,而况于千世之传也!妄人者,门庭之间,犹可诬欺也,而况于千世之上乎!

圣人何以不可欺?曰:圣人者,以己度者也。故以人度人,以情度情,以类度类,以说度功①,以道观尽,古今一也。类不悖,虽久同理,故乡乎邪曲而不迷,观乎杂物而不惑,以此度之,五帝之外无传人,非无贤人也,久故也;五帝之中无传政②,非无善政也,久故也;禹、汤有传政而不若周之察也,非无善政也,久故也。传者久则论略,近则论详。略则举大,详则举小。愚者闻其略而不知其详,闻其细而不知其大也。是以文久而灭,节族久而绝。

① 说:学说,言论。 功:功业,成就。
② 五帝:黄帝、颛顼、帝喾、唐尧、虞舜。

那些无知妄说的人说:"古代和今天情况不同,有的安定,有的混乱,是因为治理的办法不同。"于是众人就被这话搞糊涂了。那众人,是生性愚昧又说不出道理、知识浅薄又不会判断是非的。他们亲眼看到的东西,尚可能欺骗,更何况那些千年前的往事传闻呢!那些无知妄说的人,即便近在大门庭院之间的事,尚且可欺骗人,更何况那些千年前更早的往事传闻呢!

圣人为何不可欺骗呢?这是由于:圣人,是依据自己的经验来推断事理的。所以,他能以今人推断古人,以今人的感情推断古人的感情,以今天的某一类事物推断古代的同类事物,以流传至今的学说推断古人的功业,以事物的普遍规律推断古代一切,因为古今的情况是一样的。同类而互不违背的事物,虽然相隔久远,它们的性质是相同的,所以圣人面对邪说异端也不会迷惑,观察复杂的事物也不会混乱,这是由于他能按上述道理来推断。黄帝、颛顼、帝喾、唐尧、虞舜五帝以外没有流传到后世的人,并不是那时没有贤能的人,而是时间太久的缘故;五帝之中没有流传到后世的政治措施,并不是那时没有好的政治措施,而是时间太久的缘故;夏禹、商汤虽然有流传到后世的政治措施,但不像周代那样详明,并不是那时没有好的政治措施,而是时间太久的缘故。流传时间久的,那么谈论起来就简略了,近代的事,一谈论起来就很详尽。简略的就只能举其大要,详尽的就可以举其细节。愚蠢的人听到简略的论述而不去了解那些详细的情况,听到详尽的细节又不去了解那些大概的情况。因此,礼法条文由于年代久远而湮灭了,音乐节奏由于年代久远而失传了。

凡言不合先王,不顺礼义,谓之奸言,虽辩①,君子不听。法先王,顺礼义,党学者②,然而不好言,不乐言,则必非诚士也。故君子之于言也,志好之,行安之,乐言之。故君子必辩。凡人莫不好言其所善,而君子为甚。故赠人以言,重于金石、珠玉;观人以言,美于黼黻文章③;听人以言,乐于钟鼓琴瑟。故君子之于言无厌。鄙夫反是，好其实不恤其文④，是以终身不免埤污、佣俗⑤。故《易》曰："括囊⑥，无咎无誉。"腐儒之谓也。

① 辩：指讲话有条理。
② 党：亲近。
③ 黼黻（fǔ fú）文章：古代礼服上所绣的花纹。
④ 恤：顾及。
⑤ 佣俗：即"庸俗"。
⑥ 括囊：结扎口袋。

凡是言论不合乎古代圣王道德原则，不遵循礼义的，就叫"奸言"，尽管娓娓动听很有条理，君子也不听。效法古代圣王，遵循礼义，亲近有知识的人，但不喜欢谈论圣王，不乐意谈论礼义，那就必然不是真诚的学士。所以，君子对于正确的言论，心里喜欢它，行动遵循它，乐意谈论它。因此，君子肯定能言善辩。凡人没有不喜欢谈论自己所爱好的，而且君子更是如此。所以君子赠人一句善言，觉得比赠给人金石珠玉还贵重；让人看到善言，比让人看到锦绣花纹还觉得美；把善言讲给别人听，觉得比让别人欣赏钟鼓琴瑟还快乐。因此，君子谈论永不厌倦。鄙陋的小人与此相反，他们只看重实际，而不顾及言谈文采，所以一辈子难免卑劣庸俗。因此《周易·坤卦》中说："如同扎了口的袋子，既无归咎，也无赞誉。"就说的是这种迂腐的儒生。

凡说之难：以至高遇至卑，以至治接至乱，未可直至也。远举则病缪①，近世则疾佣②。善者于是间也，亦必远举而不缪，近世而不佣，与时迁徙，与世偃仰、缓急、赢绌③，府然若渠匽④、櫽栝之于己也⑤，曲得所谓焉，然而不折伤。

故君子之度己则以绳，接人则用抴⑥。度己以绳，故足以为天下法则矣；接人用抴，故能宽容，因众以成天下之大事矣。故君子贤而能容罢⑦，知而能容愚，博而能容浅，粹而能容杂，夫是之谓兼术。《诗》曰："徐方既同⑧，天子之功。"此之谓也。

① 缪：通"谬"。

②佣：一般，庸俗。
③嬴绌：伸和屈。
④匽：通"堰"。
⑤檃、栝：矫正竹木的器具。
⑥枻（yè）：即"枻"，船桨。
⑦罢：同"疲"，此处指无能之人。
⑧徐方：古时候国名。

大凡劝说的难处在于：用最高深的道理去劝说最卑劣的人，用将国家治理好的道理去劝说把国家搞乱的人，这是不可能直接达到目的的。若列举远古的事例，就容易流于荒谬；列举近世的事例，又容易陷于庸俗。但是善于劝说的人在这种情况下，必然列举远古的事例而不会谬误，列举近世的事例而不显庸俗；劝说的话能随着时代发展而变迁，随着世事的变化而俯仰或缓或急、或屈或伸，都能应付自如，好像渠堰阻拦流水、器具矫正弯木一样控制自己；委婉地劝说对方，但又不挫伤对方。

所以，君子律己好比木工用墨线为准绳，待人好比船夫用舟楫来接客。律己好比用墨线为准绳，因此完全能够使自己成为天下人学习的榜样；待人好比船夫用舟楫来接客，因此能够对人宽容，也就能够依靠众人成就统一天下的大业。所以，君子贤能又能容纳无能的人，聪明又能容纳愚昧的人，渊博又能容纳浅陋的人，精粹又能容纳杂驳的人，这就叫做兼容并蓄的方法。《诗经·大雅·常武》中说："徐方国既然来归顺，这是天子的功劳。"说的就是这个道理。

谈说之术：矜庄以莅之，端诚以处之，坚强以持之，譬称以喻之，分别以明之，欣欢、芬芗以送之①，宝之，珍之，贵之，神之，如是则说常无不受。虽不说人②，人莫不贵，夫是之谓为能贵其所贵。传曰："唯君子为能贵其所贵。"此之谓也。

君子必辩，凡人莫不好言其所善，而君子为甚焉。是以小人辩言险，而君子辩言仁也。言而非仁之中也，则其言不若其默也，其辩不若其讷也③；言而仁之中也，则好言者上矣，不好言者下也。故仁言大矣。起于上所以道于下，政令是也；起于下所以忠于上，谏救是也，故君子之行仁也无厌。志好之，行安之，乐言之，故言君子必辩。小辩不如见端④，见端不如见本分。小辩而察，见端而明，本分而理，圣人、士君子之分具矣。

① 芗：通"香"。
② 说（yuè）人：讨好、取悦别人。
③ 讷（nè）：出言迟钝。
④ 见端：找出头绪。

谈话的艺术是：对待被劝说的人，以矜持庄重的态度面对他，以端正真诚的心情对待他，以坚定顽强的意志扶持他，以比喻称引的方法开导他，以分辨区别的办法启发他，还要热情、和蔼地把知识传授他，使自己的话显得宝贵、珍奇、重要、神妙。像这样，那劝说就往往不会不被接受。虽不去讨好人，被劝说的人没有不尊重的。这就叫做能使人珍重自己所珍重的。古书上说："惟有君子能使人珍重自己所珍重的。"说的就是这个。

君子一定善于辩说，凡是人没有不喜欢谈论自己所爱好的，而君子更是这样。小人善于辩说，说的是险诈；而君子善于辩说，说的是仁爱。说的话如若不合于仁爱，那么他说话还不如沉默不语，他辩说还不如口齿迟钝；说的话如果符合仁爱，那么善于辩说的人就是高尚的，不善于辩说的人就是低下的。所以合于仁爱的言论是非常重大的。产生于君主而用于引导臣民的，这就是政令；产生于臣民而用于效忠君主的，这就是批评建议。因此，君子奉行仁爱从不厌倦，内心爱好它，行动遵循它，乐意谈论它，所以说君子善于辩说。辩说细节不如找出其中的头绪，找出头绪不如揭示固有的名分。辩说细节能发现问题，找出头绪能说明问题，揭示名分能条理不紊，于是圣人、士君子的身份就具备了。

有小人之辩者，有士君子之辩者，有圣人之辩者。不先虑，不早谋，发之而当，成文而类，居错迁徙①，应变不穷，是圣人之辩者也。先虑之，早谋之，斯须之言而足听，文而致实，博而党正②，是士君子之辩者也。听其言则辞辩而无统③，用其身则多诈而无功，上不足以顺明王，下不足以和齐百姓；然而口舌之均④，噡唯则节⑤，足以为奇伟、偃却之属⑥；夫是之谓奸人之雄。圣王起，所以先诛也，然后盗贼次之。盗贼得变⑦，此不得变也。

① 居错：安排处置。错，通"措"。

②党:直言。
③统:要领。
④均:调和。
⑤嚪(zhān)唯:多言或少言。
⑥偃却:高傲。
⑦变:转变。

有小人的辩说,有士君子的辩说,有圣人的辩说。不事先考虑,不及早谋划,一出言就很恰当,既富有文采又合于礼法,采取措施,灵活变化,都能随机应变,应付不穷,这就是圣人的辩说。事先就考虑了,及早已谋划了,片刻的发言还值得一听,既富有文采又细致实在,既渊博又正直,这就是士君子的辩说。听他说话言辞夸饰,不得要领,任用他办事既多诡诈又无功效;对上不能顺从英明的帝王,对下不能团结和谐百姓;但他说话有分寸,或夸夸其谈,或唯唯诺诺,他们完全靠口才而自夸自傲,这就是奸人中的雄杰。圣明的帝王一登位,这种人是首先要被杀头的,然后就是惩处盗贼。盗贼还有可能转变,这种人却是不会痛改前非的。

◎非十二子篇

【题解】

本篇对先秦道、墨、名、法及儒家各流派的十二位代表人物分别进行了尖锐的评论和批判，而独独推崇仲尼、子弓的学说，是中国思想史上一篇全面总结研究诸子学术思想的重要文献。后半段运用联绵、重叠字，散文中很多地方押韵，初开词赋之先河。

【原文】

假今之世①，饰邪说，文奸言②，以枭乱天下③，矞宇嵬琐④，使天下混然不知是非治乱之所存者，有人矣。

【注释】

① 假：乘着。
② 文：粉饰。
③ 枭乱：扰乱。
④ 矞（jué）宇：诡谲而欺诈。 嵬琐：怪诞而委琐。

【译文】

乘着当今这个时代，用粉饰邪说、美化奸言，来扰乱天下，用欺诈、夸大、怪诞、琐屑的言论和学说，使天下的人混混沌沌分不清是非、治乱在哪里的人有的是。

【原文】

纵情性，安恣睢①，禽兽之行，不足以合文通治；然而其持之有故，其言之成理，足以欺惑愚众。是它嚣②、魏牟也③。

【注释】

① 恣睢（suī）：放荡不羁。
② 它嚣：战国时人。性情放荡恣纵，近于禽兽之行。
③ 魏牟：战国时魏国公子，道家学者。主张"任欲而行，不加节制"。

【译文】

纵情任性，安于放荡恣肆，行为如同禽兽，完全不可能符合礼义和懂得治国的道理；但是，他们的论说却有根有据，言谈有条有理，完全能够欺骗蛊惑普通民众。战国时的它嚣、魏牟就是这种人。

忍情性，綦溪利跂①，苟以分异人为高，不足以合大众，明大分；然而其持之有故，其言之成理，足以欺惑愚众。是陈仲②、史鳅也③。

【注释】

① 綦（qí）溪：昂然于邪路上。 利跂（qí）：背离世俗而独行。利，通"离"。
② 陈仲：战国时齐国贵族，主张独立自主，自食其力。
③ 史鳅（qiū）：即史鱼，春秋时卫国大夫，以正直敢谏著名。

【译文】

抑制本性，偏离大道昂然而走，背弃世俗独行，不遵循礼义法度，以与众不同为高尚，不能同民众打成一片，不能彰明忠孝大义；但是，他们的论说却有根有据，言谈有条有理，完全能够欺骗蛊惑普通民众。春秋战国时的陈仲、史鳅就是这种人。

不知壹天下、建国家之权称①，上功用②，大俭约而僈差等③，曾不足以容辨异、县君臣④；然而其持之有故，其言之成理，足以欺惑愚众。是墨翟⑤、宋钘也⑥。

【注释】

① 权称：此处指礼法制度。
② 上：同"尚"，崇尚。
③ 大：重视。 僈（màn）：轻慢，轻视。
④ 县：通"悬"，悬殊。
⑤ 墨翟（dí）：春秋战国之际鲁国人，墨家学派的创始人。
⑥ 宋钘（jiān）：又名宋荣子，战国时宋国人，主张禁欲，与墨子的学说相近。

【译文】

不知道统一天下、不知道建立国家的礼法制度，崇尚功利实用，重视节俭简约却轻视名分等级，甚至不容许人与人有差别，君与臣有等级悬殊；但是，他们的论说却有根有据，言谈有条有理，完全能够欺骗蛊惑普通民众。战国时的墨翟、宋钘就是这种人。

尚法而无法，下修而好作①，上则取听于上，下则取从于俗，终日言成文典，反䌷察之②，则倜然无所归宿③，不可以经国定分；然而其持之有故，其言之成理，足以欺惑愚众。是慎到④、田骈也⑤。

① 好作：喜欢另搞一套。
② 䌷（xún）：通"循"，顺着。
③ 倜（tì）然：远离的样子。
④ 慎到：战国中期赵国人，早期法家的代表。
⑤ 田骈（pián）：战国时齐国人，喜欢高谈阔论。

推崇法治但又无法度，轻视贤能的人又好另搞一套，对上则听从君主，对下又顺从流俗，成天谈论礼法条文，一旦反复考察，就会发现他们迂阔而远离根本，没有一个归宿点，不可能用来治理国家和确定名分；但是，他们的论说却有根有据，言谈有条有理，完全能够欺骗蛊惑普通民众。战国的慎到、田骈就是这种人。

不法先王，不是礼义①，而好治怪说，玩琦辞②，甚察而不惠，辩而无用，多事而寡功，不可以为治纲纪；然而其持之有故，其言之成理，足以欺惑愚众。是惠施③、邓析也④。

① 是：遵循。
② 琦：通"奇"。
③ 惠施：战国中期宋国人，名家学者。
④ 邓析：春秋时郑国人，好刑名之学，善辩。

不效法古代的圣王，不遵循礼义，又喜欢研究奇谈怪说，玩弄奇异词藻，异常明察但毫无实惠，非常雄辩但毫不实用，做的事很多但功效很少，不可能用来作为治国的纲领；但是，他们的论说却有根有据，言谈有条有理，完全能够欺骗蛊惑普通民众。春秋战国时的惠施、邓析就是这种人。

略法先王而不知其统，然而犹材剧志大①，闻见杂博。案往旧造说②，谓之五行③，甚僻违而无类④，幽隐而无说，闭约而无解。案饰其辞而祗敬之曰⑤：此真先君子之言也。子思唱之⑥，孟轲和之⑦，世俗之沟瞀儒嚾嚾然不知其所非也⑧，遂受而传之，以为仲尼⑨、子弓为兹厚于后世⑩。是则子思、孟轲之罪也。

① 剧：很多。
② 案：同"按"，按照。
③ 五行：即仁、义、礼、智、信。
④ 僻违：邪僻怪诞。
⑤ 祗（zhī）敬：恭敬。
⑥ 子思：战国时鲁国人，孔子的孙子，儒家的承前启后者。
⑦ 孟轲：战国时邹国人，子思的弟子，儒家代表人物之一。
⑧ 沟瞀（mào）：愚昧而无知。　嚾嚾（huān）然：吵闹的样子。
⑨ 仲尼：即孔子。
⑩ 子弓：其人不详，可能指孔子的学生仲弓（冉雍）。

大致上效法古代的圣王而不得要领，但还自以为才华横溢志向远大，见识庞杂广博，按照往古的旧说创立新说，称之为仁、义、礼、智、信五行，非常邪僻悖理而没有条理，极其幽深隐微而无从讲说，尤为晦涩简约而无法解释，却又粉饰其言词恭恭敬敬地说："这才是真正的先师孔子的言论啊！"子思和孟轲一唱一和，世俗那些愚昧的儒士盲目喧嚣而不知道他们的错误所在，于是不但自己接受而且广为传播，认为是孔子、子弓创立此学说来嘉惠后世。这就是子思、孟轲的罪过。

若夫总方略，齐言行，壹统类，而群天下之英杰而告之以大古，教之以至顺①；奥窔之间②，簟席之上③，敛然圣王之文章具焉④，佛然平世之俗起焉⑤；六说者不能入也，十二子者不能亲也；无置锥之地，而王公不能与之争名；在一大夫之位，则一君不能独畜，一国不能独容，成名况乎诸侯⑥，莫不愿以为臣。是圣人之不得势者也。仲尼、子弓是也。

① 至顺：至理。
② 奥窔（yǎo）：指居室之内。古人称居室的西南角为奥，东南角为窔。
③ 簟（diàn）席：供坐卧的席子。
④ 敛然：积聚的样子。
⑤ 佛（bó）然：蓬勃兴起之貌。
⑥ 成：通"盛"。

　　至于总括治国的方略，整齐人们的言行，统一礼义法度，并汇集天下的英雄豪杰，告诉他们根本的法则，教导他们治国的至理；即使在厅堂角落、竹席之上，那圣王的礼义法制条文都收集得很完备，那清明时代的盛世之风勃勃兴起；上述六种学说是不能进这里的，那十二个人是不能接近这里的。他们尽管没有立锥之地，但王公不能与他们争名；他们尽管仅处在一个大夫的位置上，但不是一个诸侯国君能单独任用的，也不是一个诸侯国家能单独容纳的，因为他们的盛名可以比并于诸侯，诸侯国没有不愿意让他们为臣子的。这就是圣人中未得到权势的人，孔子、子弓就是这样的人。

　　一天下，财万物①，长养人民，兼利天下，通达之属，莫不从服，六说者立息，十二子者迁化②，则圣人之得势者，舜、禹是也。
　　今夫仁人也，将何务哉？上则法舜、禹之制，下则法仲尼、子弓之义，以务息十二子之说。如是则天下之害除，仁人之事毕，圣王之迹著矣。

① 财：通"裁"，治理。
② 迁化：随之而变化。

　　统一天下，治理万事，养育民众，使天下的人都得到利益；凡能到达之处，没有人不顺从；而上述六种学说立即销声匿迹，十二个人也弃邪归正。这就是圣人中取得了权势的人，虞舜、夏禹就是这样的人。
　　今天仁德的人，将如何去做呢？上应该效法虞舜、夏禹所立的法制，下应该效法孔子、子弓所倡导的礼义，务必制止十二个人的异端邪说。这样，天下的祸害就消除了，仁人的事业就完成了，圣王的业绩就彰显了。

信信①,信也;疑疑,亦信也。贵贤,仁也;贱不肖,亦仁也。言而当,知也②;默而当,亦知也。故知默犹知言也③。故多言而类,圣人也;少言而法,君子也;多言无法而流湎然,虽辩,小人也。故劳力而不当民务,谓之奸事;劳知而不律先王,谓之奸心;辩说譬谕,齐给便利,而不顺礼义,谓之奸说。此三奸者,圣王之所禁也。知而险,贼而神,为(同伪)诈而巧,言无用而辩,辩不惠而察,治之大殃也。行辟而坚,饰非而好,玩奸而泽,言辩而逆,古之大禁也。知而无法,勇而无惮,察辩而操僻,淫太而用乏,好奸而与众④,利足而迷,负石而坠⑤,是天下之所弃也。

① 信信:前一"信"作动词。相信应信任的。
② 知:智。
③ 知:知道。
④ 与:党羽,同党。
⑤ 负石:身负重任。

相信可信的,是确信;怀疑可疑的,也是确信。尊重贤人,是仁;鄙贱不贤的人,也是仁。说得恰当,是智慧;沉默得恰当,也是智慧。因此知道在什么情况下沉默也好像知道在什么情况下怎样说话一样。所以话说得多而合于法度,就是圣人;话说得少而合于法度,就是君子;不管话说得多还是少都不合于法度,而且滔滔不绝沉醉放纵,虽然雄辩,也是小人。所以费尽力气而不合于民众的需求,就叫做"奸事";费尽心机而不遵循先王的法度,就叫做"奸心";辩论比喻敏捷快疾而不遵循礼义,就叫做"奸说"。这三种奸邪的东西,是圣王所禁止的。聪明而奸险,恶毒而高明,行动伪诈而巧妙,言论无用而雄辩,辩说不实用而明察,这是治理国家的大祸害。行为邪恶而坚决顽固,粉饰过错而伪装完美,玩弄奸计而貌似恩泽,言论善辩而违背常理,这是古代严厉禁止的。聪明而无视法度,勇猛而毫无忌惮,明察善辩而持论怪异荒僻,放荡骄奢而刚愎自用,好搞阴谋而党羽很多,善于奔竞而导入迷途,背负石头而坠入深渊,这些都是天下人所鄙弃的。

兼服天下之心:高上尊贵不以骄人,聪明圣知不以穷人①,齐给速通不争先人,刚毅勇敢不以伤人。不知则问,不能则学,虽能必让,然后为德。遇君则修臣下之义②，遇乡则修长幼之义，遇长则修子弟之义，遇友则修礼节辞让之义，遇贱而少者则修告导宽容之义。无不爱也，无不敬也，无与人争也，恢然如天地之苞万物。如是则贤者贵之，不肖者亲之。如是而不服者，则可谓訞怪狡猾之人矣。虽则子弟之中，刑及之而宜。《诗》云："匪上帝不时③，殷不用旧。虽无老成人，尚有典刑。曾是莫听④，大命以倾。"此之谓也。

① 穷人：使人困窘、难堪。
② 修：实行，躬行。
③ 匪：通"非"。
④ 曾：竟，乃。

　　使天下人普遍心悦诚服的办法：职位尊贵高高在上但不骄视别人；聪颖睿智但不难为别人；敏捷快疾但不逼能欺凌别人；刚毅勇敢但不肆意伤害别人。不知就问，不会就学，虽然才学兼备但必能谦让，这样才算有道德。面对君主就躬行臣子的礼义，面对乡亲就讲求长幼的尊卑，面对长辈就实行子弟的礼节，面对朋友就讲究礼节辞让，面对身份低而辈分小的就实行诱导宽容的原则。做到无所不爱，无所不敬，不与人争，胸怀广阔就像天地能包容万物一样。这样，贤能的人会尊重你，不贤的人会亲近你。如果这样还不顺从的人，就可以说是怪异奸狡的人了，即使在你的弟子中间，受到刑罚制裁也是应当的。《诗经·大雅·荡》中说："不是上帝不善，是殷纣抛弃旧典章。虽没有老成臣子，还有典章刑法可依。竟连这也一概不听，商朝的政权才倾覆。"说的就是这个。

　　古之所谓士仕者，厚敦者也，合群者也①，乐可贵者也，乐分施者也，远罪过者也，务事理者也，羞独富者也。今之所谓士仕者，污漫者也②，贼乱者也，恣睢者也，贪利者也，触抵者也③，无礼义而唯权势之嗜者也。
　　古之所谓处士者④，德盛者也，能静者也，修正者也，知命者也，箸是者也。今之所谓处士者，无能而云能者也，无知而云知者也，利心无足而佯无欲者也⑤，行伪险秽而强高言谨悫者也，以不俗为俗，离纵而跂訾者也⑥。

① 合群：团结群众。
② 污漫：行为不洁。
③ 触抵：触犯法令。
④ 处士：即隐者。
⑤ 利心无足：贪得无厌。
⑥ 离纵：偏离正道。纵，同"踪"，踪迹。

古代所说的入仕做官的人，是朴实厚道的人，是同群众打成一片的人，是喜欢道德的人，是乐于施舍的人，是远离罪过的人，是务实办事的人，是羞于独自富裕的人。今天所说的出仕做官的人，是污浊卑劣的人，是破坏捣乱的人，是恣肆放荡的人，是贪图私利的人，是触犯律令的人，是没有礼义而只贪婪权势的人。

古代所说的隐居不仕的人，是品德高尚的人，是恬静安分的人，是善良正直的人，是知道天命的人，是彰明正道的人。今天所说的隐居不仕的人，是没有才能而自诩为有才能的人，是没有智慧而自吹为有智慧的人，是贪得无厌而假装没有贪欲的人，是行为阴险污浊而吹嘘谨慎老实的人，是以不合于世俗作为自己的习俗、背离世俗放任独行诋毁别人的人。

士君子之所能不能为：君子能为可贵，不能使人必贵己；能为可信，不能使人必信己；能为可用，不能使人必用己。故君子耻不修^①，不耻见污^②；耻不信，不耻不见信；耻不能，不耻不见用。是以不诱于誉，不恐于诽，率道而行，端然正己，不为物倾侧^③，夫是之谓诚君子。《诗》云："温温恭人，维德之基。"此之谓也。

① 修：修养，品德高尚。
② 见：被，受。
③ 倾侧：倾倒。

士君子所能做到的不能做到的：君子能做到值得尊重，但不能使人一定尊重自己；能做到值得相信，但不能使人一定相信自己；能做到可以任用，但不能使人一定任用自己。所以，君子耻于自己品德不好，而不耻于被人污蔑；耻于自己没有信用，而不耻于人不信任；耻于自己没有才能，而不耻于不被重用。所以，君子不为荣誉所诱惑，也不为诽谤所吓退，依据道义而行事，严肃地端正自身，不为外物而倾倒，这就称作是真君子。《诗经·大雅·抑》中说："温和谦恭的人，唯以道德为根本。"就是说的这样的人。

原文

士君子之容：其冠进，其衣逢，其容良；俨然①，壮然②，祺然③，蕼然，恢恢然，广广然，昭昭然，荡荡然，是父兄之容也。其冠进，其衣逢，其容悫；俭然，恀然④，辅然，端然，訾然⑤，洞然，缀缀然，瞀瞀然，是子弟之容也。

注释

① 俨然：庄重貌。
② 壮然：严肃貌。
③ 祺然：安详貌。
④ 恀然：美好貌。
⑤ 訾然：勤勉貌。

译文

士君子的仪容：他的帽子高高耸起，衣服阔绰宽大，面貌和蔼可亲；庄重、魁伟、安详、洒脱、宽宏大度、开朗大方、明明亮亮、坦坦荡荡的，这是做父兄的仪表姿容。他的帽子高高耸起，衣服阔绰宽大，面貌谨慎诚恳；谦虚、温顺、亲热、端庄、勤勉、恭敬、逊顺、拘谨的样子，这是做子弟的仪表姿容。

原文

吾语汝学者之嵬容①：其冠俛，其缨禁缓，其容简连；填填然②，狄狄然③，莫莫然④，瞡瞡然⑤，瞿瞿然⑥，尽尽然⑦，盱盱然⑧。酒食声色之中则瞒瞒然⑨，瞑瞑然⑩，礼节之中则疾疾然⑪，訾訾然⑫，劳苦事业之中则偍偍然，离离然⑬，偷儒而罔，无廉耻而忍謑訽。是学者之嵬也。

注释

① 嵬容：怪模怪样。
② 填填然：佯作厚重的样子。
③ 狄狄然：慌张轻浮的样子。
④ 莫莫然：麻木冷漠的样子。

⑤ 睽睽（guī）然：浅薄自得的样子。
⑥ 瞿瞿然：惊惶失措的样子。
⑦ 尽尽然：沮丧低沉的样子。
⑧ 盱盱然：白眼睨视的样子。
⑨ 瞒瞒然：沉醉迷乱的样子。
⑩ 瞑瞑然：视而不审的样子。
⑪ 疾疾然：憎恨厌恶的样子。
⑫ 訾訾然：谩骂诋毁的样子。
⑬ 离离然：不愿动手的样子。

我告诉你那些学者的怪异模样：他的帽子向前低垂，帽带系得很松，面貌傲慢自大，自满自足，跳跳跃跃，行进迟缓，拘谨小气，惊惶沮丧，左顾右盼，目呆直视的样子。在酒食声色中，情迷神昏，沉溺惑乱；在平日礼节中，憎恶嫉恨，出口毁怨；在劳苦事业中，懒懒散散，躲躲闪闪，好逸恶劳又不怕人议论，毫无廉耻而又能忍受辱骂，这就是那些学者的怪异模样。

弟佗其冠①，神禫其辞②，禹行而舜趋，是子张氏之贱儒也。正其衣冠，齐其颜色，嗛然而终日不言，是子夏氏之贱儒也。偷儒惮事，无廉耻而耆饮食③，必曰君子固不用力，是子游氏之贱儒也。

① 弟佗其冠：歪戴帽子，颓唐萎靡的样子。
② 神禫：说话淡薄无味。
③ 耆：同"嗜"，贪欲。

歪戴着帽子，说话平淡无味，像夏禹的跛行、虞舜的快走，这就是子张一类低贱儒生故作圣人姿态。衣帽齐整，面色严肃，嘴里像含着东西一样整天不说一句话，这就是子夏一类低贱儒生的样子。苟且偷安，胆小怕事，毫无廉耻之心却又贪嗜吃喝，还要说什么："君子本来就不必参加体力劳动！"这就是子游一类低贱儒生的样子。

彼君子则不然。佚而不惰，劳而不僈，宗原应变①，曲得其宜②，如是然后圣人也。

① 宗原：遵循基本的原则。
② 曲：这里作"全"解。

　　那些君子就不是这个样子。他们虽然安逸但不懒惰，虽然劳苦但不怠慢，遵奉礼义原则而应付各种事变，各种事都做得圆满恰当，若像这样，然后才可以成为圣人。

◎仲尼篇

文章开篇以起首"仲尼"二字为篇名,与全篇内容无涉。先以问答的形式贬斥损毁霸道,赞颂褒扬王道,而后以"恭敬、忠信、谨慎、端悫""天下之行术"论述了君主立身处世的原则和统一天下的方法。

仲尼之门人,五尺之竖子,言羞称乎五伯①。是何也?曰:然,彼诚可羞称也。齐桓,五伯之盛者也,前事则杀兄而争国;内行则姑、姊、妹之不嫁者七人,闺门之内,般乐②、奢汰,以齐之分奉之而不足③;外事则诈邾袭莒,并国三十五。其事行也若是其险污淫汰也,彼固曷足称乎大君子之门哉!

① 五伯:指齐桓公、晋文公、楚庄王、吴王阖闾、越王勾践五霸。伯,通"霸"。
② 般(pán)乐:过度地玩乐。
③ 分:一半。

译文

仲尼的门人,即使五尺高的童子,谈论时都以称颂五霸为羞耻,这是为什么呢?回答道:对呀!那五霸确实称颂起来可耻。齐桓公,是五霸中最享盛名的,说起他开始的事,他是杀了他哥哥公子纠,夺取国家政权的;说起他的家庭行径,姑姑、姐姐、妹妹中没有出嫁的七个人,在闺门内室,他纵情淫乐,奢侈无度,拿出齐国赋税的一半供给还不够;说起他的对外事务,则欺诈邾国、袭击莒国,吞并小国三十五个。他的所作所为是这样地阴险污秽,淫荡奢侈,他怎么能够被称颂于大圣人孔子的门下呢?

原文

若是而不亡,乃霸,何也?曰:於乎①!夫齐桓公有天下之大节焉,夫孰能亡之?倓然见管仲之能足以托国也②,是天下之大知也。安忘其怒，出忘其仇，遂立以为仲父，是天下之大决也。立以为仲父，而贵戚莫之敢妒也；与之高、国之位，而本朝之臣莫之敢恶也；与之书社三百③，而富人莫之敢距也。贵贱长少，秩秩焉，莫不从桓公而贵敬之，是天下之大节也。诸侯有一节如是，则莫之能亡也；桓公兼此数节者而尽有之，夫又何可亡也？其霸也，宜哉！非幸而，数也。

① 於乎：呜呼。
② 倓（tán）然：丝毫不犹豫怀疑的样子。
③ 书社：将人口土地书写在册子上。一社为二十五户人。

像(齐桓公)这样不但没灭亡，而且称霸诸侯，为什么呢？回答道：啊！因为齐桓公掌握了治理天下的重大关键，谁还能灭亡他？他一下就看出了管仲的才能，完全可以把国家托付给管仲，这是天下最大的明智。安定时忘记了对管仲的愤怒，出去时忘记了管仲的一箭之仇，并推立管仲为仲父，这是天下最大的决断。推立管仲为仲父，而他的内外亲族没有敢于嫉妒的；给管仲高氏、国氏那样上卿的崇高地位，而朝中的大臣没有敢于忌恨的；给管仲入册的人口土地三百社，而富人没有敢于抗拒的。无论高贵的、卑贱的、年长的、年轻的，都规规矩矩的，没有不顺从齐桓公而尊敬管仲的，这都是治理天下的重大关键。诸侯只要掌握了其中的一个关键，就没有人能灭亡他；齐桓公掌握了所有的这些关键，又怎么可能被灭亡呢？他称霸诸侯，是理所当然的！并不是侥幸，而有它的必然性。

然而仲尼之门人，五尺之竖子，言羞称乎五伯，是何也？曰：然，彼非本政教也，非致隆高也①，非綦文理也②，非服人之心也。乡方略③，审劳佚，畜积、修斗而能颠倒其敌者也。诈心以胜矣，彼以让饰争，依乎仁而蹈利者也，小人之杰也。彼固曷足称乎大君子之门哉！

① 致：最，极。隆高：推崇。
② 綦（qí）：极点，非常。
③ 乡：通"向"。

但是仲尼的门人，即使五尺高的童子，谈论时都以称颂五霸为羞耻，这是为什么呢？回答道：是的，由于五霸没有把政治教化作为立国的根本，没有把礼义推崇到应有的高度，没有彻底健全礼仪制度，没有使人心悦诚服。他们仅仅注重方法策略，使民众劳逸适度，积蓄财富，加强战备而能颠覆打倒自己的敌人。他们是依靠诡诈的心计来取胜的，他们是用谦让来掩饰争斗、依赖仁义来求取实利的人，是小人中的佼佼者。他们怎么能够被大圣人孔子的门下称颂呢？

彼王者则不然。致贤而能以救不肖，致强而能以宽弱，战必能殆之而羞与之斗，委然成文以示之天下①，而暴国安自化矣，有灾缪者然后诛之②。故圣王之诛也，綦省矣。文王诛四，武王诛二，周公卒业，至于成王则安无诛矣。故道岂不行矣哉！文王载之，百里地而天下一；桀、纣舍之，厚于有天下之势而不得以匹夫老。故善用之，则百里之国足以独立矣；不善用之，则楚六千里而为仇人役。故人主不务得道而广有其势，是其所以危也。

① 委然：美好的，有文采的。
② 缪：通"谬"。

那些称王于天下的就不是这样。他们自己贤能，并去救助不贤能的；自己强大，却能宽容弱小的；攻战一定能打垮对方，却以和对方攻战为羞耻；制定美好的礼仪制度来昭示天下，而暴虐的国家自然就转化了；如果还有祸国殃民、荒谬绝伦的，然后再诛灭他。所以圣王的诛灭是很少的。周文王曾讨伐了四个国家，周武王只诛杀了两个人，周公旦完成了称王天下的大业，到周成王时就没有杀伐了。所以，圣王的礼义之道岂能不实行呢？周文王实行礼义之道，虽只占有百里之地的国土，但使天下统一了；夏桀、商纣舍弃了礼义之道，虽实力雄厚，掌握了统治天下的权势，却不能像平民百姓那样活到老。因此，善于利用礼义之道，那么即使只有百里的国土也完全可以独立存在；而不善于利用礼义之道，那么就是像楚国一样拥有六千里的国土，还是会被仇敌所役使。所以，君主不致力于遵循礼义之道而只求扩展自己的势力，这就是他所以危亡的原因。

恃宠、处位、终身不厌之术：主尊贵之，则恭敬而僔①；主信爱之，则谨慎而嗛②；主专任之，则拘守而详；主安近之，则慎比而不邪；主疏远之，则全一而不倍；主损绌之③，则恐惧而不怨。贵而不为夸；信而不处谦；任重而不敢专；财利至则善而不及也，必将尽辞让之义然后受；福事至则和而理，祸事至则静而理；富则施广，贫则用节；可贵可贱也，可富可贫也，可杀而不可使为奸也：是持宠、处位、终身不厌之术也。虽在贫穷徒处之势，亦取象于是矣，夫是之谓吉人。《诗》曰："媚兹一人，应侯顺德，永言孝思，昭哉嗣服。"此之谓也。

求善处大重④、任大事、擅宠于万乘之国，必无后患之术，莫若好同之，援贤博施，除怨而无妨害人。能耐任之，则慎行此道也；能而不耐任，且恐失宠，则莫若早同之，推贤让能，而安随其后。如是，有宠则必荣，失宠则必无罪，是事君者之宝而必无后患之术也。故知者之举事也，满则虑嗛⑤，平则虑险，安则虑危，曲重其豫⑥，犹恐及其祸，是以百举而不陷也。孔子曰："巧而好度，必节；勇而好同，必胜；知而好谦，必贤。"此之谓也。愚者反是：处重擅权，则好专事而妒贤能，抑有功而挤有罪，志骄盈而轻旧怨；以吝啬而不行施道乎上，为重招权于下以妨害人。虽欲无危，得乎哉？是以位尊则必危，任重则必废，擅宠则必辱，可立而待也，可炊而竟也。是何也？则堕之者众而持之者寡矣。

① 僔（zǔn）：通"撙"，谦让。
② 嗛：同"谦"，谦虚。
③ 绌：通"黜"，罢免。
④ 处大重：身居高位。
⑤ 嗛：同"歉"，不足。
⑥ 豫：通"预"，预防。

保持尊宠，安处官位，终身不为人所厌弃的方法：君主尊敬重视你，你就应恭敬而谦让；君主信任爱护你，你就应谨慎而谦虚；君主一心任用你，你就应慎守职位而详明法度；君主亲近你，你就应小心顺从而不邪恶；君主疏远你，你就应全心专一而不背叛；君主降职罢免你，你就应恐惧而不怨恨。官位尊贵而不奢侈无度；受到信任而不会处于嫌疑；担负重任而不敢独断专行；财利来临而言明自己功业不及，必须尽到推让的礼节后才接受；幸福的事来临就安和地对待它，灾祸的事来临就冷静地处理它；富裕了广为施舍，贫困了节约费用；可以尊贵，可以卑贱，可以富足，也可以贫穷，可以杀身而不可以被驱使去做奸邪的事：这些都是保持尊宠，安处官位，终身不为人所厌弃的方法。即使处在贫困孤立的地位，也能像上述所说处世做人，那么这样才可说是吉祥的人。《诗经·大雅·下武》中说："天下推戴武王这个人，因为他顺应祖先的德行，永远想着要孝敬，承继父业修明政治！"就是说的这样的人。

寻求妥善的身处高官、担任大事、能够在万乘之国独自得到君主宠幸，而绝不会有后患的方法，没有比与君主同心同德，荐引贤能，广为施舍，消除一切怨恨，而不去妨害别人最好的了。能够担任大事，就谨慎地按上述方法去做；力不胜任，又怕因此而失宠，那就不如尽早地与君主同心同德，举荐贤人，让给能人，自己心安理得地跟随在后面。这样的话，受到君主宠幸就必定会荣耀，失去君主宠幸就必定不会有罪过，这就是侍奉君主的法宝，而且一定不会有什么后患。所以，聪明的人在办大事时，圆满时考虑到不足，平稳时考虑到艰难，安全时考虑到危险，周详谨慎地采取防范措施，只恐怕身受祸害，所以办上百件大事也不会陷入困境。孔子说："灵巧而又遵守法度，必定会做得恰到好处；勇敢而又与人合作，必定会胜券在握；聪敏而又谦虚，必定会德才兼备。"说的就是这个道理。愚蠢的人与此相反，他们身处要职便独揽大权，而且喜欢独自处事又嫉贤妒能，压抑有功的人又排挤有过的人，内心骄傲自满又轻蔑同自己曾经结怨的人；由于吝啬，虽居上位不实行施舍之道，为了抬高自己而在下面招揽权力不惜妨害别人。这种人虽然自己想没有危险，能够办到吗？所以，他们官位尊贵就必然有危险，职位重要就必然会被废免，独受专宠就必然遭到羞辱，这种后果可以站立片刻就等到，可以用烧一顿饭的工夫就完结。那是为什么呢？是由于毁害他的人多而支持他的人少的缘故。

天下之行术，以事君则必通，以为仁则必圣，立隆而勿贰也。然后恭敬以先之，忠信以统之，谨慎以行之，端悫以守之①，顿穷则从之疾力以申重之②。君虽不知，无怨疾之心；功虽甚大，无伐德之色③；省求多功④，爱敬不倦：如是则常无不顺矣。以事君则必通，以为仁则必圣，夫是之谓天下之行术。

① 端悫（què）：端正诚实。
② 顿穷：困顿贫穷。
③ 伐德：自我夸耀功德。
④ 省：少。

译文

在天下能够通行的方法,用来侍奉君主就必然显达,用来处事做人就必然圣明。确立礼义的最高准则而不三心二意,然后用恭敬的态度来引导,用忠信的方法来统率,用谨慎的行动来实行,诚实端正地保护它,困顿的时候就加倍勤奋努力,反复贯彻它;君主虽然不了解自己,但没有怨恨的心情;功劳即使很大,但没有夸耀自己的表现;少有要求而多立功劳,爱敬君主而不厌倦。如果这样,那就常常没有不顺利的时候。用它来侍奉君主就必然显达,用它来处事做人就必然圣明,这就叫在天下能够通行的方法。

原文

少事长,贱事贵,不肖事贤,是天下之通义也。有人也,势不在人上,而羞为人下,是奸人之心也。志不免乎奸心,行不免乎奸道,而求有君子、圣人之名,辟之是犹伏而舐天①,救经而引其足也②,说必不行矣,俞务而俞远③。故君子时诎则诎④,时伸则伸也。

注释

① 辟:通"譬"。
② 经:上吊自缢。
③ 俞:通"愈"。
④ 诎:通"屈"。

译文

年轻的侍奉年长的,卑贱的侍奉高贵的,不贤的侍奉贤能的,这是天下通行的原则。有的人,权势不在别人上面,却羞于处在人下,这是奸邪人的心思。思想上没有免除邪念,行为上没有免除邪道,却想要有君子、圣人的名望,打个比喻,这就如同伏在地上想用舌头去舔天,救助上吊自缢的人却拉住人家的脚,这是肯定行不通的,越是用力就距离目标越远。因此,君子审时度势,时势应当屈从就屈从,时势可以伸展就伸展。

◎儒效篇

题解

文章着重说明了大儒(圣人)及其作用,并论列了俗人、俗儒、雅儒与大儒的不同。同时区分了君子、劲士、小儒、众人、鄙夫等德行的差异。大儒是荀子理想的最高境界。文中用辞赋的优美藻饰,强调了为学与师法的重要意义。

原文

大儒之效:武王崩,成王幼,周公屏成王而及武王以属天下,恶天下之倍周也①。履天子之籍,听天下之断,偃然如固有之②,而天下不称贪焉;杀管叔,虚殷国,而天下不称戾焉;兼制天下,立七十一国,姬姓独居五十三人,而天下不称偏焉。教诲开导成王,使谕于道,而能揜迹于文、武③。周公归周,反籍于成王,而天下不辍事周,然而周公北面而朝之。天子也者,不可以少当也,不可以假摄为也。能则天下归之,不能则天下去之。是以周公屏成王而及武王以属天下,恶天下之离周也。成王冠④,成人,周公归周反籍焉,明不灭主之义也。周公无天下矣。乡有天下⑤,今无天下,非擅也;成王乡无天下,今有天下,非夺也;变势次序节然也。故以枝代主而非越也⑥,以弟诛兄而非暴也,君臣易位而非不顺也。因天下之和,遂文武之业,明枝主之义,抑亦变化矣,天下厌然犹一也。非圣人莫之能为,夫是之谓大儒之效。

① 倍:通"背",背叛。
② 偃(yǎn)然:心安理得的样子。
③ 揜:承袭,沿着。
④ 冠:古代男子二十岁举行加冠礼,表示已长大成人。
⑤ 乡:通"向",从前。
⑥ 枝:此处指周公。周公是武王的弟弟,非"嫡长子",故称"枝"。

大儒所起的作用:周武王驾崩时,周成王还年幼,周公旦代替成王执政以继承武王统治天下,他担心天下人背叛周王朝。他登上了天子的位置,决断天下的大事,心安理得地好像天下本来就属于他的一样,但天下人却不说他贪婪;他诛杀管叔,使殷商国都成为废墟,但天下人却不骂他暴戾;他全面统治天下,设立了七十一个诸侯国家,其中姬姓诸侯就占到五十三个,但天下人却不说他偏私。他教诲并开导成王,使成王知晓礼义之道,从而沿着周文王、周武王的足迹继续向前。周公旦把周王朝的天下和王位归还给成王,而天下人没有停止侍奉周王朝,周公旦仍然当臣子,北面而朝拜周成王。天子这个位置,不可以让年轻的人执掌,也不可以由别人代理行使。有能力担任这个重任,天下的人就会归顺他;没能力担任这个重任,天下的人就会背离他。所以,周公旦代替成王执政以继承武王统治天下,他担心天下人背离周王朝。周成王行冠礼,已经成人,周公旦便把周王朝的天下和王位归还给他,以表明自己不灭弃嫡长子的道义。于是周公旦就失去了统治天下的权力,他往昔拥有天下,今天没有了天下,这不是禅让;周成王原来没有天下,今天有了天下,这也不是篡夺;这是君权更替的法定次序,受礼法制约而理应如此。所以,周公旦以旁支的身份代替嫡长子统治天下,并不是超越本分,以弟弟而诛灭兄长管叔也不算是残暴,君臣变换了位置也不算不顺。周公旦是依靠天下人的同心合力,完成了周文王、周武王未竟的事业,表明了庶子和嫡长子间的不可改变的关系准则,虽然有所变化,但天下安安然然地始终如一。这是除了圣人没有谁能够做到的,这就可以称之为是大儒所起的作用。

原文

先王之道,仁之隆也,比中而行之。曷谓中?曰:礼义是也。道者,非天之道,非地之道,人之所以道也,君子之所道也。

君子之所谓贤者,非能遍能人之所能之谓也;君子之所谓知者,非能遍知人之所知之谓也;君子之所谓辨者,非能遍辨人之所辨之谓也;君子之所谓察者,非能遍察人之所察之谓也:有所止矣。相高下,视硗肥①,序五种,君子不如农人;通财货,相美恶,辨贵贱,君子不如贾人;设规矩,陈绳墨,便备用,君子不如工人;不恤是非、然不然之情,以相荐撙②,以相耻作③,君子不若惠施、邓析。若夫谲德而定次,量能而授官,使贤不肖皆得其位,能不能皆得其官,万物得其宜,事变得其应,慎、墨不得进其谈,惠施、邓析不敢窜其察④,言必当理,事必当务,是然后君子之所长也。

① 硗(qiāo)肥:贫瘠和肥沃的田地。

②荐撙（zǔn）：践踏，压抑。
③怍（zuò）：羞辱。
④窜其察：宣扬、贩卖他们的诡辩。

先王之道，是仁的最高表现，他是依顺着中正之道实行的。什么叫做中正之道呢？回答说：礼义就是中正之道。道，不是指天体的运动规律，也不是指地壳的变化规律，而是指人们所遵行的礼义准则，君子所遵循的原则。

君子所说的贤，并不是他能做到人们所能做到的一切；君子所说的智，并不是他能知道人们所知道的一切；君子所说的辩，也不是他能论辩人们所能论辩的一切；君子所说的察，也不是他能观察人们所能观察的一切，君子的能力也是有一定限度的。观察地势的高低，识别土地的肥瘠，安排庄稼的种植次序，君子不如农民；流通货物，鉴别好坏，辨别贵贱，君子不如商人；使用规矩，弹画墨线，完备器具，君子不如工匠；不体恤是非、对错的情况，相互贬抑，相互污辱，君子不如惠施、邓析。假若评估德行确定次序，衡量才能授予官职，使贤与不贤各得其位，才与不才皆得其官，万物各得其宜，突发事变都得到相应的处理，慎到、墨翟不能推出他们的言论，惠施、邓析不敢贩卖他们的诡辩，说话必然符合道理，做事必然符合要求，这些才是君子所擅长的。

凡事行，有益于理者，立之；无益于理者，废之：夫是之谓中事。凡知说，有益于理者，为之；无益于理者，舍之：夫是之谓中说。事行失中谓之奸事，知说失中谓之奸道。奸事、奸道，治世之所弃而乱世之所从服也。若夫充虚之相施易也①，"坚白"、"同异"之分隔也，是聪耳之所不能听也，明目之所不能见也，辩士之所不能言也。虽有圣人之知，未能偻指也②。不知，无害为君子；知之，无损为小人。工匠不知，无害为巧；君子不知，无害为治。王公好之则乱法；百姓好之则乱事。而狂惑、戆陋之人③，乃始率其群徒，辩其谈说，明其辟称④，老身长子，不知恶也。夫是之谓上愚，曾不如相鸡狗之可以为名也。《诗》曰："为鬼为蜮，则不可得！有靦面目⑤，视人罔极。作此好歌，以极反侧。"此之谓也。

①施易：转化。
②偻（lǚ）指：屈指而数。
③戆（zhuàng）陋：刚直而浅陋。

④ 辟称：比喻引证。辟，同"譬"。
⑤ 觍（tiǎn）：面有愧色。

所有的事情和行为，有益于治理的就去做，无益于治理的就不做，这就叫正确地处理事情。凡是知识和学问，有益于治理的就确立，无益于治理的就舍弃，这就叫正确地对待学说。事情和行为不得当就叫做奸邪的事情，知识和学说不得当就叫做奸邪的学说。奸邪的事情，奸邪的学说，是太平盛世所抛弃而混乱社会所依从的。至于天地间盈虚的相互转化，"坚白"、"同异"的分辨，这是耳朵灵敏的人也不能听到的，眼睛明亮的人也不能看清的，能言善辩的人也不能说明的，即使有圣人的智慧，也不能很快把它点明。不知道这些学说，不妨害为君子；知道这些学说，也无损为小人。工匠不知道，不妨害掌握技巧；君子不知道，不妨害治理国家。帝王、诸侯爱好这些学说，就会乱了法度；百姓爱好这些学说，就会坏了事情。但是那些狂妄糊涂、愚蠢浅陋的人，就开始率领他们的门徒，辩护他们的奇谈怪论，阐明他们的比喻引证，直到自己衰老、儿子长成，还不知道厌恶。这就是极端的愚蠢，还不如喜好鉴别鸡狗也可以出名。《诗经·小雅·何人斯》中说："是鬼是蜮，就无法看清；面目非常惭愧，使人看都看不透。作一首好歌唱唱，揭穿你的反复无常。"说的就是这种人。

我欲贱而贵，愚而智，贫而富，可乎？曰：其唯学乎！彼学者，行之，曰士也；敦慕焉①，君子也；知之，圣人也。上为圣人，下为士君子，孰禁我哉！乡也②，混然涂之人也，俄而并乎尧、禹，岂不贱而贵矣哉！乡也，效门室之辨，混然曾不能决也，俄而原仁义，分是非，图回天下于掌上而辨白黑③，岂不愚而知矣哉！乡也，胥靡之人④，俄而治天下之大器举在此，岂不贫而富矣哉！今有人于此，屑然藏千溢之宝⑤，虽行贰而食⑥，人谓之富矣。彼宝也者，衣之，不可衣也；食之，不可食也；卖之，不可偻售也。然而人谓之富，何也？岂不大富之器诚在此也？是杅杅亦富人已⑦，岂不贫而富矣哉！

① 敦慕：勤奋努力地学习。
② 乡：通"向"，先前。
③ 图：疑当作"圆"，圆回即运转。
④ 胥靡：空无所有。

⑤溢：同"镒"，古代重量单位，一镒等于二十四两。
⑥行贷（tè）：乞讨。贷，通"忒"。
⑦杅杅（yú）：广博而充足。

我想由卑贱而成高贵，由愚昧而成智慧，由贫穷而成富有，可以吗？回答道：那就只有学习了。那些学习的人，能够付诸实行的，就叫做士；能够勤奋努力、孜孜不倦的，就叫做君子；能够精通所学的，就叫做圣人。最高就是圣人，至少也是士、君子，谁还能禁止我学习上进呢？从前，浑浑噩噩不过是个普通人，顷刻之间就同尧、禹并列，难道说不是由卑贱而成高贵吗？从前，考察他们对内外礼节有什么区别的看法，糊里糊涂竟然不能判断，顷刻之间就能溯源仁义、分辨是非，运转乾坤于手掌之中如同辨别黑白，难道说不是由愚昧而成为智慧吗？从前，是个一无所有的人，顷刻之间治理天下的大权都掌握在他手中，难道说不是由贫穷而成为富有吗？今天如有一个人在这里，他零碎地收藏着价值千金的珍宝，虽然靠乞讨为生，人们也还是说他富有。他那些珍宝，穿吧又不能穿，吃吧也不能吃，卖吧又不能很快出售；但是人们还是说他富有，为什么呢？难道不是由于价值千金的珍宝的的确确在他这里吗？这样看来，知识广博的人也就是富有了。岂不就是由贫穷而成为富有了？

故君子无爵而贵，无禄而富，不言而信，不怒而威，穷处而荣，独居而乐，岂不至尊、至富、至重、至严之情举积此哉！故曰：贵名不可以比周争也①，不可以夸诞有也，不可以势重胁也，必将诚此然后就也。争之则失，让之则至，遵道则积，夸诞则虚。故君子务修其内而让之于外，务积德于身而处之以遵道。如是，则贵名起如日月，天下应之如雷霆。故曰：君子隐而显，微而明，辞让而胜。《诗》曰："鹤鸣于九皋②，声闻于天。"此之谓也。

鄙夫反是：比周而誉俞少③，鄙争而名愈辱，烦劳以求安利其身俞危。《诗》曰："民之无良，相怨一方。受爵不让，至于己斯亡。"此之谓也。

①比周：拉帮结派。
②九皋：遥远的沼泽地。
③誉：即"与"，亲近。

译文

所以君子无官位也尊重，无俸禄也富裕，不说话也能得到信任，不发怒也很威严，处境困窘也荣耀，独自居住也欢乐，难道这些最尊贵、最富裕、最庄重、最威严的情操，不都是由于学习得来的吗？因此说：尊贵的名声，不可能用拉帮结派的手段争得，不可能用夸耀吹拍的办法占有，也不可能靠官位权势的高大胁持，必须在学习上切实下工夫然后才会得到。争夺的就会失去，辞让的反能得到；遵循正道能渐渐出名，夸耀吹拍就会落空。所以，君子务必加强内在的品格修养而对外谦让待人，务必致力自身的德行积累而遵循正道处世。只有这样，尊贵的名声才如同日月升起，天下人才如同雷霆轰鸣般响应。因此说：君子即便隐居也会显赫，即便卑微也会著名，谦让待人也会胜过别人。《诗经·小雅·鹤鸣》中说："仙鹤在很远的九曲沼泽鸣叫，声音也会响彻云霄。"就是说的这种情况。

鄙陋的人与此正相反。他们虽拉帮结派但亲近的人越来越稀少；虽卑鄙地争夺但名声越来越臭；虽竭力贪图安逸和谋求私利但自身越来越危险。《诗·小雅·角弓》中说："小人很不善良，总是相互埋怨对方。争夺爵位不相让，自己终于遭到灭亡。"就是说的这种人。

原文

故能小而事大，辟之是犹力之少而任重也，舍粹折无适也①。身不肖而诬贤，是犹伛身而好升高也②，指其顶者愈众。故明主谲德而序位③，所以为不乱也；忠臣诚能，然后敢受职，所以为不穷也。分不乱于上，能不穷于下，治辩之极也。《诗》曰："平平左右，亦是率从。"是言上下之交不相乱也。

① 粹：同"碎"。
② 伛（yǔ）身：驼背。
③ 谲德：评判人的德行。

所以能力小的要干大事，打个比方，就好像力量小要挑重担一样，除了折腰断骨没有别的出路。自己不贤反而诬称贤能，就好像驼背人要升高一样，指着他的脑袋笑话的人越来越多。因此英明的君主评断人的德行来安排职位，是为了防止乱加任用；忠臣确实有能力，然后才敢接受官职，是为了不陷入困境。君主安排臣子的职位名分不混乱，臣子依照才能受职不陷入困境，这就是治理的最高境界了。《诗经·小雅·采薇》中说："君主左右的臣子都很能干，下属也都遵从君主的命令。"

就是说君臣上下关系不能错乱。

造父者①,天下之善御者也,无舆马则无所见其能;羿者②,天下之善射者也,无弓矢则无所见其巧;大儒者,善调一天下者也,无百里之地则无所见其功。舆固马选矣,而不能以至远,一日而千里,则非造父也;弓调矢直矣,而不能以射远、中微,则非羿也;用百里之地而不能以调一天下、制强暴,则非大儒也。

① 造父:传说是周穆王的车夫,以擅长驾车而著名。
② 羿:后羿,神话传说中的神射手。

造父这个人,是周穆王时天下最善于驾驭车马的人,但无车马就无法显示他的技能;后羿这个人,是夏代天下最善于射箭的人,但无弓箭就无法显示他的技巧;大儒士,是善于治理统一天下的人,但无百里的国土就无法显示他的功用。如若车子坚固马也精良,却不能用它行路到达远方,日行千里,那就不是造父了;如若弓弦调好箭杆笔直,却不能用它去射远处的东西,命中很小的目标,那就不是后羿了;如若统辖百里国土,却不能用它治理统一天下,制服强暴,那就不是大儒士了。

彼大儒者,虽隐于穷阎漏屋①,无置锥之地,而王公不能与之争名;用百里之地,而千里之国莫能与之争胜;笞棰暴国②,齐一天下,而莫能倾也:是大儒之征也。其言有类,其行有礼,其举事无悔,其持险、应变曲当;与时迁徙,与世偃仰,千举万变,其道一也:是大儒之稽也③。其穷也,俗儒笑之;其通也,英杰化之,嵬琐逃之,邪说畏之,众人愧之。通则一天下,穷则独立贵名。天不能死,地不能埋,桀、跖之世不能污,非大儒莫之能立,仲尼、子弓是也。

① 穷阎:偏僻的街巷。
② 笞(chī)棰:鞭挞打击。
③ 稽:考核检验的标准。

译文

那些大儒士，即使隐居在偏僻的陋巷和破旧的屋里，贫无立锥之地，但是天子诸侯也无能力和他争名；他虽统辖百里国土，但千里的国家没有能与他争胜的；他鞭挞强暴的国家，治理统一天下，但没能推翻他的：这就是大儒士所具备的特征。他的言论合乎法度，行动合乎礼义，做事没有后悔的，他扶持险局、应付突变曲尽恰当；他顺应时代迁徙而变化，随世事发展而俯仰，即使办上千件事、遇上万次变化，他坚持的道义始终如一：这就是考核大儒士所使用的标准。他穷困潦倒时，庸俗的儒士讥笑他；他通达得志时，英雄豪杰都被他感化，怪异鄙俗的人都逃避他，异端邪说的人都害怕他，民众都愧对他。他通达得志就统一天下，穷困潦倒就独自树立高贵的名声。苍天不能使他灭亡，大地不能把他埋葬，夏桀、盗跖的时代不能污染他，不是大儒士就不能这样立身行事，孔子、子弓就是这样的人。

原文

故有俗人者，有俗儒者，有雅儒者，有大儒者。不学问，无正义，以富利为隆，是俗人者也。逢衣浅带①，解果其冠②，略法先王，而足乱世；术缪学杂，不知法后王，而一制度，不知隆礼义，而杀《诗》《书》③；其衣冠行为已同于世俗矣，然而不知恶者；其言议谈说已无以异于墨子矣，然而明不能别；呼先王以欺愚者而求衣食焉，得委积足以掩其口，则扬扬如也；随其长子，事其便辟，举其上客，亿然若终身之虏而不敢有他志，是俗儒者也。法后王，一制度，隆礼义而杀《诗》《书》；其言行已有大法矣，然而明不能齐法教之所不及，闻见之所未至，则知不能类也；知之曰知之，不知曰不知，内不自以诬，外不自以欺，以是尊贤畏法，而不敢怠傲，是雅儒者也。法后王，统礼义，一制度，以浅持博，以古持今，以一持万，苟仁义之类也，虽在鸟兽之中，若别白黑；倚物怪变④，所未尝闻也，所未尝见也，卒然起一方，则举统类而应之，无所疑怍⑤，张法而度之，则晻然若合符节⑥，是大儒者也。

故人主用俗人，则万乘之国亡；用俗儒，则万乘之国存；用雅儒，则千乘之国安；用大儒，则百里之地久，而后三年，天下为一，诸侯为臣；用万乘之国，则举错而定⑦，一朝而伯⑧。

① 逢衣浅带：宽大的衣服和腰带。
② 解果其冠：像裂开的果皮似的帽子。

③ 杀：看不起，轻视。
④ 倚：通"奇"。
⑤ 疑怍（zuò）：疑惑不解。
⑥ 暗然：吻合，符合。
⑦ 举错：即"举措"。
⑧ 伯：通"霸"。

有庸俗的人，有庸俗的儒，有雅正的儒，有大儒。不学不问，不讲正义，以求取财富私利为最高目标，这是庸俗的人。穿着宽衣阔带，头戴像果皮一样裂开的帽子，略微效法先王而足可扰乱当世；荒谬地学习，杂乱地处事，不知道效法后王而统一制度，不知道推崇礼义而又把《诗》《书》置于次等地位；他的穿戴行为已经与社会流俗相同了，但又不知厌恶这一套；他的言谈议论已经没有什么不同于墨子的地方了，但又不能明白辨别；他称道先王来欺骗愚昧的人而求取衣食，得到人家一点积蓄能够糊口，就洋洋得意了；跟随君主的太子，侍奉君主的宠幸小臣，吹捧君主的贵客，提心吊胆好像终身奴隶而不敢有其他志愿，这是庸俗的儒。效法后王，统一制度，推崇礼义却把《诗》《书》置于次等地位；他的言论行为已符合基本法则，但他的智慧却不能弥补法教所未涉及的、视听所未达到的，即他的智慧还不能触类旁通；知道就说知道，不知道就说不知道，内不自欺，外不欺人，依此来尊重贤人、敬畏法令而不敢懈怠傲慢，这是雅正的儒。效法后王，以礼义为纲，统一制度，以不多的见闻把握广博的知识，以古代的经验把握今天的情况，以一件事的情况把握万件事物；假若是合于仁义的事情，即便存在于鸟兽中间，也像辨别黑白一样容易；奇特的事物和怪异的变化，尽管是从未听见过的，从未看到过的，突然在什么地方发生，也能够应付自如而不会疑惑不解；衡量以礼法，就如同符节相合一样，这就是大儒。

所以，君主如果任用庸俗的人，即使是拥有万辆兵车的国家也会灭亡。如果任用庸俗的儒，那拥有万辆兵车的国家就能保存。如果任用雅正的儒，即使只有千辆兵车的国家也能安定。如果任用大儒，即使是百里的国家也能长久，而且三年之后，天下就能够统一，诸侯就会成为臣子；假若是治理拥有万辆兵车的大国，那么一采取措施就能平定天下，转眼间就会称霸。

不闻不若闻之，闻之不若见之，见之不若知之，知之不若行之。学至于行之而止矣①。行之，明也，明之为圣人。圣人也者，本仁义，当是非，齐言行，不失毫厘，无它道焉，已乎行之矣②。故闻之而不见，虽博必谬；见之而不知，虽识必妄；知之而不行，虽敦必困。不闻不见，则虽当，非仁也，其道百举而百陷也。

故人无师无法而知，则必为盗；勇，则必为贼；云能，则必为乱；察，则必为怪；辩，则必为诞。人有师有法而知，则速通；勇，则速威；云能，则速成；察，则速尽；辩，则速论。故有师法者，人之大宝也；无师法者，人之大殃也。

人无师法，则隆性矣；有师法，则隆积矣；而师法者，所得乎积，非所受乎性，不足以独立而治。性也者，吾所不能为也，然而可化也；积也者，非吾所有也，然而可为也。注错习俗③，所以化性也；并一而不二，所以成积也。习俗移志，安久移质。并一而不二，则通于神明，参于天地矣。

① 止：终止，顶点。
② 已：直到，最终。
③ 注错：即"注措"，处置。

没有听到不如听到，听到不如见到，见到不如明了，明了不如实行。学习到了实行就是尽头。实行，才能明白事理，明白了事理就成为圣人。圣人，以仁义为根本，能恰当地判断是非，能言行一致，而不差分毫，这没有别的途径，直至把所学的付诸实行罢了。因此，听到而没有见到，尽管博学必然会有谬误；见到而不明了，尽管记住了必然会有虚妄；明白了而不实行，尽管知识丰富，也必然会有困顿。没有听到也没有见到，即使做对了，也不是仁，用这种办法做事一百次会失败一百次。

因此，人要是没有老师教导，又不懂得法度，如果有点智慧，就必然偷窃；如果勇敢，就必然抢劫；如果有才，就必然作乱；如果精明，就必然发表奇谈怪论；如果善辩，就必然说谎欺诈。人要是有老师教导，又懂得法度，如果有点智慧，就会很快地通达事理；如果勇敢，就会很快地变得威武；如果有才，就会很快地取得成功；如果精明，就会很快地理解一切；如果善辩，就会很快地论断是非。所以，有师教，懂法度，是人的一件大宝贝；没有老师教育，不懂法度，是人的一种大祸殃。

人要是没有老师教导，不懂法度，就会推崇发展本性；有老师教导，又懂法度，就会重视学问的积累；然而老师、法度，是由后来教育和学问积累所取得的，并不是由先天本性得来的，也不是自我完善得来的。本性这种东西，不是我们人为造就的，但却可以通过教育来转化；学问的积累，不是我们本来就有的，但却可以人为造就。慎重处事，注意习俗，是为了改变本性；专心一意而不三心二意，是为了学问的积累。习惯风俗能改变人的意志,安守习俗时间长了就会改变人的本质;专心一意而不三心二意,就可以通于神明,能与天地相并列。

原文

故积土而为山,积水而为海,旦暮积谓之岁,至高谓之天,至下谓之地,宇中六指谓之极①,涂之人百姓,积善而全尽谓之圣人。彼求之而后得,为之而后成,积之而后高,尽之而后圣。故圣人也者,人之所积也。人积耨耕而为农夫,积斲削而为工匠,积反货而为商贾,积礼义而为君子。工匠之子莫不继事,而都国之民安习其服。居楚而楚,居越而越,居夏而夏:是非天性也,积靡使然也②。

故人知谨注错,慎习俗,大积靡,则为君子矣;纵性情而不足问学,则为小人矣。为君子则常安荣矣,为小人则常危辱矣。凡人莫不欲安荣而恶危辱。故唯君子为能得其所好,小人则日徼其所恶③。《诗》曰:"维此良人,弗求弗迪;维彼忍心,是顾是复。民之贪乱,宁为荼毒。"此之谓也。

注释

① 六指:即上、下、东、南、西、北六个方向。
② 积靡:长期积累磨炼。
③ 徼:通"邀",招致。

译文

所以,堆积泥土能成为高山,汇积流水能形成大海,一朝一夕积累起来就叫做年,最高的地方就叫做天,最低的地方就叫做地,宇宙中上下四方所指就叫做极,道路上的普通人积累善行而做到完美就叫做圣人。这些只有努力追求而后才能获得,努力去做而后才能成功,不断积累而后才能高大,完美而后才能成为圣人。因此圣人这种人,其实是普通人积累善行而成的。人积累了耕耘的本领而成为农夫,积累了斲削的技术而成为工匠,积累了买卖的经验而成为商贾,积累了合乎礼义的品行而成为君子。工匠的儿子没有不继承父业的,国都的居民都安心于他们从事的职业,居住在楚国的人就安于楚国的习俗,居住在越国的人就安于越国的习俗,居住在中原的人就安于中原的习俗,这不是天生本性所决定的,而是后天积累磨炼才这样的。

所以,人知道谨慎地行事,小心地遵从习俗,加强积累善行和磨炼自己,这就成为君子了;放纵性情又不重视学问,这就成为小人了。成为君子,就常常会得到安宁和荣誉；成为小人，就常常会遇到危险和侮辱。大凡人没有不想得到安宁、荣誉，而厌恶危险、侮辱的，但只有君子才能得到他所喜好的，小人却天天招致他所厌恶的。《诗经·大雅·桑柔》中说："只有这些善良的人，你不访求不任用；那些残忍的人，你却又照顾又重用。民众贪利作乱，怎能甘愿受残害？"就是说的这个。

【原文】

人论①：志不免于曲私，而冀人之以己为公也；行不免于污漫②，而冀人之以己为修也；其愚陋沟瞀③，而冀人之以己为知也：是众人也。志忍私然后能公，行忍情性然后能修，知而好问然后能才，公、修而才，可谓小儒矣。志安公，行安修，知通统类，如是则可谓大儒矣。大儒者，天子三公也；小儒者，诸侯士大夫也；众人者，工、农、商贾也。礼者，人主之所以为群臣寸、尺、寻、丈检式也④。人伦尽矣。

【注释】

① 论：通"伦"，类别。
② 污漫：污秽肮脏。
③ 沟瞀（mào）：浅陋无知。
④ 检式：准则，法度。

【译文】

人的类别：思想上没有去掉偏邪私心，却偏偏希望人认为他无私公正；行动上没有脱掉污秽肮脏，却偏偏希望人认为他善良美好；极其愚昧浅陋，却偏偏希望人认为他聪敏睿智：这样的人不过是一般的民众。思想上克制了私心，然后才能树立公心；行动上抑制了本性，然后才能修养品行；聪明而又好问，然后才能多才多艺。树立公心、修养、品行而又多才多艺，可以称为小儒了。思想上安于公正无私，行动上习惯于善良美好，智慧能精通纲纪法度，像这样就可以称为大儒了。作为大儒，能担任天子的三公等大官；作为小儒，可以担任诸侯国的大夫或士；作为民众，只能是工匠、农夫、商人。礼制，是君主用来鉴别群臣优劣的准则，就如同寸、尺、寻、丈度量长短一样，人的类别在这里包罗殆尽了。

◎王制篇

"王制",王者之制。开篇从"请问为政"始,阐述了"王者"奉行王道从而成就大业的圣王制度。"王者"的国家是荀子的理想,"王道"是统治的极致。不仅专论王者之为政的各种方法,而且详列了王、霸和安存、危身、亡国的情况及王者、霸者、强者的区分。论述具体详备,文学词采丰茂,最末一大段是一篇精辟的政论文字。

请问为政?曰:贤能不待次而举①,罢不能不待须而废②,元恶不待教而诛,中庸民不待政而化。分未定也则有昭缪③。虽王公士大夫之子孙也,不能属于礼义,则归之庶人。虽庶人之子孙也,积文学,正身行,能属于礼义,则归之卿相士大夫。故奸言、奸说、奸事、奸能、遁逃反侧之民,职而教之④,须而待之,勉之以庆赏,惩之以刑罚,安职则畜,不安职则弃。五疾⑤,上收而养之,材而事之⑥,官施而衣食之,兼覆无遗。才行反时者死无赦⑦。夫是之谓天德⑧,是王者之政也。

① 待:按照,凭借。
② 罢(pí):通"疲",指无才无德之人,与"贤"正好相反。
③ 分:名分。 昭缪:即昭穆,古代宗庙或墓地的排列次序,始祖居中,后代父辈的则在左,称"昭",子辈的则在右,称"穆"。
④ 职:安排职事。
⑤ 五疾:指聋、哑、瘸、断臂与侏儒五种残疾人。
⑥ 材:通"才",才能。
⑦ 反时:与现行的制度相违背。
⑧ 天德:合于自然规律的德行。

请问怎样处理政事?回答道,对贤能的人,不按等次而破格提拔;对不贤能的人,不等待片刻就很快罢免;对元凶祸首,不需要教育就立即杀掉;对普通民众,不必用行政手段而进行教化。在名分未定时，就像宗庙按昭穆排列辈分一样分别等次。即使是帝王公侯士大夫的子孙，若不能遵从礼义，也把他归入平民百姓。即使是平民百姓的子孙，如果积累了文献知识，品行端正，并能遵从礼义，也把他归入卿相士大夫。所以对那些奸邪的言论、邪恶的学说、邪恶的事情、邪恶的才能以及逃窜流亡、违背法度、不安本分的人，就强制做工并教育他们，耐心等待并帮助他们；激励他们用奖赏的办法，惩处他们用刑罚的手段；安于工作就留用他们，不安于工作就放逐他们。对五种残疾的人，君主收留并养活他们，依才能而使用他们，按照职事安排衣食供给他们，全部照顾而无遗漏。对以才能和行动反对现行政治的人，一律格杀而不赦免。这就是合于自然规律的德行，是成就王业的人处理政事的办法。

【原文】

听政之大分①：以善至者待之以礼，以不善至者待之以刑。两者分别，则贤不肖不杂，是非不乱。贤不肖不杂则英杰至，是非不乱则国家治。若是，名声日闻，天下愿，令行禁止，王者之事毕矣。凡听：威严猛厉，而不好假道人，则下畏恐而不亲，周闭而不竭；若是，则大事殆乎弛，小事殆乎遂②。和解调通，好假道人，而无所凝止之，则奸言并至，尝试之说锋起；若是，则听大事烦，是又伤之也。故法而不议，则法之所不至者必废。职而不通，则职之之所以不及者必坠。故法而议，职而通，无隐谋，无遗善，而百事无过，非君子莫能。故公平者，听之衡也，中和者，听之绳也。其有法者以法行，无法者以类举，听之尽也。偏党而无经③，听之僻也。故有良法而乱者，有之矣；有君子而乱者，自古及今，未尝闻也。传曰："治生乎君子，乱生乎小人。"此之谓也。

① 大分：要领。
② 遂：通"坠"，废弃不用。
③ 偏党：偏私。

听取意见处理政事的要领是：对善意而来的人，就以礼相待；对恶意而来的人，就以刑处置。把两者分辨清楚，那么贤能的人和不贤的人就不会混杂一起，是非就不会混乱不分。贤能的人和不贤的人不会混杂一起，英雄豪杰就会不召自来；是非不会混乱不分，国家就会得到治理。如果这样，名声就会天天传扬开去，天下人就会闻名向往,就能做到有令必行,有禁必止,那么成就王业的事就完成了。凡听取意见处理政事时,要是威猛严峻凶狠严厉又不善于宽容顺从人,那么臣下就会因恐惧害怕而不敢亲近你,就会因隐瞒真相而不敢把话说完;如果这样,那大事恐怕会废弛,小事恐怕会废弃。要是完全随意附和又善于宽容顺从人,而且没有个分寸限度,那么奸邪的言行就会随之而至,试探性的谈论就会蜂拥而起;如果这样,那听到的意见会很多,处理起来会繁杂,这就对听政有伤害了。有了法律条文而不研究讨论,那么法律所没明文规定的事就会被废弃不理。规定了官吏的职权范围而不贯彻下去,那么职权范围所没涉及的事情就会因无人管而落空。因此,有了法律条文又进行了研究讨论,规定了职权范围又贯彻下去,那就不会有隐藏的阴谋,不会有未被发现的善行,而且凡事不会失误,不是君子是不能办到的。所以,公正平和是听政的准则,宽严适中是听政的准绳。那些有法律依据的,按法律条文执行,没有法律条文的就类推办理,这是听政的最完美办法。偏私而又无所遵循,是听取意见处理政事不公正的做法。因此,有了良好的法制而发生动乱的事是常有的;有了君子而发生动乱的事,从古到今还没有听说过。古书上说:"国家的安定得力于君子,国家的动乱来自于小人。"就是说的这种情况。

分均则不偏①,势齐则不壹,众齐则不使。有天有地而上下有差,明王始立而处国有制②。夫两贵之不能相事,两贱之不能相使,是天数也。势位齐,而欲恶同,物不能澹则必争③,争则必乱,乱则穷矣。先王恶其乱也,故制礼义以分之,使有贫、富、贵、贱之等,足以相兼临者④,是养天下之本也。《书》曰:"维齐非齐。"此之谓也。

① 分均:名分相等。
② 处国:治理国家。
③ 澹:通"赡",满足。
④ 兼临:即监临,相互之间监视监督。

名分相等就不好统属指挥,权势相当也不好集中统一,众人平等也不好统率指使。宇宙有了天有了地,才有了上下的差别;英明的君王一登上王位,就有了治理国家的等级制度。所以两个同样高贵的人不能相互侍奉,两个同样微贱的人不能相互指使,这是自然的道理。要是人们的权势地位相等,而好恶又相同,那么物欲得不到满足,就必然会争夺;争夺就必然会发生混乱;社会混乱就会陷入困境。

古代圣王厌恶这种混乱，所以制定礼义来分别等级，使人们有了贫与富、贵与贱的差别，使他们能够相互监视监督，这就是统治天下的根本原则。《尚书·吕刑》中说："要做到整齐就必须不齐。"就是说的这个道理。

【原文】

马骇舆①，则君子不安舆；庶人骇政②，则君子不安位。马骇舆，则莫若静之；庶人骇政，则莫若惠之。选贤良，举笃敬，兴孝弟③，收孤寡，补贫穷，如是，则庶人安政矣；庶人安政，然后君子安位。传曰："君者，舟也；庶人者，水也。水则载舟，水则覆舟。"此之谓也。故君人者，欲安，则莫若平政爱民矣；欲荣，则莫若隆礼敬士矣；欲立功名，则莫若尚贤使能矣。是君人者之大节也。三节者当，则其余莫不当矣。三节者不当，则其余虽曲当，犹将无益也。孔子曰："大节是也，小节是也，上君也。大节是也，小节一出焉，一入焉，中君也。大节非也，小节虽是也，吾无观其余矣。"

① 骇舆：惊车。
② 骇政：惊惧政事。
③ 孝弟：即"孝悌"。

马惊了车狂奔，那么君子就不能安坐车中；老百姓惊怕政事，那么君子就不能安坐上位。马惊了狂奔，就没有比使马安静更好的办法；老百姓惊怕政事，就没有比给他们恩惠更好的办法。选用贤能善良的人，提拔忠厚恭谨的人，提倡孝顺父母敬爱兄长，收养孤寡，补助贫穷，如果这样，老百姓就安于政事了。老百姓安于政事，然后君子才能安坐上位。古书中说："君主好像船，百姓好比水，水能载船行驶，也能翻船沉没。"就是说的这个道理。所以统治人民的君主，想要社会安定，就没有比改善政策、爱护人民更好的；想要国家繁荣，就没有比尊崇礼义、敬重文士更好的；想建立功名，就没有比尊重贤人、使用能人更好的。这就是君主统治人民的重大关键。这三件事都做得妥当，那么其余的就没有任何不妥当的；否则，即使其余的都妥当，也还是毫无裨益的。孔子说："大节对了，小节也对，这是上等的君主。大节对了，小节有出入，这是中等的君主。大节错了，小节虽对，我就不再看其余的了。"

【原文】

成侯、嗣公①，聚敛计数之君也，未及取民也；子产取民者也②，未及为政也；管仲为政者也③，未及修礼也。故修礼者王，为政者强，取民者安，聚敛者亡。故王者富民，霸者富士，仅存之国富大夫，亡国富筐箧、实府库。筐箧已富，府库已实，而百姓贫，夫是之谓上溢而下漏；入不可以守，出不可以战，则倾覆灭亡可立而待也。故我聚之以亡，敌得之以强。聚敛者，召寇④、肥敌、亡国、危身之道也，故明君不蹈也。

① 成侯、嗣公：即卫成侯和卫嗣公，战国时卫国国君，祖孙关系。
② 子产：春秋时郑国大夫。
③ 管仲：春秋时齐国大夫。
④ 召：同"招"。

卫成侯、卫嗣公，都是搜刮民财、精通算计的国君，没有能取得民心；郑国子产，是善于取得民心的人，却没有处理好政事；管仲，是善于处理政事的人，却没有很好地遵从礼义。遵从礼义的就能成就帝王大业，善于处理政事的就能使国家强大，善于取得民心的就能使国家安定，搜刮民财的就会灭亡。成就帝王大业的使民众富足，称霸诸侯的使兵士富足，只能勉强存在的国家使大夫富裕，亡国的君主只是富了自己的箱子，装满了自己的府库。箱子塞满了，府库装足了，而老百姓却贫穷了，这就叫做君主的财富溢出来了，老百姓却一贫如洗。这样的国家，对内不能守卫，对外不能征战，它的垮台覆灭可立刻等到。所以，自己搜刮民财以致灭亡，敌人得到这些财物因而富强。搜刮民财，实际是招来盗寇、养肥敌人、亡了国家、危害自身的道路，因而贤明的君主不会走这条路。

王夺之人，霸夺之与，强夺之地。夺之人者臣诸侯，夺之与者友诸侯，夺之地者敌诸侯。臣诸侯者王，友诸侯者霸，敌诸侯者危。

王者之人，饰动以礼义①，听断以类，明振毫末②，举措应变而不穷，夫是之谓有原③，是王者之人也。

王者之制，道不过三代，法不贰后王④。道过三代谓之荡⑤，法贰后王谓之不雅。衣服有制，宫室有度，人徒有数，丧祭械用，皆有等宜⑥。声，则凡非雅声者举废；色，则凡非旧文者举息；械用，则凡非旧器者举毁。夫是之谓复古，是王者之制也。

王者之论⑦，无德不贵，无能不官，无功不赏，无罪不罚。朝无幸位⑧，民无幸生。尚贤使能,而等位不遗;折愿禁悍⑨,而刑罚不过。百姓晓然皆知夫为善于家而取赏于朝也,为不善于幽而蒙刑于显也。夫是之谓定论,是王者之论也。

① 饬:同"饰",约束。
② 振:考察。
③ 原:根本。
④ 贰:背离。
⑤ 荡:荒诞。
⑥ 宜:法度,制度。
⑦ 论:通"伦",指用人的方法。
⑧ 幸位:侥幸得到的职位。
⑨ 折愿:制裁狡诈之徒。

要称王天下就同别国争夺民众,要称霸诸侯就同别国争夺盟国,要富强就同别国争夺土地。同别国争夺民众的可以臣服诸侯,同别国争夺盟国的可以结盟诸侯,同别国争夺土地的可以树敌诸侯。臣服诸侯的能称王天下,结盟诸侯的能称霸诸侯,树敌诸侯的就危险了。

奉行王道的君主,能够以礼义来约束行动,能够依法度来决断政事,而且能明察毫末细微,采取措施应对一切变化。这叫做掌握了根本,这就是奉行王道的君主。

奉行王道的君主所制定的制度:治国的原则不超过夏、商、周三代,实行的法度不背离当代的帝王。治国的原则超过了三代称作荒诞,实行的法度背离了当代的帝王称作不正。衣服有一定的等级规格,住房有一定的分配标准,随侍人员有一定的数量,祭祀器具各有相应的法度。音乐,凡是不合雅乐的一律废除;色彩,凡是不合古制的一律禁止;器用,凡是不同旧制的一律毁掉。这叫做复古,是奉行王道的君主所制定的制度。

奉行王道的君主对人的审察使用之法:没有德行的不能让他显贵,没有才能的不能让他做官,没有功劳不奖赏,没有罪行不惩罚。朝廷没有侥幸获得官位的,百姓没有侥幸获得生存的。崇尚贤能,任用有才能的人,所授予的等级地位同德才相当而无遗漏;制裁狡诈,禁止凶悍,所施加的刑罚同罪过相当而不过分。百姓都清楚地知道就是在家里行善积德,也能在朝廷取得奖赏;在暗里为非作恶,也会在光天化日下受到处罚。这叫做确定的用人方法。这就是奉行王道的君主对人的审察使用之法。

原文

王者之法，等赋①，政事②，财万物③，所以养万民也。田野什一④，关市几而不征⑤，山林泽梁，以时禁发而不税。相地而衰政⑥，理道之远近而致贡，通流财物粟米，无有滞留，使相归移也⑦。四海之内若一家，故近者不隐其能，远者不疾其劳，无幽闲隐僻之国，莫不趋使而安乐之。夫是之谓人师，是王者之法也。

注释

① 等赋：确定赋税的等级。
② 政事：处理事务。政，通"正"。
③ 财：通"裁"，治理。
④ 田野什一：依照田亩征收十分之一的税。
⑤ 几：通"讥"，盘问。
⑥ 衰（cuī）政：按好坏等差征税。政，通"征"。
⑦ 归移：输送供应。归，通"馈"。

译文

奉行王道的君主的法度，确定好赋税的等级，处理好民众事务，治理好诸事，这是为了养育亿万民众的。按田亩征收十分之一的税；在关卡集市进行检查而不征税；对山林湖堤按时封闭开放而不收税。察看土地按好坏征税，度量道路按远近收贡。交流财物粮米，使得没有滞留积压；使各地运输供给互通有无，四海之内就像一家。所以，近处的人不隐没自己的才能，远处的人不辞奔走的劳苦，就是幽远偏僻的国家，也无不听从役使而乐于归附。这种君主叫做人的师表，这就是奉行王道的君主所实行的法度。

原文

具具而王①，具具而霸，具具而存，具具而亡。用万乘之国者，威强之所以立也，名声之所以美也，敌人之所以屈也，国之所以安危、臧否也，制与在此亡乎人②。王霸、安存、危殆、灭亡，制与在我亡乎人。夫威强未足以殆邻敌也，名声未足下县天下也，则是国未能独立也，岂渠得免夫累乎！天下胁于暴国，而党为吾所不欲于是者，日与桀同事同行，无害为尧；是非功名之所就也，非存亡安危之所随也。功名之所就，存亡安危之所随，必将于愉殷赤心之所③。诚以其国为王者之所，亦王；以其国为危殆灭亡之所，亦危殆灭亡。

① 具具：前一个"具"为动词，具备；后一个"具"为名词，条件。
② 制：关键。
③ 愉殷：喜悦与忧愁。

具备了一定的条件就可以称王，具备了一定的条件就可以称霸，具备了一定的条件，国家就能存在，具备了一定的条件，国家就会灭亡。治理拥有万辆兵车的大国国君，他威武强大的地位之所以能够确立，名誉声望之所以能够美好，敌人之所以屈服，国家之所以安定良好，问题的关键都在自己而不在于别人。究竟是称王、称霸、国家安全生存，还是危险、灭亡，问题的关键都在自己而不在于别人。然而威武强大的程度还不足以威胁相邻的敌国，名誉声望还不能使天下人人传扬，那么这个国家就不能独立于天下，它又怎么能免除忧患呢？天下为强暴的国家所威胁，而这种情况倘若是我所不想要的，这个时候，又天天与夏桀一样的人同事同行，尽管不妨害自己成为唐尧一样的贤君，但绝不是功名能得以成就的时候，也不是存在安全相随着自己的时候。功名之所以成就，存在安全之所以相随，必将决定于自己快乐或忧愁时真正的心思建立在什么基点之上。若一定要把自己的国家变成一个奉行王道的地方，就一定能称王于天下；要把自己的国家变成一个危险灭亡的地方，就一定会危险灭亡。

原文

殷之日①，案以中立无有所偏而为纵横之事，偃然案兵无动，以观夫暴国之相卒也；案平政教，审节奏，砥砺百姓，为是之日，而兵剸天下之劲矣②；案然修仁义，伉隆高③，正法则，选贤良，养百姓，为是之日，而名声剸天下之美矣。权者重之，兵者劲之，名声者美之。夫尧、舜者一天下也，不能加毫末于是矣！

权谋倾覆之人退，则贤良知圣之士案自进矣。刑政平，百姓和，国俗节，则兵劲城固，敌国案自诎矣④。务本事，积财物，而勿忘栖迟薛越也，是使群臣百姓皆以制度行，则财物积，国家案自富矣。三者体此而天下服，暴国之君案自不能用其兵矣。何则？彼无与至也。彼其所与至者，必其民也；其民之亲我欢若父母，好我芳若芝兰⑤，反顾其上则若灼黥，若仇雠；彼人之情性也虽桀、跖，岂有肯为其所恶贼其所好者哉⑥！

彼以夺矣⑦。故古之人，有以一国取天下者，非往行之也；修政其所，天下莫不愿，如是而可以诛暴禁悍矣。故周公南征而北国怨。曰：何独不来也！东征而西国怨。曰：何独后我也！孰能有与是斗者与！安以其国为是者王。

① 殷：强盛。
② 剸（zhuān）：同"专"，强大。
③ 伉（kàng）：通"亢"，未及。
④ 诎：通"屈"，屈服。
⑤ 芳：同"仿"，仿佛。
⑥ 贼：伤害。
⑦ 以：同"已"，已经。

　　在富强时，国家要保持中立，不要有所偏袒而去实行合纵连横，要静静地按兵不动，以坐观那些残暴的国家相互攻打；于是搞好政治教化，审查礼节制度，磨砺百姓，做到这点的时候，那他的兵卒就成为天下最强的劲旅了；于是遵循仁义之道，达到崇高的境界，修正法律条令，选拔任用贤良，使百姓休养生息，做到这点的时候，那他的名声就成为天下最美好的了。权势，举足轻重；兵卒，天下劲旅；名声，无比美好。即使尧舜那样统一天下的贤君，也难于在这三个方面再增加分毫了。
　　玩弄权术阴谋、倾轧颠覆的人被废黜，那么贤能善良、睿智圣明之士自然会被举荐任用；刑罚政令公正平和，百姓和睦相处，国家风俗节俭，那就会兵力强大健劲，城池固若金汤，敌国自然就屈服了；致力于农业本务，努力积蓄财物，而不要胡乱地遗弃破坏糟蹋，使群臣百姓都遵照制度行事，那就能做到积蓄财物，国家自然就富裕了。以上三件事都能做到，那么天下就会顺从屈服，强暴国家的君主自然不能用兵攻打了。什么原因呢？因为已没有人为他卖命一同来攻打了。同他一起来的，必然是他统治下的民众；而他的民众亲近我就如同喜欢父母，热爱我就如同酷好芳香的芝兰，而回头看到自己的国君，却像是看见烧烤皮肉、墨刑刺脸一样憎恶，像是看到仇敌一样愤怒；他这个人的性情即便像夏桀、盗跖那样凶暴，哪肯为他所憎恶的人去残害他所喜爱的人呢？他们已被我争取过来了。所以古代的人，有仅凭借一个小国来夺取天下的，因为他并不是前往别国掠夺，而是在自己国家修明政治，所以没有人不敬仰他，能像这样就可以做到诛杀强暴、禁抑凶悍了。因此周公向南征伐时而北方的国民都抱怨，说："为何独独不来我们这里？"向东征伐时而西方的国民都抱怨，说："为何单单把我们放在后边呢？"哪里能有同他争斗的呢？将自己的国家治理成这样的君主就能称王天下。

【原文】

殷之日，安以静兵息民，慈爱百姓，辟田野，实仓廪，便备用，安谨募选阅材伎之士，然后渐赏庆以先之，严刑罚以防之，择士之知事者使相率贯也，是以厌然畜积修饰而物用之足也①。兵革器械者，彼将日日暴露毁折之中原，我今将修饰之，拊循之，掩盖之于府库。货财粟米者，彼将日日栖迟薛越之中野，我今将畜积并聚之于仓廪。材技股肱、健勇爪牙之士，彼将日日挫顿竭之于仇敌，我今将来致之、并阅之②、砥砺之于朝廷。如是，则彼日积敝，我日积完；彼日积贫，我日积富；彼日积劳，我日积佚。君臣上下之间者，彼将厉厉焉日日相离疾也，我今将顿顿焉日日相亲爱也③，以是待其敝。安以其国为是者霸。

【注释】

① 厌然：安然。
② 阅：容纳。
③ 顿顿：诚恳和悦的样子。

【译文】

在富强时，国家要停止用兵，使民众休养生息，慈爱百姓，开垦田地，充实仓库，改进器用设备，严肃谨慎地招募士卒，选择接纳有才艺的士人，而后加重奖赏予以引导，严厉刑罚予以防范，选择这些士人中明白事理的统率管理他们，于是就安心地积蓄财物粮食，修理改进兵器用具，所以财物器用就充足了。那些兵器物资，他国将一天天把它们丢弃暴露毁坏在原野上，而我们今天将修理改进它们，擦拭保养它们，并把它们收藏在仓库里。那些财物粮米，他国将一天天把它们遗弃破坏糟蹋在原野上，而我们今天将收藏蓄积，并把它们储存在仓库里。那些有才艺的辅佐之才和健壮勇敢的威武之士，他国将一天天让他们挫折、困顿、消亡在仇敌手中，而我们今天将他们招致，容纳并磨炼他们于朝廷上。如果这样做，那么他国一天天越来越破败，而我们则一天天越来越完好；他国一天天越来越贫弱，而我们一天天越来越富强；他国一天天越来越劳苦，而我们一天天越来越安逸。在君臣、上下之间，他国是恶狠狠地一天天相互疏远嫉恨，而我们是诚笃忠厚地一天天相亲相爱，以这个来等待他们的衰败。将自己的国家治理成这样的君主就能称霸天下。

立身则从佣俗①，事行则遵佣故，进退贵贱则举佣士，之所以接下之人百姓者则庸宽惠，如是者则安存。

立身则轻楛②，事行则蠲疑③，进退贵贱则举佞兑，之所以接下之人百姓者则好取侵夺，如是者危殆。

立身则憍暴，事行则倾覆，进退贵贱则举幽险诈故，之所以接下之人百姓者，则好用其死力矣而慢其功劳，好用其籍敛矣而忘其本务，如是者灭亡。

此五等者，不可不善择也，王、霸、安存、危殆、灭亡之具也。善择者制人，不善择者人制之；善择之者王，不善择之者亡。夫王者之与亡者、制人之与人制之也，是其为相县也亦远矣。

① 佣俗：即庸俗，平常的风俗。
② 轻楛：态度轻浮恶劣。
③ 蠲（juān）疑：迟疑不决。

做人则随从平常的风俗习惯，行事则遵循平常的旧规旧例，在任用、罢免、奖掖、贬抑上则提拔普通的人，对待下面的老百姓则宽厚、容忍和仁爱，像这样的君主能安存。

做人则轻浮恶劣，行事则迟疑不决，在任用、罢免、奖掖、贬抑上则提拔伶牙俐齿的人，对待下面的老百姓则巧取、侵占和豪夺，像这样的君主就危险了。

做人则骄横暴虐，行事则倾轧无常，在任用、罢免、奖掖、贬抑上则提拔阴谋伪诈的人，对待下面的老百姓则常让他们拼死卖力却不重视他们的功劳，利用他们缴纳税金却不管他们的本业，像这样的君主就会灭亡。

以上五种不同的做人行事，不能不好好地予以选择，它们是称王、称霸、安存、危险、灭亡的条件。善于选择的就可以制服别人；不善于选择的就要受制于人；善于选择的就可以称王天下，不善于选择的就会灭亡。那称王天下的和灭亡的、制服别人和受制于人的，它们之间的差别也太远了。

◎王霸篇

【题解】

本篇重点阐述了君主如何掌握政权，治理邦国，从而实现权力的巩固与国家的安定等。"义立"、"信立"、"权谋立"是荀子提出的三种治国方略，他不仅剖析了三种方略的具体措施，比较其优劣，而且还分析出它们必然导致的"王"、"霸"、"亡"三种结局。

【原文】

国者，天下之利用也；人主者，天下之利势也。得道以持之，则大安也，大荣也，积美之源也；不得道以持之，则大危也，大累也，有之不如无之；及其綦也，索为匹夫不可得也，齐湣、宋献是也。

故人主，天下之利势也，然而不能自安也，安之者必将道也。

【注释】

① 綦：极点。
② 齐湣：即齐湣王。 宋献：即宋康王。

【译义】

国家，是天下最有利的工具；君主，立于天下最有利的地位。如果得到正确的治国之道来治理国家，那国家就十分安稳、十分繁荣，成为聚积美好业绩与声誉的源泉；如果得不到正确的治国之道来治理国家，那国家就会十分危险、十分拖累，有它还不如没有它，等到发展到极点时，要求做个平民百姓也是不可能的，齐湣王、宋献公就是这样的。

因此，君主立于天下最有利的地位，但是他却不能自身安全，要想安全，君主必须施行正确的治国之道。

【原文】

故用国者，义立而王，信立而霸，权谋立而亡。三者明主之所谨择也，仁人之所务白也。

挈国以呼礼义而无以害之①，行一不义，杀一无罪，而得天下，仁者不为也，抏然扶持心国且若是其固也②！之所与为之者之人，则举义士也；之所以为布陈于国家刑法者，则举义法也；主之所极然帅群臣而首乡之者，则举义志也。如是，则下仰上以义矣，是綦定也③。綦定而国定，国定而天下定。仲尼无置锥之地，诚义乎志意，加义乎身行，箸之言语，济之日，不隐乎天下，名垂乎后世。今亦以天下之显诸侯诚义乎志意，加义乎法则度量，箸之以政事，案申重之以贵贱杀生，使袭然终始犹一也。如是，则夫名声之部发于天地之间也，岂不如日月雷霆然矣哉！故曰：以国齐义，一日而白，汤、武是也。汤以亳，武王以镐，皆百里之地也，天下为一，诸侯为臣，通达之属，莫不从服，无它故焉，以济义矣。是所谓义立而王也。

① 挈（qiè）：治理，管理。
② 拆然：坚如石头的样子。拆：通"砾"。
③ 綦定：基础巩固。綦，通"基"。

  治理国家的人，礼义确立了就可以称王天下，信用确立了就可以称霸诸侯，玩弄权术就会自取灭亡。这三种做法，英明的君主是会谨慎地选择的，也是仁人所必须弄明白的。

  领导国家遵从礼义而又不用其他什么损害礼义，即使做一件不义的事、杀一个无罪的人就可以取得天下，讲究仁德的人也不会去干，并坚定地用礼义约束自己的心意和国家，就像磐石那样坚固！同他一起从政的人，都是奉行礼义的士者；所有颁布于国家的刑法，都是合乎礼义的法令；急切地率领群臣所向往追求的，都是礼义的目标。要是这样，那么臣民景仰君主就是由于礼义了，于是立身天下的基础就稳定了。基础稳定了国家就安定，国家安定了天下也就安定了。孔子本无立锥之地，但他真诚地用礼义约束自己的心意，贯彻到立身行事上，表露在言语中，成功的那天，不被埋没于天下，而且名声流布后世。今天如果天下显赫的诸侯也真诚地用礼义约束自己的心意，贯彻到法律制度上，体现在处理政事上，又用提拔、废黜、处死、赦免的办法反复重申礼义，使礼义连续不断地贯彻始终。要是这样，那他的名声传扬于天地之间，岂不像日月雷霆一样吗？所以说：使国家统一于礼义，有一天时间名声就会显赫天下，商汤、周武王就是这样的。商汤建都亳邑，周武王凭借镐京，都不过方圆百里的国土，却使天下统一、诸侯臣服，凡交通所到达的地方，没有不服从的，这没有别的缘故，就是由于他们完全遵循了礼义。这就是所说的礼义确立了就可以称王天下。

原文

德虽未至也，义虽未济也，然而天下之理略奏矣，刑赏已诺信乎天下矣，臣下晓然皆知其可要也。政令已陈，虽睹利败，不欺其民；约结已定①，虽睹利败，不欺其与。如是，则兵劲城固，敌国畏之；国一綦明②，与国信之。虽在僻陋之国，威动天下，五伯是也。非本政教也，非致隆高也，非綦文理也③，非服人之心也，乡方略，审劳佚，谨畜积，修战备，龁然上下相信，而天下莫之敢当。故齐桓、晋文、楚庄、吴阖闾、越勾践，是皆僻陋之国也，威动天下，强殆中国，无它故焉，略信也④。是所谓信立而霸也。

注释

① 约结：指缔结盟约。
② 国一：国家上下一致。 綦：期，约定。
③ 綦：极。
④ 略信：取信。

译文

德行虽说还没有达到尽善尽美的境界，礼义虽说还没有完全做到，然而天下诸事的具体规律大致掌握了，刑罚、奖赏、禁止、许诺已取信于天下了，臣民都明白地知道君主是可以依赖和合作的。政令已经颁布，虽说已看到自己的利益将会受到损害，也不欺骗他的盟友。要是这样，那就会兵卒强劲，城防坚固，敌国害怕他；国家统一，礼义彰明，盟国信赖他。即使在偏僻落后的国家，威名也会震动天下，春秋五霸就是这样的。他们虽没有把政治教化作为立国的根本，没有把礼义推崇到应有的高度，没有健全礼仪制度，没有使人心悦诚服；但他们注重方法策略，使民众劳逸适度，认真积蓄财富，加强战备，如同牙齿上下啮合那样相互密切配合，那么天下就没有敢于抵挡的了。所以齐桓公、晋文公、楚庄王、吴王阖闾、越王勾践，都是在偏僻落后的国家，威名却震动天下，他们的强盛危及中原各国，没有其他的缘故，就是由于他们取得了信用。这就是所说的信用确立了就可以称霸诸侯。

原文

挈国以呼功利，不务张其义①，齐其信，唯利之求，内则不惮诈其民而求小利焉，外则不惮诈其与而求大利焉②，内不修正其所以有，然常欲人之有。如是，则臣下百姓莫不以诈心待其上矣。上诈其下，下诈其上，则是上下析也③。如是，则敌国轻之，与国疑之，权谋日行，而国不免危削,慕之而亡,齐闵、薛公是也。故用强齐,非以修礼义也,非以本政教也,非以一天下也,绵绵常以结引驰外为务。故强,南足以破楚,西足以诎秦,北足以败燕,中足以举宋。及以燕赵起而攻之,若振槁然,而身死国亡,为天下大戮④,后世言恶,则必稽焉!是无它故焉,唯其不以礼义而由权谋也。

　　三者明主之所以谨择也,而仁人之所以务白也。善择者制人,不善择者人制之。

① 务:致力于。
② 与:指邻国。
③ 析:分崩离析。
④ 戮:这里作耻辱解。

　　领导国家提倡功利,而不致力于弘扬礼义、确立信用,唯利是图,对内不顾一切地欺诈民众以贪求小利,对外不顾一切地欺诈盟友以贪求大利,在内不很好地整治自己已有的土地财富,却时常想得到别人的土地财富。要是这样,那臣下百姓就没有不用欺诈的心理对待自己君主的了。君主欺诈臣民,臣民欺诈君主,这便是上下离心离德,分崩离析。要是这样,那么敌国就会蔑视他,盟国就会怀疑他,即便权术谋略天天在搞,而国家也免不了危险、削弱,达到极点时国家就会灭亡,齐闵王、孟尝君就是这样的。他们在强大的齐国执政,不是去修明礼义,不是把政治教化作为立国的根本,不是凭借它来统一天下,而是连续不断地把勾结笼络别国和兴兵驰骋国外作为要务。所以他们强大时,往南完全能攻破楚国,往西完全能屈服秦国,往北完全能击败燕国,中间完全能攻占宋国;但等到燕国、赵国起来进攻他们时,如同摧枯拉朽一样,闵王身死国亡了,而成为天下的奇耻大辱,后世人一谈起恶人,就必然查考到他。这没有其他的缘故,就是由于他们不遵从礼义而玩弄权术阴谋。

　　上述三种情况,英明的君主是会谨慎地选择的,也是仁人所必须弄明白的。善于选择的能制服别人;不善于选择的受制于别人。

　　国者,天下之大器也,重任也,不可不善为择所而后错之①,错险则危;不可不善为择道然后道之,涂秽则塞②,危塞则亡。彼国错者,非封焉之谓也③，何法之道，谁子之与也④。故道王者之法，与王者之人为之，则亦王；道霸者之法，与霸者之人为之，则亦霸；道亡国之法，与亡国之人为之，则亦亡。三者，明主之所以谨择也，而仁人之所以务白也。

① 错：通"措"，处置。
② 涂：即"途"。
③ 封：划分疆界。
④ 谁子：谁人，谁。

国家，是天下最大的工具，最沉重的担子，不可不妥善地为它选择治理的大臣然后委任安置好。委任安置错了人国家就危险了；不可不妥善地为它选择治理之道然后引导治理它，如果道路上杂草丛生就会被堵塞；危险、堵塞，国家就会灭亡。那国家的委任安置，并不是为它划分好疆界，而是指采取什么治国之策和同什么人共同来治国。奉行王道的办法，与那奉行王道的大臣共同治理国家，也就能称王于天下；奉行霸道的办法，与那奉行霸道的大臣共同治理国家，也就能称霸于诸侯；奉行使国家灭亡的办法，与那奉行亡国之道的大臣共同治理国家，也就会亡国。上述三种情况，英明的君主是会谨慎地选择的，也是仁人所必须弄明白的。

原文

故国者，重任也，不以积持之则不立。故国者，世所以新者也，是惮惮①，非变也，改玉改行也。故一朝之日也，一日之人也，然而厌焉有千岁之国何也？曰：援夫千岁之信法以持之也，安与夫千岁之信士为之也②。人无百岁之寿，而有千岁之信士，何也？曰：以夫千岁之法自持者③，是乃千岁之信士矣。故与积礼义之君子为之则王，与端诚信全之士为之则霸，与权谋倾覆之人为之则亡。三者，明主之所以谨择也，而仁人之所以务白也。善择之者制人，不善择之者人制之。

① 惮惮：通"禅禅"。
② 信士：奉行礼义制度者。
③ 自持：自己约束自己。

国家，是最沉重的担子，不用长期积累起来的治理办法保持它就不能立国。

所以国家虽是世世代代更新的，但它是一种具有继承性的更替禅位，并不是一种彻底性的治理办法的改变，而是改变了贵族阶层的等级地位即标志他们等级的佩玉、步行的要求罢了。日子的短暂如同一个早上，人生的短暂如同一天，但却安然地存在着有千年历史的国家，是何原因呢？回答是：这是由于采用了具有千年历史的切实可行的治理办法来保持国家，又得力于那些千馀年来实实在在坚守礼义的真诚的人士治理国家的缘故。人没有超过百岁的寿命，但却有那些千馀年来的真诚人士，是何原因呢？回答道：这是由于有用延续了千馀年的礼义法度来约束自己的人，这便是千馀年来的真诚人士。所以，同长期遵行礼义的君子治理国家，就可以称王天下；同正直诚实守信完美的人士治理国家，就可以称霸诸侯；同玩弄权术搞阴谋倾轧颠覆的人治理国家，就会使国家灭亡。上述三种情况，英明的君主是会谨慎地选择的，也是仁人所必须弄明白的。善于选择的能制服别人；不善于选择的受制于别人。

　　彼持国者①，必不可以独也；然则强固荣辱在于取相矣！身能，相能，如是者王。身不能，知恐惧而求能者，如是者强。身不能，不知恐惧而求能者，安唯便僻左右亲比己者之用②，如是者危削。綦之而亡。国者，巨用之则大，小用之则小；綦大而王，綦小而亡，小巨分流者存。巨用之者，先义而后利，安不恤亲疏，不恤贵贱，唯诚能之求，夫是之谓巨用之。小用之者，先利而后义，安不恤是非，不治曲直③，唯便僻亲比己者之用，夫是之谓小用之。巨用之者若彼，小用之者若此；小巨分流者，亦一若彼，一若此也。故曰："粹而王，驳而霸，无一焉而亡④。"此之谓也。

①持国：执掌国政。
②安：连词，于是。　亲比：亲近。
③不治：不分。
④无一：没有一个。

　　那些掌握国家政权的君主，一定不能单靠自己一个人，因此一个国家的强弱、荣辱关键在于选用宰相。君主自身有才能，宰相也有才能，如果这样就可以称王天下。君主自身无才能，但知道恐惧而寻求有才能的人，如果这样，国家就可以强大。君主自身无才能，又不知道恐惧而寻求有才能的人，唯独任用善于阿谀逢迎的宠臣、不离左右的侍从和亲近依附自己的人，如果这样，国家就会危险、被削弱，达到极点就会灭亡。国家,大治就会强大,小治就会弱小;礼义基础极其强大就可以称王天下,礼义基础极其弱小就会灭亡,大小均衡的就能存在。大治国家,先奉行礼义而后图利,任人不顾亲疏,不分贵贱,惟独寻求真正有才能的人,这就是所谓大治的国家。小治国家,先贪图利而后奉行礼义,任人不分是非,不顾曲直,只要是阿谀逢迎的宠臣和亲近依附自己的人就任用,这就是所谓小治的国家。大治国家像那样,小治国家像这样,大小均衡的国家,也就有时候像那样,有时候像这样。所以说:"完全彻底地奉行礼义、任用有才能的人就可以称王天下,义利兼顾的就可以称霸天下,没有一样做到的就会灭亡。"就是说的这个道理。

【原文】

国无礼则不正①。礼之所以正国也,譬之犹衡之于轻重也②,犹绳墨之于曲直也,犹规矩之于方圆也,既错之而人莫之能诬也。《诗》云:"如霜雪之将将③,如日月之光明;为之则存,不为则亡。"此之谓也。

① 正:端正。指得到治理。
② 衡:与下"绳墨"、"规矩"对应,当为"权衡"。
③ 将将:形容霜雪覆盖的样子。

【译文】

国家不遵行礼义就治理不好。礼义之所以能够治理好国家,打个比方,就好像用秤来分辨轻重,就好像用墨线来确定曲直,就好像用圆规曲尺来画定方圆,既然已经把它们摆在那里,人们就没有再能进行欺骗的了。《诗经·大雅·緜》中说:"如同霜雪的肃杀无情,如同日月的光辉明亮;遵行它(礼制)就能存在,不遵行它就会灭亡。"就是说的这个。

【原文】

国危则无乐君,国安则无忧民。乱则国危,治则国安。今君人者,急逐乐而缓治国,岂不过甚矣哉!譬之是由好声色而恬无耳目也①,岂不哀哉!夫人之情,目欲綦色,耳欲綦声,口欲綦味,鼻欲綦臭,心欲綦佚。此五綦者,人情之所必不免也。养五綦者有具②,无其具,则五綦者不可得而致也。万乘之国可谓广大富厚矣,加有治辨强固之道焉,若是则恬愉无患难矣③,然后养五綦之具具也。故百乐者,生于治国者也;忧患者,生于乱国者也。急逐乐而缓治国者,非知乐者也。故明君者,必将先治其国，然后百乐得其中。暗君者，必将急逐乐而缓治国，故忧患不可胜校也，必至于身死国亡然后止也，岂不哀哉！将以为乐，乃得忧焉；将以为安，乃得危焉；将以为福，乃得死亡焉；岂不哀哉！於乎！君人者，亦可以察若言矣④！故治国有道，人主有职。若夫贯日而治详，一日而典列之，是所使夫百吏官人为也，不足以是伤游玩安燕之乐。若夫论一相以兼率之，使臣下百吏莫不宿道乡方而务，是夫人主之职也。若是，则一天下，名配尧、禹。之主者，守至约而详⑤，事至佚而功，垂衣裳不下簟席之上⑥，而海内之人莫不愿得以为帝王。夫是之谓至约，乐莫大焉。

① 恬：通"觍"，愧怍、惭愧。
② 养：满足。
③ 恬愉：安然愉悦。
④ 若言：此言，指上面所说。
⑤ 守：职守。
⑥ 簟（diàn）：竹制的席子。

国家危险就没有快乐的国君，国家安定就没有忧愁的民众。政事混乱国家就危险，政事治理国家就安定。今天统治人民的君主，急于追求享乐而放松了治理国家，难道不是错误十分严重吗？打个比方，就好像喜欢音乐美色而不在乎没有耳朵眼睛一样，难道不可悲吗？从人的常情来说，眼睛想看最美丽的颜色，耳朵想听最优美的声音，嘴巴想吃最美味的佳肴，鼻子想闻最美好的气味，心里想得到最大的安逸。这五种最好的享受，是人的常情所必不可避免的。但造成这五种最好的享受要有条件，没有一定的条件，那么这五种最好的享受就不可能得到了。拥有万辆兵车的国家，可以称得上是辽阔富裕的了，更有使它得到治理而强大的办法，要是这样，那就平安愉快而没有祸患灾难了，而后造成五种最好的享受的条件就具备了。因此，各种快乐，产生于政事治理的国家；各种忧患，产生于政事混乱的国家。急于追求享乐而放松了治理国家的人，不是知道享乐的人。因此，英明的君主，一定是先治理国家，而后各种快乐便从中得到了。而昏聩的君主，一定是急于追求享乐而放松了治理国家，因此忧虑祸患多得不可胜数，一定是发展到身死国亡而后才完结，难道不可悲吗？准备用这种办法去求得快乐，却得到了忧虑；准备用这种办法去求得安定，却得到了危险；准备用这种办法去求得幸福，却得到了死亡；难道不可悲吗？呜呼！统治人民的君主，也可以考察一番这些话了！所以治理国家要有一定的办法,君主要有一定的职责,至于要连续几天把政事处理得完备周详,一天内各方面的事都依次解决好,这是要派各级官吏去办的事,不必因此而妨害了自己游玩安逸的快乐。至于说选择一位宰相全面地率领文武百官,使臣僚百官无不安守礼义、为向往正道而努力,这就是君主的职责了。要是这样,就能统一天下,名望可同唐尧、夏禹匹配。这样的君主,他所掌管的事虽然十分简约却又非常周详,做起来虽然十分闲适却又很有功效,他的衣服下垂着,不从坐席上走下来,而四海之内的人没有不希望让他为帝王的。这就叫做十分简约,没有比这更快乐的了。

人主者,以官人为能者也①;匹夫者,以自能为能者也。人主得使人为之,匹夫则无所移之。百亩一守②,事业穷,无所移之也。今以一人兼听天下,日有馀而治不足者,使人为之也。大有天下,小有一国,必自为之然后可,则劳苦耗悴莫甚焉;如是,则虽臧获不肯与天子易势业③。以是县天下,一四海,何故必自为之?为之者,役夫之道也,墨子之说也。论德使能而官施之者,圣王之道也,儒之所谨守也。传曰④:"农分田而耕,贾分货而贩,百工分事而劝,士大夫分职而听⑤,建国诸侯之君分土而守,三公总方而议;则天子共己而已矣!"出若入若⑥,天下莫不平均,莫不治辨,是百王之所同也,而礼法之大分也。

【注释】
① 官人:任人以官。
② 一守:一个人管理。
③ 臧获:《方言》:"荆、淮、海岱之间骂奴曰臧,骂婢曰获。"这里代指奴婢。
④ 传:指古书。
⑤ 听:听政,处理政事。
⑥ 出若入若:出、入指内外。若,如此,这样。指内外都如此办理。

君主,以任用官吏为有能力;平民,以自己能干为有能力。君主可以使用别人去做事,平民就没有办法把事交给别人。百亩土地一个农夫管理,竭尽了全身的力量,这是由于他没有办法把事交给别人。今天君主以一个人的力量同时治理天下,而且时间有馀但要办的事不够做,这是由于让别人去做了的缘故。大的拥有整个天下,小的拥有一个封国,如果都要自己做了以后才行,那辛劳艰苦耗损憔悴就没有比这个更厉害了;要是这样,那即使是奴婢也不愿和天子交换地位和职业。因此，君主掌握天下，统一四海，是何原因一定要亲自去做所有的事呢？亲自去做的，是服役人的办法，是墨子的学说。选择有道德的人、使用有才能的人并把官职委任给他们，是圣明帝王的办法，是儒家所谨慎遵守的原则。古书中说："农夫分田地而耕种，商人分货物而贩卖，工匠分别用力做事，士大夫分职处理政事，诸侯国君分封领土而守卫，三公统管全面而商议，那么天子只要拱手坐享就是了。"内外都是这样，那天下的人无不平衡协调，也无不治理得很好的，这是历代圣王所共同遵守的治国原则，也是礼义法制的大纲。

百里之地可以取天下，是不虚，其难者在人主之知之也。取天下者，非负其土地而从之之谓也①，道足以壹人而已矣②。彼其人苟壹，则其土地且奚去我而适它③！故百里之地，其等位爵服，足以容天下之贤士矣；其官职事业，足以容天下之能士矣；循其旧法，择其善者而明用之，足以顺服好利之人矣。贤士一焉，能士官焉，好利之人服焉，三者具而天下尽，无有是其外矣④。故百里之地，足以竭势矣；致忠信，著仁义，足以竭人矣。两者合而天下取，诸侯后同者先危⑤。《诗》曰："自西自东，自南自北，无思不服⑥。"一人之谓也。

注释

① 负：负着，携带。
② 壹人：统一人心。
③ 适：去，往。
④ 是其外：在此之外。
⑤ 同：指会盟。
⑥ 思：作语助词。

凭借方圆百里的土地可以取得天下，这不是虚构的，它的难点在于君主知道凭借方圆百里的土地可以取得天下的道理。所谓取得天下，并不是指别的国家都背负着他们的土地来跟从我，而是君主的治国之道完全能够统一天下人心而已。如果别国的人被统一了，那他们的土地怎么会离开我们而到别的国家去呢？因此方圆百里的土地，那里官吏的等级爵位，足够容纳天下的贤德之人；那里官吏的职位事业，足够容纳天下有才能的人；遵循旧的法制，选择其中好的明令公布实施，足够使贪图财利的人顺服了。贤德的人都同我团结一心，有才能的人都被任用当官了，贪图财利的人都顺服了，这三者都具备了，天下的人才便都归我所用，再也没有在此以外的了。所以，凭借方圆百里的土地，足够取尽天下的权势了；做到忠诚守信，彰明仁义，就足够招致所有的人才了。这两者合起来，那天下就取得了，诸侯中后归附的先有危险。《诗经·大雅·文王有声》中说："从西到东，从南到北，没有一个不服从的。"就是说的使天下人同我团结一心的道理。

【原文】

羿、蜂门者，善服射者也。王良、造父者，善服驭者也。聪明君子者，善服人者也①。人服而势从之，人不服而势去之，故王者已于服人矣。故人主欲得善射，射远中微，则莫若羿、蜂门矣；欲得善驭，及速致远，则莫若王良、造父矣；欲得调壹天下②，制秦、楚，则莫若聪明君子矣。其用知甚简，其为事不劳而功名致大，甚易处而綦可乐也③。故明君以为宝，而愚者以为难④。

【注释】

① 服人：使人服从。
② 调壹天下：治理统一国家。
③ 綦可乐：极为轻松愉快。
④ 难：害怕，惧怕。

【译文】

后羿、逢蒙，善于射箭而使人佩服；王良、造父，善于驾车而使人佩服；聪明的君子，善于使所有的人佩服。人们都服从他，那权势也就从属于他；人们都不服从他，那权势也就离开他；所以称王天下的君主能做到使人们服从他就可以了。君主想得到善于射箭的人，射得很远又能命中微小的目标，没有比得上后羿、逢蒙的；想得到善于驾车的人，追得上最快的车子又能到达远方的目的地，没有比得上王良、造父的；想得到治理天下、统一天下的人，制服秦、楚，没有比得上聪明的君子的。聪明的君子所用的才智十分简约，所做的事不费力而功绩名声很大，十分容易安置而又十分快乐。所以英明的君主把他们视作宝贝，但愚昧的君主把他们看作祸患。

【原文】

夫贵为天子，富有天下，名为圣王，兼制人，人莫得而制也，是人情之所同欲也，而王者兼而有是者也。重色而衣之①，重味而食之，重财物而制之，合天下而君之②；饮食甚厚，声乐甚大，台榭甚高，园囿甚广，臣使诸侯，一天下，是又人情之所同欲也，而天子之礼制如是者也。制度以陈，政令以挟③；官人失要则死，公侯失礼则幽，四方之国，有侈离之德则必灭；名声若日月，功绩如天地，天下之人应之如景响，是又人情之所同欲也，而王者兼而有是者也。故人之情，口好味而臭味莫美焉，耳好声而声乐莫大焉，目好色而文章致繁妇女莫众焉④，形体好佚而安重闲静莫愉焉，心好利而谷禄莫厚焉；合天下之所同愿兼而有之，皋牢天下而制之若制子孙，人苟不狂惑戆陋者，其谁能睹是而不乐也哉！欲是之主并肩而存，能建是之士不世绝⑤，千岁而不合，何也？曰：人主不公，人臣不忠也。人主则外贤而偏举，人臣则争职而妒贤，是其所以不合之故也。人主胡不广焉，无恤亲疏，无偏贵贱，唯诚能之求？若是，则人臣轻职业让贤，而安随其后；如是，则舜、禹还至，王业还起。功壹天下，名配舜、禹，物由有可乐如是其美焉者乎⑥！呜呼！君人者亦可以察若言矣！杨朱哭衢涂曰："此夫过举跬步而觉跌千里者夫⑦！"哀哭之。此亦荣辱安危存亡之衢已⑧，此其为可哀，甚于衢涂。呜呼！哀哉！君人者，千岁而不觉也。

① 重（chóng）：多样，丰厚。
② 君之：统治之。
③ 挟：浃，完备。
④ 文章：指文采。　致繁：极为丰富。
⑤ 不世绝：世世代代不绝。
⑥ 由有：由，通"犹"，还有。
⑦ 跌：失误，误差。
⑧ 此：指用人。

高贵到身为天子，富裕到拥有天下，名被称为圣王，能制服天下所有的人，人却不能制服他，这是人情所共同追求的，而称王天下的君主所兼而有之的。穿着色彩绚丽的衣服，吃着各种珍馐美味，掌握着丰厚的财物，合并天下而统治它；饮食十分丰富，声乐十分洪亮，台阁十分高大，园囿十分宽广，把诸侯作为臣子役使，统一天下，这又是人情所共同追求的，而天子的礼仪制度就如同这个样子。制度已经颁布，政令已经完善；百官违背规定就处死，公侯违背礼制就幽禁，四方的诸侯国离心离德就一定消灭；名声如日月一样昭著，功绩如天地一样伟大，天下的人响应他如影子随形、如回响应声一样，这又是人情所共同追求的，而称王天下的君主所兼而有之的。所以人的本性是，嘴巴喜欢吃美味食物，但滋味没有比王者吃到的更鲜美；耳朵喜欢听悦耳的声音，但没有比王者听到的更洪亮；眼睛喜欢看美丽的颜色，但十分繁复的色彩和少妇美女没有比王者看到的更多；身体喜欢安逸，但安稳闲静没有比王者享受的更愉快；内心喜欢财利，但俸禄没有比王者得到的更丰厚；合并天下人所共同追求的东西而拥有了它，总揽天下人而控制他们如同控制子孙，假如不是疯癫的、糊涂的、愚昧的、鄙陋的，那谁还能看到这些而不快乐呢？想要得到这些的君主比肩接踵，能建立这种事业的贤能人士世世代代不断出现，但千馀年来这样的君主和贤士却没有能遇合，这是什么原因呢？回答道：是由于君主用人不公正，臣下对上不忠诚。君主排斥贤能的人而偏私地任用小人，臣下争夺职位而嫉妒贤能的人，这是他们不能遇合的原因。君主为什么不能广为招揽人才、不顾亲疏、不管贵贱、只寻求真正贤能的人呢？要是这样，那臣子就会轻视职位而把它让给贤能的人，并甘愿跟随在他们后边；如果这样，那舜、禹会重新出现，称王天下的大业又会重新建立起来。君主功在统一天下，名声可同舜、禹相匹配，事物还有如同这样美好而值得高兴的吗？唉！统治人民的君主也可以考察考察这些话了！魏国的杨朱在十字路口哭泣，他说："这就是那若错误地迈出半步，等到觉察时已经相差千里了的地方啊！"于是悲伤哭泣。这用人的事也就如同走到荣辱、安危、存亡的十字路口，稍有差池就会酿成悲剧，比在十字路口走错路更厉害。唉！可悲啊！统治人民的君主竟然千年来还没有觉察到。

无国而不有治法①，无国而不有乱法②；无国而不有贤士，无国而不有罢士③；无国而不有愿民，无国而不有悍民；无国而不有美俗，无国而不有恶俗；两者并行而国在，上偏而国安，下偏而国危；上一而王，下一而亡。故其法治，其佐贤，其民愿，其俗美，而四者齐，夫是之谓上一。如是，则不战而胜，不攻而得，甲兵不劳而天下服。故汤以亳，武王以镐，皆百里之地也，天下为一，诸侯为臣，通达之属，莫不从服，无他故焉，四者齐也。桀、纣即厚于有天下之势，索为匹夫而不可得也，是无他故焉，四者并亡也。故百王之法不同若是，所归者一也④。

①治法：可使国家安定的法制。
②乱法：致使国家混乱的法制。
③罢士：指品德坏的人。罢，通"疲"。
④所归者一：归根到底道理只有一个。

没有一个国家没有使社会安定的法制，没有一个国家没有使社会混乱的法制；

没有一个国家没有贤能的士子,没有一个国家没有品行不端的士子;没有一个国家没有善良的民众,没有一个国家没有凶悍的民众;没有一个国家没有淳美的风俗,没有一个国家没有恶劣的风俗。上述两种情况并行而国家尚能存在;偏于上一种情况的国家就安定,偏于下一种情况的国家就危险;全属上一种情况的,就可以称王天下,全是下一种情况的,就会招致灭亡。因此,国家的法制完善、辅佐的臣子贤明、民众善良、风俗淳美,四者具备,那就叫做全属上一种情况。要是这样,那么就能做到不战而胜,不攻而破,军队不劳顿天下就顺服了。商汤凭借亳都、周武王凭借镐京,都不过是方圆百里的土地,而天下被他们统一了,诸侯做了他们的臣属,凡能到达的地方,没有不服从的。这没有其他的原因,四者都具备了。而夏桀、商纣王即便实力雄厚掌握了天下大权,但最后要求做个平民百姓也不可能做到。这也没有其他的原因,四者都丧失了。历代君主的治国方法如此不相同,但归结起来不是称王就是灭亡,道理只有一个。

上莫不致爱其下①,而制之以礼②。上之于下,如保赤子。政令制度,所以接下之人;百姓有不理者如豪末③,则虽孤独鳏寡必不加焉。故下之亲上欢如父母,可杀而不可使不顺。君臣上下,贵贱长幼,至于庶人,莫不以是为隆正④。然后皆内自省以谨于分,是百王之所以同也,而礼法之枢要也⑤。然后农分田而耕,贾分货而贩,百工分事而劝,士大夫分职而听,建国诸侯之君分土而守,三公总方而议,则天子共己而止矣。出若入若,天下莫不平均,莫不治辨,是百王之所同,而礼法之大分也。

① 致:致力,尽力。
② 制:限制。
③ 不理者:不合理的。
④ 隆正:最高的标准。
⑤ 枢要:枢纽,关键。

君主没有对他的臣民不爱护的,因此用礼义来限制他们;君主对于臣民,就如同保育婴儿。政令制度,是用来对待下层人的;若有不合理之处,即便如同毫毛末梢一样细小,那么就是孤儿、孤老、鳏夫、寡妇,也必然不会加在他们身上。因此,臣民的亲近君主就像喜欢父母一样,可以被杀死也不可以使他不顺从君主。君主、臣民、上司、下级、高贵的、卑贱的、年长的、年幼的,直至平民百姓,没有不把礼制作为最高准则的,然后都在内心自省并谨守本分,这就是历代圣王所共同的治国原则,也是礼制法度的要领。做到这些后农夫分田地而耕种,商人分货物而贩卖,工匠分别用力做事,士大夫分职处理政事,诸侯国君分封领土而守卫,三公统管全面而商议,那么天子只要拱手坐享就是了。内外都是这样,那天下的人无不平衡协调,也无不治理得很好的,这是历代圣王所共同的治国原则,也是礼仪法制的大纲。

若夫贯日而治平,权物而称用,使衣服有制①,宫室有度②,人徒有数,丧祭械用皆有等宜,以是周挟于万物,尺寸寻丈,莫得不循乎制度数量然后行,则是官人使吏之事也,不足数于大君子之前③。故君人者,立隆政本朝而当,所使要百事者诚仁人也,则身佚而国治,功大而名美,上可以王,下可以霸;立隆正本朝而不当,所使要百事者非仁人也,则身劳而国乱,功废而名辱,社稷必危:是人君者之枢机也。故能当一人而天下取④,失当一人而社稷危。不能当一人而能当千人、百人者,说无之有也。既能当一人,则身有何劳而为?垂衣裳而天下定。故汤用伊尹,文王用吕尚,武王用召公,成王用周公旦,卑者五伯⑤。齐桓公闺门之内,县乐奢泰游玩之修,于天下不见谓修,然九合诸侯,一匡天下,为五伯长,是亦无他故焉,知一政于管仲也,是君人者之要守也。知者易为之兴力而功名慕大,舍是而孰足为也?故古之人,有大功名者,必道是者也;丧其国,危其身者,必反是者也。故孔子曰:"知者之知,固以多矣,有以守少⑥,能无察乎!愚者之知,固以少矣,有以守多,能无狂乎!"此之谓也。

①制:指规格。
②度:规定的标准。
③数:——列举。
④当:恰当。 取:平定,治理。
⑤卑者:差一等的。
⑥有:同"又"。

【译文】

至于一天又一天把政事处理妥当,合理地调节万物并恰当地使用,使各级官吏的衣服有一定的规格,各种宫室的建筑有一定的标准,役使的仆从有一定的编制,丧葬祭祀器械用品都有适合的等级,把这种做法遍用到各种事情中去,诸如尺、寸、丈、寻等,无不是遵循法度然后付诸施行,这些都是各级官吏的事情,不值得在君主的面前数说。所以作为君主,如果所确立的治国原则十分得当,所任用的总领百官事务的宰相是真正的仁人,那么他就可以身心安逸而国家安定,功绩伟大而名声美好,高些可以称王天下,低些可以称霸诸侯;如果所确立的治国原则不够得当,所任用的总领百官事务的宰相不是仁人,那么他就会身心劳顿而国家混乱,前功尽废而名声受辱,国家必然危险:这是作为君主的关键所在。所以,能恰当地任用一个人就会取得天下,不能恰当地任用一个人就会危及国家。不能恰当地任用一个人而能恰当地任用一千人、一百人的,在道理上是没有这回事的。既然能恰当地任用一个人,那他自身又有何劳累的事要做呢?只要垂着衣裳什么也不做就可以使天下安定。因此,商汤任用了伊尹,文王用了吕尚,武王用了召公,成王用了周公。功绩低点的是五霸。齐桓公在后宫之内悬挂乐器、奢侈无度、游荡戏耍,但天下的人并不说他讲求享乐,而且还九次会合诸侯,使天下归于一致恢复正道,成为五霸中的第一个,这也没有其他原因,是由于他懂得把全部政事都交给管仲,这就是当君主要遵守的重要原则。聪明的君主容易做到任用贤人为宰相,所以能使国家兴旺实力强大,取得极大的功业和名望,除了这个还有什么值得去做呢?所以古代的人,凡是有伟大功业名望的,肯定是遵行了这一点;凡是丧失了国家、危及自身的,肯定是违反了这一点。因此孔子说:"聪明人的知识,本来已经很多了,又由于所管的事少,能不明察吗?愚昧之人的知识,本来就很少了,又由于所管的事太多,能不惑乱吗?"就是说的这个道理。

【原文】

治国者分已定①,则主相臣下百吏各谨其所闻,不务听其所不闻②;各谨其所见,不务视其所不见。所闻所见,诚以齐矣,则虽幽闲隐辟,百姓莫敢不敬分安制以化其上③,是治国之征也。

① 分已定:名分等级确定。
② 务:追求。
③ 化:服从,顺从。

治理得好的国家,等级名分已经确定,那么君主、宰相、大臣、百官各自谨守应该听到的事情,不打听自己职分之外的事情;各自谨守应该看到的事情,不察看自己不应该看到的事情。所见所闻,若是真正同各自的名分一致了,那么即使是非常幽远闭塞隐蔽偏僻的地方,百姓中也无人敢于不严守本分、安于制度、用礼义顺服自己的君主，这是治理得好的国家的标志。

主道治近不治远①，治明不治幽，治一不治二②。主能治近则远者理，主能治明则幽者化，主能当一则百事正。夫兼听天下，日有馀而治不足者，如此也，是治之极也。既能治近，又务治远；既能治明，又务见幽；既能当一，又务正百，是过者也，过犹不及也；辟之是立直木而求其影之枉也。不能治近，又务治远；不能察明，又务见幽；不能当一，又务正百；是悖者也，辟之是犹立枉木而求其影之直也。故明主好要，而暗主好详。主好要则百事详，主好详则百事荒。君者，论一相③，陈一法，明一指，以兼覆之，兼炤之，以观其盛者也④。相者，论列百官之长⑤，要百事之听⑥，以饰朝廷臣下百吏之分，度其功劳，论其庆赏，岁终奉其成功以效于君⑦。当则可，不当则废。故君人劳于索之⑧，而休于使之⑨。

① 主道：治国之道（办法）。
② 治一不治二：一指主事，二指杂事。
③ 论：选择。
④ 盛：同"成"，成功。
⑤ 论列：评选，评论。
⑥ 要：总揽。
⑦ 奉：拿，捧。
⑧ 索之：寻求宰相。
⑨ 使之：任用、使用宰相。

君主治理国家的方法：治理近处的事不治理远处的事，治理明显的事不治理暗处的事，治理一件重要的事不治理各种繁杂的事。君主能治理好近处的事，那远处的事就会得到治理；君主能治理好明显的事，那暗处的事就会得到治理；君主能治理好一件重要的事，那各种繁杂的事就会得到正确的处理。全面治理天下，时间有馀而要治理的事少不够做就是这样，这就是治理国家的最高境界了。既能治理近处的事，又务求治理远处的事；既能治理明显的事，又务求察看暗处的事；既能恰当地治理一件重要的事，又务求治理各种繁杂的事，这是过分的做法，如同达不到一样，打个比方，这就好像树立笔直的木桩却要求它的影子弯曲一样。不能治理近处的事，又务求治理远处的事；不能明察明显的事，又务求察见暗处的事；

不能恰当地治理一件重要的事，又务求治理各种繁杂的事，这是违背事理的做法，打个比方，这就好像树立弯曲的木桩却要求它的影子笔直一样。所以英明的君主善于抓住要领，而愚昧的君主喜欢什么都管。君主善于抓住要领，那么各种繁杂的事就做得周详；君主喜欢什么都管，那么各种繁杂的事就会荒废。君主，只要选择一位宰相、颁布一套法制、申明一个宗旨，用这种办法来统治一切、洞察一切，并坐观自己的成功。宰相，要选择安置各部门的长官，总管各种事情的处理，来整顿朝廷大臣和各级官吏的名分，衡量他们的功劳，确定对他们的奖赏，年终把他们的成绩功劳呈报给君主，称职的就留用，不称职的就废免。所以当君主的在选择寻找宰相时劳累，但使用以后就悠闲了。

用国者，得百姓之力者富，得百姓之死者强，得百姓之誉者荣①。三得者具而天下归之，三得者亡而天下去之②。天下归之之谓王，天下去之之谓亡。汤、武者，修其道，行其义，兴天下同利，除天下同害，天下归之。故厚德音以先之③，明礼义以道之④，致忠信以爱之，尚贤使能以次之，爵服赏庆以申重之，时其事，轻其任以调齐之，潢然兼覆之，养长之，如保赤子。生民则致宽，使民则綦理，辩政令制度⑤，所以接下之人百姓，有非理者如豪末⑥，则虽孤独鳏寡必不加焉。是故百姓贵之如帝，亲之如父母，为之出死断亡而不愉者⑦，无他故焉，道德诚明，利泽诚厚也。

① 誉：赞誉。
② 亡：无。
③ 厚：重视。
④ 道：引导，诱导。
⑤ 辩：同"辨"。
⑥ 豪末：毫末。形容微小。
⑦ 愉：通"偷"。不愉，甘愿出生入死而不苟且偷生。

治理国家的人，得到百姓努力劳动的就富裕，得到百姓殊死作战的就强大，得到百姓赞誉的就荣耀。这三件事都具备了，天下的人就会归顺他；这三件事都没具备，天下的人就会背弃他。天下的人归顺他就叫做称王，天下的人背弃他就叫做灭亡。商汤、周武王遵循这条原则，奉行这种道义，兴办对天下人都有益的事，除掉对天下人都有害的事，于是天下人都归附他。因此，君主注重发表善言以引导天下的人，明确礼义法度以教导天下的人，坚持忠诚信义以爱护天下的人，崇尚贤德的人、任用有才能的人以安置职位，利用爵位、官服、赏赐、表彰来不断激励他们，依照时节安排劳作、减轻负担来调剂他们，广施恩泽庇护他们，抚养他们，如同保育初生的婴儿。养育民众极其宽厚，役使民众极其合理。制定政令法规，用来管理下面的百姓；即使有像毫毛末梢一样微小不合理的地方，就是孤儿、孤老、鳏夫、寡妇也不加在他们身上。所以百姓尊敬他就如同上帝一样，亲爱他就如同父母一样，为他出生入死也高兴，这并无其他的原因，正是由于君主的道德确实贤明、恩泽确实深厚。

◎ 君道篇

题解

　　文章阐述为君之道。作为君主要"修身"，即以身作则。要"隆礼至法"，要"尚贤使能"，要"爱民好士"，要"取人有道，用人有法"，只有这样才能治理好国家。"君人者，爱民而安，好士而荣，两者无一焉而亡"，精警至极！君道之外，也论及臣道、父道、子道、兄道、弟道、夫道、妻道等。总而言之，要治以礼。

原文

　　有乱君①，无乱国；有治人②，无治法③。羿之法非亡也，而羿不世中；禹之法犹存，而夏不世王。故法不能独立，类不能自行。得其人则存，失其人则亡。法者，治之端也；君子者，法之原也。故有君子，则法虽省，足以遍矣④；无君子，则法虽具，失先后之施，不能应事之变，足以乱矣。不知法之义而正法之数者⑤，虽博，临事必乱。故明主急得其人，而暗主急得其势。急得其人，则身佚而国治，功大而名美，上可以王，下可以霸；不急得其人，而急得其势，则身劳而国乱，功废而名辱，社稷必危。故君人者，劳于索之，而休于使之。《书》曰："惟文王敬忌，一人以择。"此之谓也。

注释

① 乱君：让国家混乱的君主。
② 治人：治理国家得到安定的人。
③ 治法：能维护国家安定的法律。
④ 遍：全面治理。
⑤ 数：法律条文。

译文

　　有导致国家混乱的君主，没有天生混乱的国家；有治理好国家的人才，没有自然治理好国家的法制。后羿的箭法并没失传，但后羿不能使历代的射手都百发百中；夏禹施行的法制仍然存在，但夏禹不能使夏代世世代代称王天下。所以法制自身不能独立有所建树，条文细则也不能自动推行；得到了能治理好国家的人才，法制就存在，否则，法制就等于消亡。法制，是治理好国家的开端；君子是施行法制的根本。所以有了君子，法制即使简约，也足以治理一切；没有君子，法制即使完备，也会失去先后施行的次序，不能应付事情的各种变化，足可造成国家混乱。不知道法制的本义而只整顿定法律条文的人，即使多闻博通，也会遇事混乱。所以英明的君主急于得到能治理好国家的人才，而昏庸的君主却急于取得治理国家的权势。急于得到人才，那就会自身安逸而国家安定，功绩巨大而名声美好，好点儿可以称王天下，差点儿也可称霸诸侯；不急于得到人才而急于取得权势，那就会自身劳顿而国家混乱，功业废弃而名声受辱，国家必然危险。因此君主在寻求人才时劳累，但在使用人才后就安闲了。《尚书·康诰》中说："想想周文王的恭敬戒惧，亲自去选择人才。"就是说的这个道理。

合符节，别契券者，所以为信也。上好权谋，则臣下百吏诞诈之人乘是而后欺。探筹投钩者①，所以为公也。上好曲私，则臣下百吏乘是而后偏。衡石称县者②，所以为平也。上好倾覆，则臣下百吏乘是而后险。斗斛敦槩者③，所以为啧也④。上好贪利，则臣下百吏乘是而后丰取刻与，以无度取于民。故械数者，治之流也，非治之原也；君子者，治之原也。官人守数，君子养原；原清则流清，原浊则流浊。故上好礼义，尚贤使能，无贪利之心，则下亦将綦辞让，致忠信，而谨于臣子矣。如是则虽在小民，不待合符节、别契券而信，不待探筹投钩而公，不待衡石称县而平，不待斗斛敦槩而啧。故赏不用而民劝，罚不用而民服，有司不劳而事治，政令不烦而俗美；百姓莫敢不顺上之法，象上之志，而劝上之事，而安乐之矣。故藉敛忘费，事业忘劳，寇难忘死，城郭不待饰而固，兵刃不待陵而劲，敌国不待服而诎，四海之民不待令而一。夫是之谓至平。《诗》曰："王犹允塞⑤，徐方既来。"此之谓也。

① 探筹：抽签。
② 衡石：古代作为称重量的器具和单位。古代三十斤为钧，四钧为石。
③ 槩：用来刮平盛粮食的斗的上平面的工具。
④ 啧（zé）：齐平。
⑤ 王犹：即王道。　允塞：充满，遍布天下。

合验符节，辨认契券，是为了讲求信用；如果君主好搞权术阴谋，那臣民官吏中搞欺诈的人就会乘机而来进行欺诈。抽签、抓阄，是为了表示公正的；如果君主喜好偏私，那臣民官吏就会乘机而来搞偏私。用衡器称重，是为了保证公平的；如果君主喜好偏斜颠倒，那臣民官吏就会乘机而来搞偏邪奸险。诸多称量器具，是为了统一标准；如果君主喜好贪利，那臣民官吏就会乘机多拿少给无限度地剥削平民。所以，各种器物械具和方法标准，都是治理国家的支流，不是治理国家的本源；君子，才是治理国家的根本。官吏拘守具体条规，君子保养源头；源头清澈，流水自然清澈，源头浑浊，流水一定浑浊。因此，君主爱好礼义、崇尚贤德、任用能人，没有贪利的心思，那么臣民也就会非常谦让，极尽忠信诚实，谨慎地做一个臣子。要是这样，即使在卑微的小小百姓中，也不待合验符节、辨认契券就能做到有信用，不等抽签、抓阄就能做到公正，不要衡器称量就能做到公平，不要称量器具就能做到标准统一。所以，不用奖赏民众就会勤勉，不用刑罚民众就会顺服，官吏不劳累事情就能办好，政令不烦琐风俗就会淳美。百姓没有敢于不顺从君主的法制的。依照君主的意志而努力为君主做事，并对此感到安乐。因此，民众纳税不觉得繁重，办事不觉得劳累，敌人来了殊死作战；城墙不用修整就坚固，兵刃不用磨砺就锋利，敌国不用征伐就屈从，四海民众不用命令就行动一致。这就叫做极其太平安定。《诗经·大雅·常武》中说："王道广大充塞宇内，徐国已经来归顺。"就是说的这种情形。

原文

请问为人君？曰：以礼分施，均遍而不偏。请问为人臣？曰：以礼待君，忠顺而不懈。请问为人父？曰：宽惠而有礼。请问为人子？曰：敬爱而致恭。请问为人兄？曰：慈爱而见友。请问为人弟？曰：敬诎而不苟①。请问为人夫？曰：致功而不流，致临而有辨。请问为人妻？曰：夫有礼则柔从听侍，夫无礼则恐惧而自竦也。此道也，偏立而乱，俱立而治，其足以稽矣。请问兼能之奈何？曰：审之礼也，古者先王审礼以方皇周浃于天下②，动无不当也。故君子恭而不难，敬而不巩，贫穷而不约，富贵而不骄，并遇变态而不穷，审之礼也。故君子之于礼，敬而安之；其于事也，径而不失；其于人也，寡怨宽裕而无阿；其所为身也，谨修饰而不危；其应变故也，齐给便捷而不惑；其于天地万物也，不务说其所以然而致善用其材；其于百官之事、技艺之人也，不与之争能而致善用其功；其待上也，忠顺而不懈；其使下也，均遍而不偏；其交游也，缘类而有义；其居乡里也，容而不乱③。是故穷则必有名，达则必有功，仁厚兼覆天下而不闵④，明达用天地理万变而不疑，血气和平，志意广大，行义塞于天地之间，仁知之极也，夫是之谓圣人，审之礼也。

注释

① 敬诎：恭敬而顺从。诎，同"屈"。
② 方皇：同"彷徉"，发扬光大。　周浃：普遍。
③ 容而不乱：宽容但不过分。
④ 闵：止境，尽头。

译文

请问如何做君主？回答道：用礼义分别施行治理，公平而又不偏私。请问如何做臣子？回答道：用礼义去侍奉君主，忠顺而又不懈怠。请问如何做父亲？回答道：宽厚仁慈而又有礼节。请问如何做儿子？回答道：敬爱父母而又有礼貌。请问如何做兄长？回答道：慈爱弟弟而又友善。请问如何做弟弟？回答道：恭敬顺从而又一丝不苟。请问如何做丈夫？回答道：尽力功业而不淫荡，亲近温和而又有界限。请问如何做妻子？回答道：丈夫有礼义就温柔顺服听从侍奉，丈夫无礼义就诚惶诚恐而又严肃恭敬。这些道理，只能做到一部分国家就会混乱，全部做到就能使国家安定，这些足够奉为楷模了。请问全部做到这些该怎么办？回答道：必须首先弄清楚礼义。古代先王首先弄清楚礼义，广泛施行于天下，所以行动无不恰当。所以君子谦恭而不畏怯，肃敬而不恐惧，贫穷而不卑屈，富贵而不骄纵，同时面对各种变故，也能应付自如而从容不迫，这是由于弄清楚了礼义。因此，君子对于礼义，尊敬并安守它；对于事务，径直去做而不失误；对于别人，很少怨恨、宽宏大量而不阿谀奉承；他对于自身，谨慎修养而不险诈；应付事变，迅速敏捷而不惑乱；对于天地万物，不致力于说明它们形成的原因而善于利用其材；对于各种官吏及身怀技艺的人才，不同他们竞争高下而善于利用他们的成果；对待君主，忠顺而不懈怠；役使下人，公平而不偏私；他的交游，依据道义而有法度；他住在家乡，待人宽容而不胡作非为。因此，君子穷困而必有名望，显达而必有功勋；仁爱宽厚兼济天下而没有尽头，明智通达能治理天地万物、处理万变而不疑惑；心平气和、思想开阔，德行道义充满天地之间，仁德才智达到了极点。这就叫做圣人，由于他弄清楚了礼义。

原文

请问为国①？曰：闻修身，未尝闻为国也。君者，仪也②；民者，景也③；仪正而景正。君者，槃也；民者，水也；槃圆而水圆。君者，盂也，盂方而水方。君射则臣决④。楚庄王好细腰，故朝有饿人。故曰：闻修身，未尝闻为国也。

注释

① 为国：治理国家。

②仪：这里指凭日影测定时间的仪器。
③景：同"影"。
④决：即扳指，用骨或象牙制成。戴在右手大拇指上，为射箭时拉弓弦之用具。

请问如何治理国家？回答道：我只听说要修养品德，不曾听说如何治理国家。君主，好比测定日影的标杆；民众，好比标杆的影子；标杆正影子就正。君主，好比盘子；民众，好比盘子里的水；盘子是圆形，水也是圆形。君主，好比盂；民众，好比盂中的水。盂是方形，水也是方形。君主射箭，臣子就会准备好扳指。楚庄王喜好细腰的人，所以朝廷上有饿得面黄肌瘦的人。因此说，只听说要修养品德，不曾听说如何治理国家。

君者，民之原①也；原清则流清，原浊则流浊。故有社稷者而不能爱民、不能利民，而求民之亲爱己，不可得也。民不亲不爱，而求其为己用，为己死，不可得也。民不为己用，不为己死，而求兵之劲、城之固，不可得也。兵不劲、城不固，而求敌之不至，不可得也。敌至而求无危削，不灭亡，不可得也。危削灭亡之情举积此矣，而求安乐，是狂生者也。狂生者，不胥时而落②。故人主欲强固安乐，则莫若反之民；欲附下一民，则莫若反之政；欲修政美俗，则莫若求其人。彼或蓄积而得之者不世绝，彼其人者，生乎今之世而志乎古之道。以天下之王公莫好之也，然而是子独好之；以天下之民莫为之也，然而是子独为之。好之者贫，为之者穷，然而是子犹将为之也，不为少顷辍焉。晓然独明于先王之所以得之、所以失之，知国之安危、臧否若别白黑。则是其人也，大用之，则天下为一，诸侯为臣；小用之，则威行邻敌；纵不能用，使无去其疆域，则国终身无故。故人君者，爱民而安，好士而荣，两者无一焉而亡。《诗》曰："介人维藩③，大师为垣④。"此之谓也。

①原：同"源"，源头。
②胥：等待。
③介人：有才有德之人。
④大师：民众，百姓。

译文

君主,好比民众的源头;源头清澈,流水自然清澈,源头浑浊,流水一定浑浊。因此,掌握国家政权的人若不能爱护民众、不能使民众得利,而要求民众亲近爱戴自己,那是不可能的。民众不亲近不爱戴自己,而要求民众为自己所用、为自己而死,也是不可能的。民众不为自己所用、不为自己而死,而要求兵力强大、城防坚固,也是不可能的。兵力不强大、城防不坚固,而希望敌人不来侵犯,也是不可能的。敌人来侵犯而希望国家不危险、不削弱、不灭亡,那也是不可能的。造成危险、削弱、灭亡的情况都聚积在这里了,而希望安乐,这是十足的狂人。狂人,不用等待多长时间就会衰落的。所以君主想强盛稳固而又安乐,倒不如反过来依靠民众;想要臣子归附、民众一心,倒不如反过来处理好政事;想要处理好政事、使风俗淳美,倒不如寻找善于治理国家的人。那些善于治理国家的人多得很,能得到这样的人的君主世世代代没有断绝过。那些善于治理国家的人,生在今天而有志于施行古代的治国之道。虽说天下的君主没有爱好古代治国之道的,但是这样的人偏偏爱好它;虽然天下的民众没有遵行古代治国之道的,但是这样的人偏偏遵行它。爱好古代治国之道的会贫穷,遵行古代治国之道的会困顿,但是这样的人还是要遵行它,并不因此而停止片刻。唯独这样的人明了先王所以得到政权的原因、所以失去政权的原因,知道国家的安危、好坏就像辨别黑白一样清楚。这种善于治国的人,君主如果重用他,那天下就会统一、诸侯就会臣服;如果一般地使用他,那威势也会影响邻邦敌国;纵然不能任用他,但如果不让他离开国土,只要他活着国家终不会出什么事故。所以君主爱护民众,国家就会安定,喜好士人就会荣耀。这两者一样也没做到国家就会灭亡。《诗经·大雅·板》中说:"贤人是天下的藩篱,民众是天下的围墙。"说的就是这个道理。

原文

道者,何也?曰:君之所道也①。君者何也?曰:能群也。能群也者,何也?曰善生养人者也②,善班治人者也③,善显设人者也,善藩饰人者也④。善生养人者人亲之,善班治人者人安之,善显设人者人乐之,善藩饰人者人荣之。四统者俱而天下归之,夫是之谓能群。不能生养人者,人不亲也;不能班治人者,人不安也;不能显设人者,人不乐也;不能藩饰人者,人不荣也。四统者亡而天下去之,夫是之谓匹夫。故曰:道存则国存,道亡则国亡。省工贾,众农夫,禁盗贼,除奸邪,是所以生养之也。天子三公,诸侯一相,大夫擅官,士保职,莫不法度而公,是所以班治之也。论德而定次,量能而授官,皆使人载其事而各得所宜,上贤使之为三公，次贤使之为诸侯，下贤使之为士大夫，是所以显设之也。修冠弁衣裳、黼黻文章、雕琢刻镂皆有等差，是所以藩饰之也。故由天子至于庶人也，莫不骋其能，得其志，安乐其事，是所同也；衣暖而食充，居安而游乐，事时制明而用足，是又所同也。若夫重色而成文章，重味而备珍怪，是所衍也⑤。圣王财衍以明辨异⑥，上以饰贤良而明贵贱，下以饰长幼而明亲疏；上在王公之朝，下在百姓之家，天下晓然皆知其非以为异也。将以明分达治而保万世也。故天子诸侯无靡费之用，士大夫无流淫之行，百吏官人无怠慢之事，众庶百姓无奸怪之俗、无盗贼之罪，其能以称义遍矣。故曰："治则衍及百姓，乱则不足及王公。"此之谓也。

① 所道：所要遵循的原则。
② 生养：养育。
③ 班治：治理，统治。
④ 藩饰：修饰。
⑤ 衍：有馀。
⑥ 财：通"裁"，治理，掌握。

　　道，是指什么呢？回答道：是君主所遵行的原则。君，是指什么呢？回答道：是指能把人组成社会群体。能把人组成社会群体，是指什么呢？回答道：是善于生养人，善于治理人，善于任用安置人，善于用不同服饰区分人。善于生养人的，人们就亲近他；善于治理人的，人们就顺从他；善于任用安置人的，人们就喜欢他；善于用不同服饰区分人的，人们就赞美他。这四个要领具备了，天下的人就会归顺他，这就叫做能把人组成社会群体的君主。不善于生养人的，人们就不亲近他；不善于治理人的，人们就不顺从他；不善于任用安置人的，人们就不喜欢他；不善于用不同服饰区分人的，人们就不赞美他。这四个要领都没做到，天下的人就会背离他，这就叫做孤立的匹夫。所以说，治国之道存在，国家就存在；治国之道丧失，国家就灭亡。减少工人、商人，增加农夫人数，禁止盗贼，铲除奸邪，这就是生养人的办法。天子选用三公，诸侯配备丞相，大夫独掌其职，士人谨守职责，无不遵守法度而秉公办事，这就是治理人的办法。考察德行而确定等级，衡量才能而授予官职，使每个人都能承担自己的政事而又各得其宜，上等的贤才让他们担任三公，次等的贤才让他们做诸侯，下等的贤才让他们为士大夫，这就是任用安置人的办法。修饰帽子衣裳、在礼服上绘画各种彩色花纹、在各种器具上雕刻图案等，都有等级差别，这就是用不同服饰区分人的办法。从天子直到普通百姓，无不施展自己的才能，实现自己的志愿，安逸愉快地从事自己的事业，这是每个人所相同的；衣服暖和又食物充实，居住安适又游玩快乐，政事处理及时，法令制度严明，生活用度充足，这又是每个人所相同的。至于使用各种颜色绘制衣服上的花纹，汇集多种食物烹制成珍馐美味，这是财物有馀的表现。圣明的君主掌握有馀的财物，用以彰明、区分等级差异，对上修饰贤良显示地位高低，对下修饰长幼表明亲疏关系。这样，上自王公朝廷，下至百姓家庭，天下人都明白地知道圣明的帝王并非要用这些有意制造等级差别，而是要用以明确名分、达到治理的目的而保持国家世代平安。所以，天子诸侯没有浪费的用度，士大夫没有放纵淫荡的行为，百官群臣没有怠慢政事，民众百姓没有奸诈怪僻的习俗、没有偷盗抢劫的罪行，这就能够称为道义普及了。所以说："国家安定，财富遍及百姓；国家混乱，贫困波及王公。"就是说的这个道理。

至道大形①，隆礼至法则国有常，尚贤使能则民知方，纂论公察则民不疑②，赏免罚偷则民不怠，兼听齐明则天下归之；然后明分职，序事业，材技官能③，莫不治理，则公道达而私门塞矣，公义明而私事息矣。如是，则德厚者进而佞说者止，贪利者退而廉节者起。《书》曰："先时者杀无赦，不逮时者杀无赦。"人习其事而固，人之百事，如耳目鼻口之不可以相借官也；故职分而民不慢，次定而序不乱，兼听齐明而百事不留。如是，则臣下百吏至于庶人莫不修己而后敢安止，诚能而后敢受职；百姓易俗，小人变心，奸怪之属莫不反悫④，夫是之谓政教之极。故天子不视而见，不听而聪，不虑而知，不动而功，块然独坐而天下从之如一体⑤，如四肢之从心。夫是之谓大形。《诗》曰："温温恭人⑥，维德之基⑦。"此之谓也。

① 大形：充分的表现。
② 纂论：相与议论。
③ 材技：使用有技术的人。 官能：任官用有才能之人。
④ 反：同"返"。 悫（què）：恭谨，谨敬。
⑤ 块然：安然不动。
⑥ 温温：温柔恭谦的样子。
⑦ 维：句首语助词。

最高的治国之道充分表现在：推崇礼义，完善法制，那么国家就会有秩序；尊重贤德,任用能人,那么民众就会有方向;集中群众的公正意见,那么民众就不会怀疑;奖赏勤劳,惩罚偷懒,那么民众就不会懈怠;同时听取各种意见,明察一切事物,那么天下人就会归顺。然后明确名分职责,根据次序安排政事,任用有技术有才能的人,没有什么得不到治理,那么公道通达而私门堵塞,公德昌明而私事止息。要是这样,那么品德淳厚的人得到任用而巧言谄媚的人被废弃,贪图财利的人被黜退而正直廉洁的人被提拔。《尚书·胤征》中说:"在命令前行动的,杀而不赦;不按命令行动落后的,杀而不赦。"人们往往由于熟悉自己的职事而固守不变。人们从事的各种职事,如同耳朵、眼睛、鼻子、嘴巴不可相互替代其官能一样。所以,职事划分了民众就不会另谋他职;等级确定了秩序就不会混乱;同时听取各种意见,明察一切事情,那么各种政事就不会拖而不决。要是这样,从大臣官吏直到平民百姓就无不修养自己而后才敢安守职位,确实有了才能而后才敢接受职务;百姓改变了习俗,小人洗心革面,奸邪怪诞之流没有不转为谨慎诚实的。这就叫做政治教化的最高极致。因此天子不必亲自看就能看得清楚,不必亲自听就能听得清楚,不必考虑就能知道事理,不必动手就能成就功业,安然独坐而天下的人就会顺从他,如同一个人的身体一样、如同四肢顺从心思支配一样,这就是所说的治国之道的充分表现。《诗经·大雅·抑》中说:"温柔恭谦的人,道德是他的基础。"就是说的这种人。

为人主者莫不欲强而恶弱,欲安而恶危,欲荣而恶辱,是禹、桀之所同也。要此三欲①,辟此三恶②,果何道而便?曰:在慎取相,道莫径是矣。故知而不仁③,不可;仁而不知,不可;既知且仁,是人主之宝也,而王霸之佐也。不急得,不知;得而不用,不仁。无其人而幸有其功④,愚莫大焉。

①要:取得。
②辟:同"避",避免。
③知:同"智"。
④其人:指讲礼义能担任官职的人。

做君主的没有不想要国家强盛而厌恶衰弱的,没有不想要国家安定而厌恶危险的,没有不想要国家荣耀而厌恶受辱的,这些是贤君夏禹和暴君夏桀所相同的欲望。要实现这三种欲望,避免这三种厌恶,到底采取什么办法最便利?回答道:在于慎重地选取宰相,没有比这条道路更直截了当的了。因此选取宰相,有才智而无德行的，不可以；有德行而无才智的，也不可以；既有才智又有德行的，是君主的宝贝，是称王称霸的辅佐。如果不急于得到相才，那是不明智；得到了又不任用，那是不仁慈。没有这样的相才而希望取得称王称霸的功业，再没有比这更愚蠢的了。

【原文】

今人主有大患：使贤者为之，则与不肖者规之；使知者虑之，则与愚者论之；使修士行之①，则与污邪之人疑之。虽欲成功，得乎哉！譬之是犹立直木而恐其影之枉也，惑莫大焉。语曰："好女之色，恶者之孽也②。公正之士，众人之痤也③。循道之人，污邪之贼也。"今使污邪之人论其怨贼而求其无偏，得乎哉！譬之是犹立枉木而求其影之直也，乱莫大焉。

【注释】

① 修士：道德修养好的人。
② 孽：罪孽。
③ 痤（cuó）：疽疖。

【译文】

今天的君主有个大毛病：让贤能的人处理政事，却同不贤的人去规范他；让明智的人考虑问题，却同愚昧的人去评判他；让品德美好的人执行公务，却同肮脏邪恶的人去猜疑他。虽然想成就功业，能办到吗？不妨打个比方，就好比竖起挺直的木桩而害怕影子弯曲一样，再没有比这糊涂的了。俗话说："美女的姿色，丑恶的人看作是罪孽。公正的贤士，庸人看作是疽疖。遵循道义的人，肮脏邪恶的人看作是祸害。"今天如果让肮脏邪恶的人评判他们怨恨的人还要求没有偏私，能办到吗？也不妨打个比方，就好比竖起弯曲的木桩而要求影子挺直一样，再没有比这混乱的了。

【原文】

故古之人为之不然。其取人有道，其用人有法。取人之道，参之以礼①；用人之法，禁之以等。行义动静，度之以礼；知虑取舍，稽之以成；日月积久，校之以功②。故卑不得以临尊，轻不得以县重，愚不得以谋知，是以万举不过也。故校之以礼，而观其能安敬也；与之举错迁移③，而观其能应变也；与之安燕，而观其能无流慆也④；接之以声色、权利、忿怒、患险，而观其能无离守也。彼诚有之者与诚无之者若白黑然，可诎邪哉⑤！故伯乐不可欺以马，而君子不可欺以人。此明王之道也。

① 参：检验。
② 校（jiào）：考察，考核。
③ 举错：举措。
④ 慆：通"滔"，放荡不羁。
⑤ 诎：屈，歪曲之意。

古代的君主做事就不这样。他选取人有一定的原则，任用人有一定的法度。选取人的原则，是用礼义作检验标准；任用人的法度，是用等级来严格限制。对他们的品行举动，用礼义加以衡量；对他们的才智好恶，用成绩加以考察；对他们的长久处事，用功绩加以考核。因此，卑贱的人不许监督尊贵的人，权小的人不许评判权大的人，愚昧的人不准谋算聪明的人，那么一切举措都不会有过错。所以用礼制加以考核，观察他是否安于恭敬；让他调动迁徙，观察他能否应变自如；让他安闲舒适，观察他是否放荡淫乐；让他接触音乐美色、权势财利、怨恨愤怒、祸患艰险，观察他是否背离操守。这样做，那些确实有德行的人和确实无德行的人就像黑白一样判然分明，还能进行歪曲吗？所以伯乐不可能用马的优劣来欺骗，君子不可能用人的好坏来欺骗。这些就是英明帝王的治国之道。

人主欲得善射，射远中微者，县贵爵重赏以招致之。内不可以阿子弟①，外不可以隐远人②，能中是者取之，是岂不必得之之道也哉！虽圣人不能易也。欲得善驭速致远者，一日而千里，县贵爵重赏以招致之。内不可以阿子弟，外不可以隐远人，能致是者取之，是岂不必得之之道也哉！虽圣人不能易也。

欲治国驭民，调壹上下，将内以固城，外以拒难，治则制人，人不能制也，乱则危辱灭亡可立而待也。然而求卿相辅佐则独不若是其公也，案唯便嬖亲比己者之用也，岂不过甚矣哉！

故有社稷者莫不欲强，俄则弱矣；莫不欲安，俄则危矣；莫不欲存，俄则亡矣。古有万国，今有十数焉，是无它故，莫不失之是也。

故明主有私人以金石珠玉③，无私人以官职事业，是何也？曰：本不利于所私也。彼不能而主使之，则是主暗也；臣不能而诬能④，则是臣诈也。主暗于上，臣诈于下，灭亡无日，俱害之道也。

夫文王非无贵戚也，非无子弟也，非无便嬖也，倜然乃举太公于州人而用之，岂私之也哉！以为亲邪？则周姬姓也，而彼姜姓也。以为故邪？则未尝相识也。以为好丽邪⑤？则夫人行年七十有二，齫然而齿堕矣。然而用之者，夫文王欲立贵道，欲白贵名⑥，以惠天下，而不可以独也，非于是子莫足以举之，故举是子而用之。于是乎贵道果立，贵名果白，兼制天下，立七十一国，姬姓独居五十三人，周之子孙，苟不狂惑者，莫不为天下之显诸侯，如是者能爱人也。故举天下之大道，立天下之大功，然后隐其所怜所爱⑦，其下犹足以为天下之显诸侯。故曰："唯明主为能爱其所爱，暗主则必危其所爱。"此之谓也。

① 阿：偏私，偏袒。
② 隐：埋没。
③ 私人：将东西私自赠人。
④ 诬能：妄自冒充有才能。
⑤ 好丽：漂亮，标致。
⑥ 白：显扬的意思。
⑦ 隐：本为隐瞒。文中是偏爱的意思。

君主想得到善于射箭的人，既射得很远又能射中微小目标的，就用高贵的爵位和厚重的奖赏悬挂布告公开昭示来招引他们。对内不许偏袒自己的子弟，对外不许埋没关系疏远的人，能够达到选拔标准的就录取他，这岂不就是必定得到善于射箭的人的办法吗？即使是圣人也不能改变它。君主想得到善于驾车的人，既跑得很快又能到达远方目的地的，一天能跑千里，就用高贵的爵位和厚重的奖赏悬挂布告公开昭示来招引他们。对内不许偏袒自己的子弟，对外不许埋没关系疏远的人，能够达到选拔标准的就录取他，这岂不就是必定得到善于驾车的人的办法吗？即使是圣人也不能改变它。

君主想治理好国家、统领好民众，就要协调上下、统一一致；对内用以加固城防，对外用以抵御强敌。国家治理，就能制服别人，而不为别人所制服；国家混乱，那危险、屈辱、灭亡可以立刻等到。但是，君主在寻求卿相辅佐时，却独独不像这样公正，唯独任用善于阿谀逢迎的宠臣和亲近依附自己的人，这难道不是大错特错了吗？

因此掌握国家权力的君主没有不希望国家强盛的，但很快就衰弱了；没有不希望国家安定的，但很快就危险了；没有不希望国家存在的，但很快就灭亡了。古代有上万个国家，今天只有十几个了，这没有其他原因，他们丧失国家没有不是因为这个的。

所以英明的君主有私下把金石珠玉送人的，却没有私下把官职政事送人的。这是何原因呢？回答道：私下把官职政事送人根本不利于所偏私的人。那些人无才能而君主任用他，那就是君主昏庸；臣子无才能而假冒有才能，那就是臣子欺诈。君主昏庸于上，臣子欺诈于下，国家灭亡就没有几天了。这是对彼此都有害的做法。

周文王不是没有皇亲国戚，不是没有儿孙兄弟，不是没有宠臣亲信，却唯独在州国人中重用了太公姜子牙，难道是偏私他吗？以为他们是亲族吗？但周族姓姬，而他姓姜。以为他们是老相识吗？但他们从不相识。以为文王爱好形貌美丽的吗？但姜太公已经年届七十二岁，光光的连牙齿都脱掉了。但文王还是任用了他，那是由于文王想要建立良好的秩序，想要显扬美好的名声，以恩惠赐予天下，而这些不是独自一人可以做到的，除了姜太公没有再可以选用的了，所以选择姜太公并任用了他。于是良好的秩序果然建立了，美好的名声果然显扬了，全面控制了天下，设立了七十一个诸侯国，其中姬姓诸侯就占了五十三个，周族的子孙，只要不是发狂糊涂的，没有不是天下显贵诸侯的。像这样，才称得上是能爱天下的人。所以实施了统一天下的治国原则，建立了统一天下的伟大功业，然后再偏私自己所疼所爱的人，那么这些人最差的也能成为天下显贵的诸侯。所以说："只有英明的君主才能爱护他所疼爱的人，昏庸的君主必然是危害他所疼爱的人。"就是说的这个道理。

原文

墙之外，目不见也；里之前，耳不闻也；而人主之守司，远者天下，近者境内，不可不略知也。天下之变，境内之事，有弛易齵差者矣①，而人主无由知之，则是拘胁蔽塞之端也②。耳目之明，如是其狭也；人主之守司，如是其广也；其中不可以不知也，如是其危也。然则人主将何以知之？曰：便嬖左右者，人主之所以窥远收众之门户牖向也③，不可不早具也。故人主必将有便嬖左右足信者然后可，其知惠足使规物④、其端诚足使定物然后可，夫是之谓国具⑤。

人主不能不有游观安燕之时，则不得不有疾病物故之变焉⑥。如是，国者，事物之至也如泉源，一物不应，乱之端也。故曰：人主不可以独也。卿相辅佐，人主之基杖也，不可不早具也。故人主必将有卿相辅佐足任者然后可，其德音足以镇抚百姓，其知虑足以应待万变然后可，夫是之谓国具。

四邻诸侯之相与⑦，不可以不相接也⑧，然而不必相亲也⑨，故人主必将有足使喻志决疑于远方者然后可，其辩说足以解烦，其知虑足以决疑，其齐断足以距难⑩，不还秩不反君⑪，然而应薄捍患足以持社稷然后可，夫是之谓国具。故人主无便嬖左右足信者谓之暗，无卿相辅佐足任者谓之独，所使于四邻诸侯者非其人谓之孤，孤独而暗谓之危。国虽若存，古之人曰亡矣。《诗》曰："济济多士，文王以宁。"此之谓也。

① 弛易：懈怠。　跮差：参差不齐。
② 拘胁：局限挟制。
③ 收众：监督众官。
④ 规物：谋划事情。
⑤ 国具：治国之才。
⑥ 物故：灭亡。
⑦ 相与：相近，邻近。
⑧ 相接：彼此常来常往。
⑨ 相亲：友好。
⑩ 齐断：疾速决断。
⑪ 还秩：回来述职。　反君：回来请示君主。

墙垣外面，眼睛看不见；里门前边，耳朵听不到；但君主所管辖的，远的遍及天下，近的在国境内，不能不大略知道这些情况。天下的变化，境内的政事，已经有所变动或出了乱子，而君主却无从知道，那么这就是被挟制被蒙蔽的开端了。耳朵眼睛的考察辨别，这样狭窄；君主所管辖的，这样广阔，其中的情况不可以不知道；(做君主的不知道情况)这样危险啊。那么君主要靠什么来知道情况呢？回答道：君主的宠臣和侍从亲信，是君主用来观察远方、监督百官的耳目，不能不及早配备。所以君主必须有足可信赖的宠臣和侍从亲信才行，他们的智慧足可以谋划事情，他们的正直忠实足可以决定事情才行。这种人就叫做治理国家的工具。

君主不能没有游览观光、安闲宴乐的时候，也不可能没有疾病死亡的变故。这样，国家啊，纷繁的事情如同源泉般不断涌来，只要有一件事情没处理好，就成为祸乱的开端。所以说君主不可以单独一个人。有卿相辅佐，是君主的依靠，不能不及早配备。所以君主必须有足可任用的卿相辅佐才行，他们的道德声望足可以安抚百姓，他们的才智足可以应对万变才行。这种人就叫做治理国家的工具。

四邻的诸侯相互接近，不可能不相互交往，但是不一定都友好，所以君主必须有足可出使到远方传达谕旨、决断疑难的人才行，他们的辩说足可以消除烦怨，他们的才智足可以决断疑难,他们的机敏果断足可以排除危难,而且不用回来述职,也不用回到君主身边请示,但足可以应付紧急事变、抵御祸患、保住国家才行。这种人就叫做治理国家的工具。因此,君主没有足可信赖的宠臣和侍从亲信就叫做昏暗,没有足可任用的卿相辅佐就叫做单独,所派遣出使四邻诸侯国的不是称职的人就叫做孤立,孤立、单独又昏暗就叫做危险。即使国家还存在,古代的人也说它灭亡了。《诗经·大雅·文王》中说:"人才济济多贤能,文王因而得安宁。"就是说的这个道理。

材人①:愿悫拘录②,计数纤啬而无敢遗丧③,是官人使吏之材也④。修饰端正,尊法敬分,而无倾侧之心;守职修业,不敢损益,可传世也,而不可使侵夺,是士大夫官师之材也⑤。知隆礼义之为尊君也,知好士之为美名也,知爱民之为安国也,知有常法之为一俗也⑥,知尚贤使能之为长功也,知务本禁末之为多材也,知无与下争小利之为便于事也,知明制度权物称用之为不泥也,是卿相辅佐之材也。未及君道也。能论官此三材者而无失其次⑦,是谓人主之道也。若是则身佚而国治,功大而名美,上可以王,下可以霸,是人主之要守也。人主不能论此三材者,不知道此道,安值将卑势出劳,并耳目之乐,而亲自贯日而治详,一日而曲辨之,虑与臣下争小察而綦偏能⑧,自古及今,未有如此而不乱者也。是所谓:"视乎不可见,听乎不可闻,为乎不可成。"此之谓也。

① 材人:量材任人。
② 拘录:劬碌,劳碌。
③ 纤啬:精细。 遗丧:遗漏,遗弃。
④ 官人:官吏。
⑤ 官师:官长。
⑥ 一俗:统一风俗。
⑦ 论官:评议,任命。
⑧ 小察:洞察细微。

因材用人的原则:恭顺诚实而又勤劳,即使细微的事也精心算计而不敢遗漏,这是担任一般官吏和差役的才干。修养身心、端正品行、崇尚礼法、尊重名分,而没有偏斜不正的心思;恪守职责、遵循典章,不敢有所增减,使之世代相传而不受损坏、被侵夺，这是担任士大夫和官长的才干。知道遵从礼义是为了使君主尊贵，知道喜欢士人是为了使名声美好，知道爱护民众是为了国家安定，知道维护法制是为了统一习俗，知道尊重贤德、使用有才能之人是为了成就功业，知道重农业抑工商是为了增加财富，知道不贪小利是为了办理大事，知道彰明制度、权衡事物符合实用是为了不拘常规，这是担任卿相辅佐君主的才干，还没有达到君主的治国之道。能够选择任用这三种人才而又安排没有失误，这就叫做君主用人的原则。要是这样，那么君主就会自身安逸而国家安定，功业巨大而名声美好；高可以称王天下，低可以称霸诸侯，这是君主的主要职守。君主如果不能选择任用这三种人才，不知道遵循这个原则，而只是降低自己的身份、竭尽辛劳，摒弃耳目声色之乐，亲自一连几天详备地处理政事，一天之内就能曲折周到地把事情办理好，总是考虑同臣子在微细的地方相争而使尽某方面的才能，自古至今，还没有像这样而国家不混乱的。这便是所谓："看又看不见，听又听不到，做又做不成。"就是说的这个道理。

◎ 臣道篇

题解

文章论为臣之道。既论及态臣、篡臣、功臣、圣臣等各种臣子的类别、特征及作用，也论及臣子侍奉各类君主（事君）时应遵循的准则和君子、小人在礼乐、利害方面的区别。

原文

人臣之论①：有态臣者②，有篡臣者③，有功臣者，有圣臣者。内不足使一民，外不足使距难④；百姓不亲，诸侯不信；然而巧敏佞说，善取宠乎上，是态臣者也。上不忠乎君，下善取誉乎民；不恤公道通义，朋党比周，以环主图私为务，是篡臣者也。内足使以一民，外足使以距难，民亲之，士信之，上忠乎君，下爱百姓而不倦，是功臣者也。上则能尊君，下则能爱民；政令教化，形下如影；应卒遇变，齐给如响⑤；推类接誉，以待无方，曲成制象⑥，是圣臣者也。故用圣臣者王，用功臣者强，用篡臣者危，用态臣者亡。态臣用，则必死；篡臣用，则必危；功臣用，则必荣；圣臣用，则必尊。故齐之苏秦、楚之州侯、秦之张仪，可谓态臣者也。韩之张去疾、赵之奉阳、齐之孟尝，可谓篡臣也。齐之管仲、晋之咎犯、楚之孙叔敖，可谓功臣矣。殷之伊尹、周之太公，可谓圣臣矣。是人臣之论也，吉凶贤不肖之极也，必谨志之而慎自为择取焉，足以稽矣⑦。

① 论：同"伦"，类别。
② 态臣：谄媚之臣。
③ 篡臣：妄图篡权之臣。
④ 距：同"拒"。
⑤ 齐给如响：反应迅速，如同回声。
⑥ 曲：处处，方方面面。
⑦ 稽：借鉴，鉴戒。

译文

臣子的类别：有谄媚的臣子，有篡逆的臣子，有立功的臣子，有圣明的臣子。

对内不足以统一民众,对外不足以排除危难;百姓不亲近他,诸侯不信任他;但他却灵敏巧诈、能说会道,善于取宠于君主,这就是谄媚的臣子。对上不忠心侍奉君主,对下善骗取名誉于民众;不顾公正道义、礼义原则,拉帮结派朋比为奸,以蒙蔽君主贪图私利为主要目的,这就是篡逆的臣子。对内足可以统一民众,对外足可以排除危难;民众亲近他,士人信任他;对上忠心侍奉君主,对下爱护百姓而不懈怠,这就是立功的臣子。对上能够尊重君主,对下能够爱护民众;遵行政令、施行教化,如同影子随形一样民众立即听从照办;应付突变、遇到变故,如同回声响应一样迅速作出反应;依法类推处理政事,对待变化无常的情况,他的举动处处都是准则榜样,这就是圣明的臣子。因此,任用圣明的臣子就可以称王天下,任用立功的臣子就可以强盛,任用篡逆的臣子必然危险,任用谄媚的臣子必然灭亡。谄媚的臣子得到重用,君主一定会丧命;篡逆的臣子得到重用,君主一定会危险;立功的臣子得到重用,君主一定会荣耀;圣明的臣子得到重用,君主一定会尊贵。齐国的苏秦、楚国的州侯、秦国的张仪,可以说是谄媚的臣子。韩国的张去疾、赵国的奉阳君、齐国的孟尝君,可以说是篡逆的臣子。齐国的管仲、晋国的咎犯、楚国的孙叔敖,可以说是立功的臣子。商朝的伊尹、周朝的姜太公,可以说是圣明的臣子。这就是臣子的类别,它是衡量国家吉凶安危、君主贤与不贤的标准,君主一定要谨慎地记住它并慎重地亲自选择任用臣子,这一标准足可以作为参考和借鉴。

【原文】

从命而利君谓之顺,从命而不利君谓之谄;逆命而利君谓之忠,逆命而不利君谓之篡;不恤君之荣辱,不恤国之臧否,偷合苟容以持禄养交而已耳①,谓之国贼。君有过谋过事,将危国家、殒社稷之惧也,大臣、父兄有能进言于君,用则可,不用则去,谓之谏;有能进言于君,用则可,不用则死,谓之争②;有能比知同力,率群臣百吏而相与强君矫君,君虽不安,不能不听,遂以解国之大患,除国之大害,成于尊君安国,谓之辅;有能抗君之命,窃君之重,反君之事,以安国之危,除君之辱,功伐足以成国之大利,为之拂③。故谏、争、辅、拂之人,社稷之臣也,国君之宝也,明君之所尊厚也,而暗主惑君以为己贼也。故明君之所赏,暗君之所罚也;暗君之所赏,明君之所杀也。伊尹、箕子可谓谏矣,比干、子胥可谓争矣,平原君之于赵可谓辅矣,信陵君之于魏可谓拂矣。传曰:"从道不从君。"此之谓也。

① 偷合:一味迎合君主。 苟容:放弃原则,只求自保。

②争：通"诤"，直言。
③拂（bì）：通"弼"，辅佐，匡扶。

顺从君命而有利于君主叫做顺从，顺从君命而不利于君主叫做谄媚；违背君命而有利于君主叫做忠诚，违背君命而不利于君主叫做篡逆；不顾及君主的荣辱，不顾及国家的安危，行事苟且迎合君主、放弃原则求得容身，以便保持自己的俸禄、豢养结帮的党羽，这种人可称之为国贼。君主有了错误的谋划和错误的行为，将有危及国家、灭亡社稷的忧惧，这时大臣、父兄中有人敢向君主进言，如果被采纳就执行，不被采纳就离去，这叫做规谏；有人敢向君主进言，如果被采纳就执行，不被采纳就拼死，这叫做诤谏；有人能联合有才智的人同心协力，率领群臣百官一起强制君主、纠正君主，君主虽然不安，却不得不听从，于是便消除了国家的大祸，铲除了国家的大害，成就了君主的尊贵、国家的安定，这叫做辅佐；有人能抗拒君主的命令，借助君主的权势，反对君主的错误行动，因而使国家转危为安，使君主免于受辱，功劳足以维护国家的重大利益，这叫做匡正。所以规谏、诤谏、辅佐、匡正的人，是维护国家政权的大臣，是国君的宝贵财富，是英明君主所尊重优待的，但昏暗的君主、糊涂的国君却把他们视作自己的敌人。所以英明君主所赏赐的，正是昏暗君主所责罚的；昏暗君主所赏赐的，正是英明君主所要杀戮的。伊尹、箕子可以说是规谏了；比干、伍子胥可以说是诤谏了；平原君对赵国来说，可以说是辅佐了；信陵君对魏国来说，可以说是匡正了。古书中说："依从道义而不依从国君。"就是说的这样的人。

故正义之臣设，则朝廷不颇①；谏争辅拂之人信，则君过不远；爪牙之士施②，则仇雠不作；边境之臣处，则疆垂不丧③。故明主好同而暗主好独；明主尚贤使能而飨其盛④，暗主妒贤畏能而灭其功。罚其忠，赏其贼，夫是之谓至暗，桀、纣所以灭也。事圣君者，有听从无谏争；事中君者，有谏争无谄谀；事暴君者，有补削无桥拂。迫胁于乱时，穷居于暴国，而无所避之，则崇其美，扬其善，违其恶，隐其败，言其所长，不称其所短，以为成俗。诗曰："国有大命⑤，不可以告人，妨其躬身。"此之谓也。

①颇：偏差。
②爪牙之士：指勇猛的人。 施：任用，重用。
③垂：同"陲"，边陲，边疆。

④飨：享受，享有。
⑤大命：重大的变故。

所以，正义的臣子得到任用，那朝廷就不会出偏差；规谏、诤谏、辅佐、匡正的人受到信任，那君主的过错就不会错得太久；勇猛的武士得到使用，那仇敌就不敢兴风作浪；边境上的大臣安顿好了，那边疆就不会丧失。因此英明的君主喜欢团结共事而昏暗的君主喜欢独断专行；英明的君主崇尚贤德、使用有才能之人而享有他们的成果，昏暗的君主嫉妒贤德、畏惧有才能之人而埋没他们的功绩。责罚自己的忠臣，赏赐自己的奸贼，这就叫做极其昏暗，这也是夏桀、商纣所以亡国的原因。侍奉圣明君主的臣子，只有听从而没有谏诤；侍奉普通君主的臣子，只有谏诤而没有谄谀；侍奉暴虐君主的臣子，只有弥补过失而没有强行纠正的。受迫胁在混乱时代，走投无路居住在暴君统治的国家，而又无法避开，那就只有推崇他的美德，宣扬他的善行，避讳他的罪过，隐匿他的失败，称道他的长处，不说他的短处，把这些作为既成的习俗。《诗经》中说："国家有了重大变故，不可把它告诉别人，以免妨害自身。"就是说的这种情况。

恭敬而逊，听从而敏，不敢有以私决择也，不敢有以私取与也，以顺上为志，是事圣君之义也。忠信而不谀，谏争而不谄，矫然刚折端志而无倾侧之心，是案曰是①，非案曰非，是事中君之义也。调而不流，柔而不屈，宽容而不乱，晓然以至道而无不调和也，而能化易，时关内之，是事暴君之义也。若驭朴马，若养赤子，若食餧人②，故因其惧也而改其过，因其忧也而辨其故，因其喜也而入其道，因其怒也而除其怨，曲得所谓焉。《书》曰："从命而不拂③，微谏而不倦；为上则明，为下则逊。"此之谓也。

事人而不顺者，不疾者也④；疾而不顺者，不敬者也；敬而不顺者，不忠者也；忠而不顺者，无功者也；有功而不顺者，无德者也⑤。故无德之为道也，伤疾⑥、堕功、灭苦，故君子不为也。

①案：乃，于是。
②餧人：即"馁人"，饥饿的人。
③拂：违抗，违背。

④不疾：不勤快，怠慢。
⑤无德：没有道德。下句的"无德"是指不具备这种德性。
⑥伤疾：妨害勤快。

恭敬而谦逊，听从而敏锐，不敢以私利去决断和选择，不敢以私利去取得和舍弃，以顺从君主为志向，这是侍奉圣明君主应遵循的原则。忠诚信实而不阿谀，规劝诤谏而不谄媚，强直果断地纠正君主，意志端正而没有偏邪心思，是就说是，非就说非，这是侍奉普通君主应遵循的原则。调和而不随波逐流，柔顺而不随便屈服，宽容而不随意妄为。用正确的道理启发，那就没有不协调顺和的，那就能感化改易君主的本性，时时把正确的道理灌输给他让他采纳，这是侍奉暴虐君主应遵循的原则。如同驾驭未经驯服的野马，如同养育初生的婴儿，如同喂饥饿的人食物，要趁他畏惧时使他改正过错，趁他忧虑时使他改变行为，趁他高兴时使他步入正道，趁他愤怒时使他除去仇怨，这就能完全达到目的。《尚书》中说："服从命令而不违背，暗暗规谏而不倦怠；做君主的要明智，为臣子的要谦逊。"就是说的这种情况。

侍奉君主而不合君主的心意，是由于不勤快的原因；勤快却不合君主的心意，是由于不恭敬的原因；恭敬却不合君主的心意，是由于不忠诚的原因；忠诚却不合君主的心意，是由于没有功绩的原因；有了功绩却不合君主的心意，是由于没有德行的原因。因此把没有德行作为一种原则去施行，就会妨害勤快，毁坏功绩，埋没苦心，所以君子是不干的。

【原文】

有大忠者，有次忠者，有下忠者，有国贼者。以德覆君而化之，大忠也；以德调君而辅之，次忠也；以是谏非而怒之，下忠也；不恤君之荣辱，不恤国之臧否，偷合苟容，以之持禄养交而已耳，国贼也。若周公之于成王也，可谓大忠矣；若管仲之于桓公，可谓次忠矣；若子胥之于夫差，可谓下忠矣；若曹触龙之于纣者，可谓国贼矣。

仁者必敬人。凡人非贤，则案不肖也。人贤而不敬，则是禽兽也；人不肖而不敬，则是狎虎也①。禽兽则乱，狎虎则危，灾及其身矣。《诗》曰："不敢暴虎②，不敢冯河③。人知其一，莫知其他，战战兢兢，如临深渊，如履薄冰。"此之谓也。故仁者必敬人。

①狎（xiá）虎：戏弄老虎。比喻非常危险。

② 暴虎：空手捕虎。
③ 冯（píng）河：徒步过河。

　　臣子有头等的忠臣，有次等的忠臣，有下等的忠臣，还有国家的奸贼。用礼义之道熏陶君主并感化他，是头等的忠臣；用道德修养调养君主并辅佐他，是次等的忠臣；用正确的规谏错误的却触怒了君主，是下等的忠臣；不顾及君主的荣辱，不顾及国家的安危，行事苟且迎合君主、放弃原则求得容身，以便保持自己的俸禄、豢养结帮的党羽，这种人可称之为国家的贼。像周公对于周成王，可以说是头等的忠臣；像管仲对于齐桓公，可以说是次等的忠臣；像伍子胥对于吴王夫差，可以说是下等的忠臣；像曹触龙对于殷纣王，可以说是国家的贼了。

　　仁德的人必然尊敬别人。凡人不是贤能的，那便是没有德才的人。别人贤能却不尊敬他，那就是禽兽了；别人没有德才而不尊敬他，那就是戏弄老虎了。人如禽兽就会犯上作乱，戏弄老虎就会万分危险，灾祸就会落在他身上。《诗经·小雅·小旻》中说："不敢空手打虎，不敢徒步过河。人们只知其一，不知其他。处处要谨慎小心，如同面临深渊，如同脚踩薄冰。"就是说的这个。因此仁德的人必然尊敬别人。

　　敬人有道：贤者则贵而敬之，不肖者则畏而敬之；贤者则亲而敬之，不肖者则疏而敬之。其敬一也，其情二也①。若夫忠信端悫而不害伤，则无接而不然，是仁人之质也。忠信以为质，端悫以为统；礼义以为文，伦类以为理，喘而言②，臑而动③，而一可以为法则。《诗》曰："不僭不贼，鲜不为则。"此之谓也。

　　恭敬，礼也；调和，乐也④；谨慎，利也；斗怒⑤，害也。故君子安礼、乐利，谨慎而无斗怒，是以百举不过也。小人反是。

① 情：内情，实质。
② 喘：低声说话。
③ 臑：同"蠕"，缓慢地移动。
④ 乐（yuè）：乐舞。
⑤ 斗怒：争斗。

　　尊敬别人有一定的原则：对于贤能的人仰慕地尊敬他，对于没有德才的人畏惧地尊敬他；对于贤能的人亲切地尊敬他，对于没有德才的人疏远地尊敬他。尊敬是一样的，实际情况是两样的。至于忠厚守信、正直诚实而不伤害别人，那是无论同什么人交往都要这样的，这是仁德的人的本质。以忠厚守信为本体，以正直诚实为纲领，以礼义道德为规范，以伦理法律为原则，即使是微小的一言一行，都可以作为人们学习的楷模。《诗经·大雅·抑》中说："不诽谤别人，不伤害别人，很少不成为准则。"就是说的这个。

恭敬，就是礼节；谐调，就是音乐；谨慎，就是利益；斗怒，就是祸害。君子喜爱礼节、音乐、利益，谨慎而不斗怒，所以各种举措都不会有过失。小人正好相反。

【原文】

通忠之顺①，权险之平，祸乱之从声②，三者非明主莫之能知也。争然后善，戾然后功③，出死无私，致忠而公，夫是之谓通忠之顺，信陵君似之矣。夺然后义，杀然后仁，上下易位然后贞，功参天地，泽被生民④，夫是之谓权险之平，汤、武是也。过而通情，和而无经，不恤是非，不论曲直，偷合苟容，迷乱狂生，夫是之谓祸乱之从声，飞廉、恶来是也。传曰："斩而齐，枉而顺，不同而一。"《诗》曰："受小球大球，为下国缀旒⑤。"此之谓也。

① 通：推行。
② 从（zòng）：放纵，扩大。
③ 戾：违背。
④ 被：普及，波及。
⑤ 缀旒（liú）：本意是指旗帜上的飘带，引申为表率。

克服阻塞竭尽忠诚，扭转危局达到平安，发生祸乱还要随声迎合，这三种情况不是英明的君主是不会明白的。向君主诤谏，然后才能向善；违背君主意旨，然后才能立功；出生入死，正直无私，极其忠诚而公正，这就叫做克服阻塞竭尽忠诚，信陵君类似这样的人。夺取君权，然后才能实行道义；杀死昏君，然后才能实现仁德；君臣变换位置，然后才能做到有操守；功业高大参天地，恩泽普及施万民，这就叫做扭转危局达到平安，商汤王、周武王是这样的人。君主有过错还同情他，一味顺从而无原则，不顾及是非，不分辨曲直，偷生迎合，苟且容身，迷乱狂妄追求享乐，这就叫做发生祸乱还要随声附和，飞廉、恶来是这样的人。古书中说："有参差不齐才能整齐，有弯曲才有顺直，有不同才能统一。"《诗经·商颂·长发》中说："接受小法度和大法度，为诸侯国做表率。"就是说的这种情况。

◎ 致士篇

题解

本篇同《王制篇》《富国篇》均系专论治国安邦、任贤使能、富国强兵等政治问题的论文。主要论述"刑政平"、"礼义备"、"明其德"诸种招致贤士君子的方法和显幽、重明、退奸、进良之术。特别强调了贤士君子对于国家治乱安危的重要意义和作用。文章议论深刻，用语激切，含意极精，声韵并美。

原文

衡听、显幽、重明、退奸、进良之术①：朋党比周之誉，君子不听；残贼加累之谮②，君子不用；隐忌雍蔽之人，君子不近；货财禽犊之请，君子不许。凡流言、流说、流事、流谋、流誉、流诉，不官而衡至者，君子慎之。闻听而明誉之，定其当而当，然后出其刑赏而还与之。如是，则奸言、奸说、奸事、奸谋、奸誉、奸诉莫之试也。忠言、忠说、忠事、忠谋、忠誉、忠诉莫不明通，方起以尚尽矣③。夫是之谓衡听、显幽、重明、退奸、进良之术。

川渊深而鱼鳖归之，山林茂而禽兽归之，刑政平而百姓归之，礼义备而君子归之。故礼及身而行修，义及国而政明，能以礼挟而贵名白④，天下愿⑤，令行禁止，王者之事毕矣。《诗》曰："惠此中国，以绥四方。"此之谓也。

川渊者，龙鱼之居也；山林者，鸟兽之居也；国家者，士民之居也。川渊枯则龙鱼去之，山林险则鸟兽去之，国家失政则士民去之。

注释

① 衡听：不偏听。　显幽：发掘人才。　重明：表彰贤能。
② 谮（zèn）：诬陷、诋毁别人的话。
③ 方起：并起。
④ 挟：同"浃"，普及，普遍。
⑤ 愿：仰慕。

译文

全面听取意见，使隐匿的贤士名声显扬，使任职的贤士得到重用，屏退奸邪，选拔贤良的办法：对结党营私相互吹捧的，君子不听取；对残害诬陷加罪贤能的，君子不采纳；对猜忌埋没贤才的人，君子不接近；对用财物金钱进行贿赂的，君子不准许。凡是无根据的流言、无根据的学说、无根据的事情、无根据的计谋、无根据的名誉、无根据的诉说，不经官方正当途径而从四面传播的，君子要慎重对待，听说后一一公开列举出来，确定它们恰当或不恰当，而后对它们作出赏罚并很快付诸实施。要是这样，那么奸伪的言论、奸伪的学说、奸伪的事情、奸伪的计谋、奸伪的名誉、奸伪的诉说就没有敢来试探的了。忠诚的言论、忠诚的学说、忠诚的事情、忠诚的计谋、忠诚的名誉、忠诚的诉说就没有不公开表达因而畅通无阻，并全部上达君主了。这就是所说的全面听取意见，使隐匿的贤士名声显扬，使任职的贤士得到重用，摒弃奸邪，选拔贤良的办法。

江河湖泊水很深，鱼鳖就趋归那里；高山林木很茂密，禽兽就趋归那里；刑罚政令公正平和，百姓就归附那里；礼义完备，君子就归附那里。因此用礼制约束自身，人的品行就美好；道义贯彻到国家，政治就清明；如果能够普遍施行礼义，高贵的名声就会显扬，天下的人就会仰慕，有令必行、有禁必止，称王天下的事就完备了。《诗经·大雅·民劳》中说："惠爱国都的人，以便安抚四方。"就是说的这个道理。

江河湖泊，是龙、鱼潜藏的地方；高山林木，是鸟、兽居留的地方；国家，是士子、民众居住的地方。江河湖泊干涸，龙、鱼就会离开它；高山林木环境险恶，鸟、兽就会离开它；国家政治混乱，士子、民众也会离开它。

原文

无土则人不安居，无人则土不守，无道法则人不至，无君子则道不举。故土之与人也，道之与法也者，国家之本作也①；君子也者，道法之总要也，不可少顷旷也。得之则治，失之则乱；得之则安，失之则危；得之则存，失之则亡。故有良法而乱者有之矣，有君子而乱者，自古及今，未尝闻也。传曰："治生乎君子，乱生乎小人。"此之谓也。

得众动天。美意延年。诚信如神。夸诞逐魂②。

人主之患，不在乎不言用贤，而在乎不诚必用贤。夫言用贤者，口也；却贤者，行也；口行相反，而欲贤者之至、不肖者之退也，不亦难乎？

夫耀蝉者务在明其火③、振其树而已，火不明，虽振其树，无益也。今人主有能明其德者，则天下归之若蝉之归明火也。

① 作：始。
② 夸诞：不诚信。

③耀：照。

译文

没有国土，人民就不能安居；没有人民，国土就不能守卫；没有正确的原则和法制，人民就不会归附；没有君子，正确的原则就不能实行。所以国土和人民、正确的原则和法制，是国家的本源；君子，是正确的原则和法制的总管，不可以片刻空缺。得到君子，国家就会得到治理；失去君子，国家就会混乱。得到君子，国家就会安定；失去君子，国家就会危险。得到君子，国家就能存在；失去君子，国家就会灭亡。因此，有了良好的法制而发生混乱的国家，有过；有了君子而发生混乱的国家，从古到今，还没有听说过。古书中说："国家安定来自君子，国家混乱来自小人。"就是说的这种情况。

得到了民众，就能感动上天。心情愉快，就可以益寿延年。诚实守信，就会精明如神。虚夸诳诈，就会落魄丧魂。

君主的毛病，不在乎不谈论任用贤能的人，而在于不能诚心实意地任用贤能的人。谈论任用贤能的人，是口头上说的；斥退贤能的人，是行动上做的；口头与行动相反，却想让贤能的人到来、不贤的人退去，不也很难吗？

那夜晚用灯火照明捕蝉的人，主要在于点亮灯火、摇动树身而已；灯火不明亮，即使摇动树身，也毫无益处。今天君主中有能使自己德行贤明的，那天下的人归附他的情形就像蝉投向明亮的灯火一样。

原文

临事接民而以义应变①，宽裕而多容②，恭敬以先之，政之始也；然后中和察断以辅之，政之隆也；然后进退诛赏之，政之终也。故一年与之始，三年与之终。用其终为始，则政令不行而上下怨疾，乱所以自作也。《书》曰："义刑义杀，勿庸以即③，女惟曰：未有顺事④。"言先教也。

注释

① 临事：处理政事。
② 多容：广泛地容纳贤士。
③ 即：立即执行。
④ 顺事：把事情办好。

译文

君主处理政事接待民众而依礼义灵活变通，宽宏大量而广泛容纳，用恭敬的态度加以引导，这是政事的开始；而后中正和谐地观察决断以辅助民众，这是政事的中期；而后进用贤良、斥退奸佞、惩罚罪犯、奖赏功臣，这是政事的终结。因此第一年实施开始，三年后实现终结。如果以终结为开始，那么政策法令就不能实行，官民上下也会怨愤忌恨，于是动乱就会自己发生。《尚书·康诰》中说："就是正当的刑罚杀戮，也不要立即执行，您只能说：因为我还没有处理好政事。"这是说应该先施行教育。

原文

程者①，物之准也；礼者，节之准也。程以立数②，礼以定伦；德以叙位，能以授官。凡节奏欲陵，而生民欲宽③；节奏陵而文④，生民宽而安。上文下安，功名之极也，不可以加矣。君者，国之隆也；父者，家之隆也。隆一而治，二而乱；自古及今，未有二隆争重而能长久者。

注释

①程：度量衡的总名。
②立数：确定数量。
③宽：优厚。
④文：条理，文采。

译文

度，是测量物品的准则；礼义，是制定礼节法度的准则。依据度来确定物品的数量，遵循礼义来确定人伦的关系；按照德行来排列等级地位，根据才能来授予官职。凡是礼节法度都要严格，而养育民众要优厚。礼节法度严格，处理政事就有条有理；养育民众优厚，民众就安乐太平。君主处理政事有条有理，民众安乐太平，这就是功成名就的最高境界，不可能再有所增加了。君主，是国家最尊贵的人；父亲，是家庭最尊贵的人。最尊贵的人只有一个，就安定；如果有两个，就混乱。从古到今，没有两个最尊贵的人争夺权力而能久长的。

原文

师术有四，而博习不与焉。尊严而惮，可以为师；耆艾而信①，可以为师；诵说而不陵不犯，可以为师；知微而论，可以为师。故师术有四，而博习不与焉。水深而回②，树落则粪本③，弟子通利则思师。《诗》曰："无言不雠④，无德不报。"此之谓也。

赏不欲僭，刑不欲滥。赏僭则利及小人，刑滥则害及君子。若不幸而过，宁僭无滥；与其害善，不若利淫。

① 耆（qí）艾：年长的人。
② 回：漩涡。
③ 粪本：成为树根的肥料。
④ 雠（chóu）：回应，反响。

　　考察老师的办法有四个，但博学并不包括在内。庄重严肃而使人敬畏，就可以成为老师；年高而有威信，就可以成为老师；能够诵读疏解经典而不超越、不违背传统，就可以成为老师；深懂精微的道理又能讲述明白，就可以成为老师。因此说考察老师的办法有四个，但博学并不包括在内。水深自然有漩涡，树叶落下便成为树根的肥料，弟子通达得益时就会思念老师。《诗经·大雅·抑》中说："没有说话无反响的，没有施恩不报答的。"就是说的这个道理。

　　奖赏不可过分，刑罚不能滥用。奖赏过分，就会有利于小人；刑罚滥用，就会伤害到君子。如果不幸做得过分，那就宁可过分地奖赏也不要滥用刑罚；与其伤害善良的人，倒不如让淫邪的人得利。

◎议兵篇

本篇通过辩论,表述了荀子的军事哲学思想。荀子认为用兵攻战之本"在乎壹民"、"在乎善附民"。要"附民",就要"隆礼"、"贵义"、"好士"、"爱民"、"赏重"、"刑威"、"政令信"、"权出一"。只有如此,才能"壹民",才能"三军同力"并取得胜利。同时,还涉及做将军的各种原则("六术"、"五权"等)。荀子军事思想的核心是"仁义",反对"争霸",主张"禁暴除害",也不依赖于"权谋"、"势诈"。

临武君与孙卿子议兵于赵孝成王前①。

王曰:"请问兵要②。"临武君对曰:"上得天时,下得地利,观敌之变动,后之发,先之至,此用兵之要术也。"

孙卿子曰:"不然。臣所闻古之道,凡用兵攻战之本在乎壹民③。弓矢不调,则羿不能以中微;六马不和,则造父不能以致远;士民不亲附④,则汤、武不能以必胜也。故善附民者,是乃善用兵者也。故兵要在乎善附民而已。"

① 临武君:楚国将领,姓名、生平不详。
② 兵要:用兵之要领。
③ 壹民:统一民众的思想和认识。
④ 亲附:亲近归附。

临武君和孙卿子在赵孝成王面前谈论用兵的方法。

赵孝成王说:"请问什么是用兵的要领?"临武君回答道:"上取得有利于攻战的天时,下取得有利于攻战的地利,观察敌方行军布阵的变化移动,比敌方后出发,却比敌方先到达,这就是用兵的要领。"

孙卿子说:"不对。我听说古代的用兵方法,大凡用兵攻战的根本在于使民众认识一致。弓和箭不协调,那么后羿就不可能用它射中微小的目标;用六匹马拉

133

的车不协调，那么造父就不可能驾车到达很远的地方；士子和民众不亲近归附君主，那么商汤、周武王就不可能打胜仗。因此善于使民众归附的人，才是善于用兵的人。所以用兵的要领在于善于使民众归附而已。"

【原文】

　　临武君曰："不然。兵之所贵者势利也，所行者变诈也。善用兵者，感忽悠暗，莫知其所从出。孙、吴用之①，无敌于天下，岂必待附民哉？"

　　孙卿子曰："不然。臣之所道，仁人之兵，王者之志也。君之所贵，权谋势利也；所行，攻夺变诈也，诸侯之事也。仁人之兵，不可诈也；彼可诈者，怠慢者也，路亶者也②，君臣上下之间涣然有离德者也。故以桀诈桀，犹巧拙有幸焉。以桀诈尧，譬之若以卵投石，以指挠沸③；若赴水火，入焉焦没耳！故仁人上下，百将一心，三军同力。臣之于君也，下之于上也，若子之事父，弟之事兄，若手臂之捍头目而覆胸腹也。诈而袭之，与先惊而后击之一也。且仁人之用十里之国，则将有百里之听；用百里之国，则将有千里之听；用千里之国，则将有四海之听；必将聪明警戒，和传而一④。故仁人之兵，聚则成卒；散则成列；延则若莫邪之长刃⑤，婴之者断⑥；兑则若莫邪之利锋⑦，当之者溃；圜居而方止⑧，则若盘石然，触之者角摧，案角鹿埵、陇种、东笼而退耳⑨。且夫暴国之君，将谁与至哉？彼其所与至者，必其民也。而其民之亲我欢若父母，其好我芬若椒兰，彼反顾其上，则若灼黥，若仇雠。人之情，虽桀、跖，岂又肯为其所恶贼其所好者哉？是犹使人之子孙自贼其父母也，彼必将来告之，夫又何可诈也？故仁人用，国日明，诸侯先顺者安，后顺者危，虑敌之者削，反之者亡。《诗》曰：'武王载发，有虔秉钺；如火烈烈，则莫我敢遏。'此之谓也。"

① 孙、吴：指吴王阖闾的大将孙武和魏武王的将领吴起。
② 路亶（dàn）：疲惫不堪。
③ 挠沸：搅动开水。
④ 和传：当作"和抟（tuán）"，和谐团结。
⑤ 莫邪：剑名，古代传说中有名的宝剑。
⑥ 婴：同"撄"，触动。
⑦ 兑：同"锐"，冲锋。
⑧ 圜（yuán）居：指部队扎成圆形的阵营。圜，同"圆"。

⑨鹿埵、陇种、东笼：均为古代方言，形容败阵的军队逃窜的样子。

临武君说："不对。用兵所重视的，是形势有利；用兵所施行的，是机变诡诈。善于用兵的人，随机应变，神秘莫测，没有人知道是从哪里出来的。孙武、吴起用了这种方法，所以无敌于天下。难道非得要等到民众归附吗？"

孙卿子说："不对。我所说的，是指仁德的人的军队、称王天下者的意志。您所重视的，是权变谋略、形势有利；所施行的，是攻占掠夺、机变诡诈，这是诸侯所做的事。仁德的人的军队，是不可能被欺诈的；那可以被欺诈的，只有懈怠傲慢的军队、羸弱疲惫的军队、君臣上下之间涣散而离心离德的军队。所以用暴君夏桀的方法欺诈像夏桀一样的人，还有因为巧拙不同而侥幸取胜的。用暴君夏桀的方法欺诈像贤君唐尧一样的人，不妨打个比方，就像是以鸡蛋击石头，用手指搅开水；就像是投身水火，一进去就会被烧焦或淹没的。仁德的人上下之间、各位将军之间团结一心，三军共同努力，臣子对待君主、下级对待上级，就如同儿子侍奉父亲、弟弟侍奉兄长，就如同手臂捍卫头和眼睛、掩护胸膛腹部一样。所以用欺诈的方法袭击人和先惊扰而后袭击人，那结果是一样的。何况仁德的人治理方圆十里的国家，就可以了解方圆一百里的情况；治理方圆百里的国家，就可以了解方圆千里的情况；治理方圆千里的国家，就可以了解天下的情况；他的军队必然耳聪目明、警觉戒备，和谐团结如同一个整体。因此仁德的人的军队，集合起来便成队伍，分散开来便成行列；展开就像莫邪宝剑的长刃，碰上它就会被截断；直冲就像莫邪宝剑的锋刃，挡着它就会被击溃；摆成圆形或方形的阵地，就像磐石一样，碰着它就会被摧毁，就会瓦解溃败、狼狈逃跑。再说那些强暴国家的君主，将同谁一起来攻打我们呢？那同他一起来攻打的，必然是他统治下的民众。他统治下的民众亲近我就像父母，喜爱我就像酷爱芬芳的椒、兰，而他们回头看到他们的国君，就像烧灼皮肉、刺脸涂墨一样害怕，就像看到仇敌一样愤怒。人的性情即使如夏桀、盗跖那样残暴贪婪，岂肯为他所憎恶的君主去残害自己所喜爱的人吗？这就好像让人家的子孙自己杀害父母一样，他们一定会来告诉我们，那又怎么可以被欺诈呢？所以仁德的人当政，国家就会日益昌盛，诸侯先来归顺的就安宁，后来归顺的就危险，想同他作对的就会削弱，反对他的就会灭亡。《诗经·商颂·长发》中说：'商汤头上旗帜飘扬，威严勇武挥巨斧；就如熊熊燃烧的烈火，没有人敢阻挡我。'就是说的这种情况。"

孝成王、临武君曰："善！请问王者之兵设何道、何行而可？"

孙卿子曰："凡在大王，将率末事也①。臣请遂道王者诸侯强弱存亡之效、安危之势。君贤者其国治，君不能者其国乱；隆礼、贵义者其国治，简礼、贱义者其国乱。治者强，乱者弱，是强弱之本也。上足卬则下可用也②，上不足卬则下不可用也。下可用则强，下不可用则弱，是强弱之常也。隆礼、效功，上也；重禄、贵节，次也；上功、贱节，下也：是强弱之凡也。好士者强，不好士者弱；爱民者强，不爱民者弱；政令信者强，政令不信者弱；民齐者强，民不齐者弱；赏重者强，赏轻者弱；刑威者强，刑侮者弱；械用兵革攻完便利者强，械用兵革窳楛不便利者弱③；重用兵者强，轻用兵者弱；权出一者强，权出二者弱：是强弱之常也。"

"齐人隆技击，其技也，得一首者，则赐赎锱金④，无本赏矣。是事小敌毳则偷可用也⑤，事大敌坚则涣焉离耳，若飞鸟然，倾侧反覆无日，是亡国之兵也。兵莫弱是矣，是其去赁市佣而战之几矣。"

"魏氏之武卒，以度取之，衣三属之甲，操十二石之弩，负服矢五十个⑥，置戈其上，冠胄带剑，赢三日之粮⑦，日中而趋百里。中试则复其户⑧，利其田宅⑨，是数年而衰，而未可夺也，改造则不易周也，是故地虽大其税必寡⑩，是危国之兵也。"

"秦人其生民也狭陿⑪，其使民也酷烈，劫之以势，隐之以陿，忸之以庆赏⑫，鰌之以刑罚⑬，使天下之民所以要利于上者，非斗无由也；陿而用之，得而后功之，功赏相长也，五甲首而隶五家，是最为众强长久，多地以正，故四世有胜，非幸也，数也。"

"故齐之技击不可以遇魏氏之武卒，魏氏之武卒不可以遇秦之锐士，秦之锐士不可以当桓、文之节制，桓、文之节制不可以敌汤、武之仁义，有遇之者，若以焦熬投石焉⑭。兼是数国者，皆干赏蹈利之兵也，佣徒鬻卖之道也，未有贵上、安制、綦节之理也⑮，诸侯有能微妙之以节，则作而兼殆之耳！故招近募选，隆势诈，尚功利，是渐之也；礼义教化，是齐之也。故以诈遇诈，犹有巧拙焉；以诈遇齐，辟之犹以锥刀堕太山也⑯，非天下之愚人莫敢试。故王者之兵不试。汤、武之诛桀、纣也，拱挹指麾⑰，而强暴之国莫不趋使，诛桀纣若诛独夫。故《泰誓》曰'独夫纣'，此之谓也。故兵大齐则制天下，小齐则治邻敌，若夫招近募选，隆势诈，尚功利之兵，则胜不胜无常，代翕代张⑱，代存代亡，相为雌雄耳矣。夫是之谓盗兵，君子不由也。"

"故齐之田单⑲，楚之庄蹻⑳，秦之卫鞅㉑，燕之缪蚁㉒，是皆世俗之所谓善用兵者也,是其巧拙强弱则未有以相君也,若其道一也,未及和齐也;挢契司诈㉓,权谋倾覆,未免盗兵也。齐桓、晋文、楚庄、吴阖闾、越句践是皆和齐之兵也,可谓入其域矣,然而未有本统也㉔;故可以霸而不可以王,是强弱之效也。"

① 将率:即"将帅"。
② 卬:同"仰",敬仰,信赖。
③ 窳楛(yǔ kǔ):笨重粗劣。
④ 赐赎锱(zī)金:赏赐八两金子赎买敌人的首级。
⑤ 毳(cuì):脆弱。
⑥ 服:装载箭矢的容器。
⑦ 赢:携带。
⑧ 复其户:免除徭役。
⑨ 利其田宅:减收田地、住宅的税收。
⑩ 税:税收。
⑪ 狭阨(xiá è):生路狭窄。
⑫ 怞(niǔ):迷惑。
⑬ 鰌(qiū):逼迫。
⑭ 焦熬:焦枯的、烤干的东西。
⑮ 綦(qí)节:极尽忠义气节。
⑯ 辟:同"譬",比喻。
⑰ 指麾:即"指挥"。
⑱ 代翕(xī)代张:时而衰弱,时而强盛。翕,收敛;张,扩张。
⑲ 田单:战国时齐国将领。
⑳ 庄蹻(qiāo):楚成王的大将。
㉑ 卫鞅:即商鞅,战国时期法家代表。
㉒ 缪虮:即乐毅,战国时燕国将领。
㉓ 挢契:偏邪。
㉔ 本统:根本。

孝成王、临武君说:"说得好。请问称王天下者的军队采用什么方法?如何施行才好?"

孙卿子说:"一切都决定于大王,将帅是次要的事。请让我说说帝王、诸侯强盛、衰弱、存在、灭亡的效验及安全、危险的形势。君主贤能的,他的国家就得到治理;君主无能的,他的国家就会混乱;君主崇尚礼法、重视道义的,他的国家就得到治理；君主怠慢礼法、鄙视道义的，他的国家就混乱。得到治理的国家强盛，混乱的国家衰弱，这是强盛、衰弱的根本。君主足可信赖，那臣民就可为他所用；君主不可信赖，那臣民就不为他所用。臣民可为他所用就强盛，臣民不为他所用就衰弱，这是强盛、衰弱的常规。崇尚礼法、考核战功，是上等的方法；看重利禄、推崇气节，是中等的方法；注重战功、轻视气节，是下等的方法：这是强盛、衰弱的一般情况。君主喜欢贤士的，国家就强盛，君主不喜欢贤士的，国家就衰弱；君主爱护民众的，国家就强盛，君主不爱护民众的，国家就衰弱；政策法令讲信用的，国家就强盛，政策法令不讲信用的，国家就衰弱；民众齐心协力的，国家就强盛，民众不齐心协力的，国家就衰弱；奖赏慎重的，国家就强盛，奖赏轻率的，国家就衰弱；刑罚威严的，国家就强盛，刑罚轻慢的，国家就衰弱；器械、用具、兵器、盔甲精良耐用的，国家就强盛，器械、用具、兵器、盔甲粗劣的，国家就衰弱；慎重用兵攻战的，国家就强盛，轻率用兵攻战的，国家就衰弱；权力出自一人的，国家就强盛，权力出自多人的，国家就衰弱：这是强盛、衰弱的常规。"

"齐国人推崇'技击'。对于'技击'，得到一个敌人首级的，就赐给赎金八两，没有战胜后所应颁发的奖赏。这对于战役小、敌人脆弱的情况还可勉强使用。对于战役大、敌人强的情况，他的军队就会涣散逃离，如同乱飞的鸟儿一样，覆灭就没有多少时日了，这是使国家灭亡的军队，没有比它更弱的军队了，同那在市场上雇佣人员让他们去作战差不多了。"

"魏国的'武卒'，是按一定标准来录取的。让他们身穿三片依次相连的铠甲，手操有十二石拉力的强弓，背负能装五十支箭的箭袋，并把戈矛放在上边，还戴上头盔，佩上宝剑，带着三天干粮，半天要跑一百里。达到考试标准的就免除徭役、减收田地住宅赋税。这样几年后，就是人衰老了也不容剥夺这些权利，重新选择武士仍然采用这样一套做法。因此国土虽大，但税收必定很少，这是使国家危急的军队。"

"在秦国，民众生活条件极其困难窘迫，役使民众十分残酷严厉。秦王用权势胁迫他们作战，用狭窄的生路使百姓穷困，用奖赏迷惑使他们习惯于作战，用刑罚强制他们去作战，使天下的民众向君主求取利禄的办法，除了作战再没有出路了。使民众穷困了再用他们作战，战胜后再给他们记功，随着功劳的大小奖赏也相对增长，取得五个敌人首级的就可以役使五户人家。这秦国是兵力最多、战斗力最强而又最持久的了，又有很多土地能够征税。所以秦国四代都有战胜别国的记载，这不是侥幸取胜，而是有一定的必然性的。"

"齐国的'技击'不可能抵挡魏国的'武卒'，魏国的'武卒'不可能抵挡秦国的'锐士'，秦国的'锐士'不可能抵挡齐桓公、晋文公纪律严明的军队，齐桓公、晋文公纪律严明的军队不可能抵挡商汤、周武王的仁义之师；如果有抵挡他们的，就好像用烧焦烤干的东西投击石头一样。综合这几国的情况来看，都是些追求奖赏、贪图谋利的军队，这是被雇佣的人出卖气力的办法，并不讲尊贵君主、遵守制度、极尽礼义的道理。诸侯如果有能用礼义精妙地训导军队，那么就可以举兵兼并危及所有的国家。所以招徕、募集、挑选士兵，重视权势和诡诈，崇尚功业利禄，这是欺诈士兵的方法；用礼义教育感化，这是使士兵齐心一致的方法。用欺诈去对付欺诈，还有巧妙与拙劣的区别；用欺诈去对付齐心一致，打个比方，就好像用小刀去损坏泰山一样，如果不是天下的愚蠢人是没有人敢试试的。因此称王天下者的军队是不会去试试的。商汤、周武王讨伐夏桀、商纣王，从容镇定地指挥作战，那些强暴的诸侯国没有不奔走前来受驱使的，诛杀夏桀、商纣王就如同诛杀孤立的匹夫那样。所以《尚书·泰誓》中说'独夫纣'，就是说的这种情况。所以军队若高度齐心一致，就可以制服天下；一般的齐心一致，就可以打败邻近的敌国。至于那招徕、募集、挑选的士兵，重视权势和诡诈，崇尚功业利禄，这种军队胜与不胜没有定准，时衰时盛，时存时亡，互有胜负而已。这就叫做强盗军队，君子是不用这种军队的。"

"齐国的田单、楚国的庄蹻、秦国的卫鞅、燕国的缪虮，这些人都是一般人所说的善于用兵的人。他们之间巧妙、拙劣、强大、弱小没有谁更高明些，而他们遵循的原则，却是一致的，他们都没有达到使士兵和衷共济、齐心一致的境界，只是抓住对方的弱点偏邪欺诈，玩弄权术阴谋进行颠覆，所以仍不免是强盗军队。齐桓公、晋文公、楚庄王、吴王阖闾、越王勾践，这些人的军队都是和衷共济、齐心一致，可以说是进入了礼义教化的境地，但还没有抓住礼义的根本，所以他们只可以称霸诸侯而不可能称王天下。这也就是国家或强盛或衰弱的效验了。"

【原文】

孝成王、临武君曰："善！请问为将。"

孙卿子曰："知莫大乎弃疑，行莫大乎无过，事莫大乎无悔。事至无悔而止矣，成不可必也。故制号政令①，欲严以威；庆赏刑罚，欲必以信；处舍收藏②，欲周以固；徙举进退③，欲安以重，欲疾以速；窥敌观变，欲潜以深，欲伍以参；遇敌决战，必道吾所明，无道吾所疑。夫是之谓六术。无欲将而恶废，无急胜而忘败，无威内而轻外④，无见其利而不顾其害，凡虑事欲孰⑤，而用财欲泰⑥。夫是之谓五权。所以不受命于主有三：可杀而不可使处不完，可杀而不可使击不胜，可杀而不可使欺百姓。夫是之谓三至⑦。凡受命于主而行三军⑧，三军既定，百官得序，群物皆正，则主不能喜，敌不能怒。夫是之谓至臣。虑必先事而申之以敬⑨，慎终如始，终始如一，夫是之谓大吉。凡百事之成也，必在敬之；其败也，必在慢之。故敬胜怠则吉，怠胜敬则灭，计胜欲则从，欲胜计则凶。战如守，行如战，有功如幸，敬谋无圹⑩，敬事无圹，敬吏无圹，敬众无圹，敬敌无圹，夫是之谓五无圹。慎行此六术、五权、三至，而处之以恭敬无圹，夫是之谓天下之将，则通于神明矣。"

① 制号：制度。
② 处舍：修筑营寨。
③ 徙举：行动。
④ 威内：对内威严。
⑤ 孰：同"熟"，深思熟虑。
⑥ 泰：宽裕，不吝啬。
⑦ 至：最高的原则。
⑧ 行：统领，统率。
⑨ 申：重视。
⑩ 圹：同"旷"，松弛，松懈。

孝成王、临武君说："好。请问怎样成为一个将军？"

孙卿子回答道："智慧没有比抛弃疑虑不定更大的了，行动没有比不犯过错更好的了，做事没有比毫无悔恨更美的了。做事到了毫无悔恨的地步就行了，不必要求一定成功。因此军队内制度、政策、法令，要严肃而又有威势；奖赏处罚，要严格实行而又有信用；军队驻扎营寨和库存物资，要周密而又坚固；军队转移、行动、进攻、撤退，既要安全而稳重，又要紧张而迅速；窥探敌情、观察变动，既要隐蔽而深入，又要比照和检验；遇到敌人进行决战，必须依据自己所明了的情况行动，不要按照自己所怀疑的情况行动。上述这些就叫做战争中的六项战术策略。不要只想当将军而害怕失去职位；不要急于取胜而忘记可能会失败；不要以为自己有威力而轻视敌人；不要只看到有利之处而不顾有害之处；凡考虑事情要深思熟虑，用财物奖赏要毫不吝啬。上述这些就叫做五种要权衡的事。将帅所以不接受君主的命令有三种情况：宁可被杀而不可使防守的地方不完备；宁可被杀而不可以打不能取胜的仗；宁可被杀而不可以去欺侮百姓。这就叫做三项最高的原则。凡是从君主那里接受了命令带领三军出征，三军的安排已确定，军中各级官吏各司其职，各种事情都已纳入正轨，那么君主的奖赏不能使他沾沾自喜，敌人的阴谋不能使他产生愤怒，这就叫做最好的将领。事先必须考虑周密而又慎重加以贯彻，慎重地对待终结如同慎重地对待开始，始终如一，这就叫做大吉。凡是各种事情成功必定是由于慎重，失败必定是由于怠慢，因此慎重胜过怠慢就会吉利，怠慢胜过慎重就会灭亡，计谋胜过欲望就会顺利，欲望胜过计谋就会凶险。攻战如同防守一样不能轻率进击，行军如同攻战一样不能丝毫松懈，有了战功如同侥幸取得一样不能骄傲。慎重谋划而不可疏忽，慎重作战而不可疏忽，慎重对待军吏而不可疏忽，慎重对待兵士而不可疏忽，慎重对待敌人而不可疏忽，这就叫做五种不疏忽。谨慎地实行这'六术'、'五权'、'三至'，并且用恭敬而不疏忽的态度处理事情，这就叫做无敌天下的将军，且同神明相通了。"

临武君曰："善！请问王者之军制①。"

孙卿子曰："将死鼓，御死辔，百吏死职，士大夫死行列。闻鼓声而进，闻金声而退②，顺命为上，有功次之；令不进而进，犹令不退而退也，其罪惟均。不杀老弱，不猎禾稼③，服者不禽④，格者不舍⑤，奔命者不获。凡诛，非诛其百姓也，诛其乱百姓者也；百姓有捍其贼，则是亦贼也。以故顺刃者生，苏刃者死⑥，奔命者贡。微子开封于宋；曹触龙断于军；殷之服民所以养生之者也无异周人。故近者歌讴而乐之，远者竭蹶而趋之⑦，无幽闲辟陋之国，莫不趋使而安乐之，四海之内若一家，通达之属莫不从服，夫是之谓人师。《诗》曰：'自西自东，自南自北，无思不服。'此之谓也。"

"王者有诛而无战，城守不攻，兵格不击，上下相喜则庆之。不屠城，不潜军⑧，不留众⑨，师不越时⑩，故乱者乐其政，不安其上，欲其至也。"

临武君曰："善！"

① 军制：军队的制度、法令。
② 金：即"钲"，用金属做成的、形似钟的乐器，作战时以击钲作为停止进军的号令。
③ 猎：践踏。
④ 服者：不战而败退的敌人。　禽：通"擒"，擒拿。
⑤ 格者：顽固抵抗的人。
⑥ 苏刃者：拼命抵抗的人。
⑦ 竭蹶：竭尽颠沛，指不怕路途的遥远和艰辛。
⑧ 潜军：派军队偷袭敌人。
⑨ 留：久留。
⑩ 越：超过。

临武君说："好。请问称王天下者的军队制度怎么样？"

孙卿子回答道:"将军死在击战鼓的时候,驾驭战车的死在握缰绳的时候,各级官吏以身殉职,士兵死在队列中。听见击鼓声而冲锋前进,听见鸣金声而停止进军;服从命令是第一,取得战功是其次;命令不许前进而前进,就像不许后退而后退,两者的罪过是相同的。不杀害年老体弱的,不践踏庄稼,对不战自退的敌人不追击,对抵抗的敌人不舍弃,对投降的敌人不抓起来当俘虏。凡诛杀,不是诛杀敌方的老百姓,而是诛杀祸乱百姓的人;百姓如有保护那乱贼的,那么他也就是乱贼了。因此顺着我们刀刃逃跑的就让他活命,向着我们的刀刃抵抗的就把他杀死,前来投降的就赦免他的罪过。微子启归顺周朝被封在宋国;曹触龙负隅顽抗被斩于军前;殷商归服周朝的民众的生活待遇,没有不同于周人的。所以近处的人歌颂周朝而又热爱周朝,远方的人竭尽全力来投奔周朝,就是幽远闭塞、偏僻边远的国家,也没有不来归附而任从役使并喜爱周朝的,四海之内就如同一家人一样,凡是交通所至的地方没有不顺服的,这可以说是人民的师表了。《诗经·大雅·文王有声》中说:'从西到东,从南到北,没有哪个不服从。'就是说的这种情况。"

"称王天下的君主有征伐而无攻战,敌方城池坚守的不攻打,敌兵抵抗时不攻击,敌方官兵上下相互团结和睦的就庆贺,不屠杀百姓和摧毁城池,不秘密出兵搞偷袭,不把军队久留在外,出师不超过事先约定的时间。所以混乱国家的民众都喜欢他的政策,而不爱自己的君主,都想让他到来。"

临武君说:"好。"

◎ 天论篇

文章论述天（自然）人关系，认为"天行有常"，自有其发展变化的客观规律，不以人的主观意志为转移。但人能认识它、利用它，以趋利避害、消灾免祸。在当时的众多流派中，只有荀子能正确地说明天人关系。"天有常道，地有常法"，自然的运行变化，没有什么鬼神、命运的支配。同时荀子认为决定社会治乱祸福的是"人"而非"天"。人类可以"制天命而用之"，所以必须"明于天人之分"，充分表现了荀子进步的宇宙观、人生观。全篇层次分明，深入浅出，气势充沛，说理精密，诚然"学者之文"。

天行有常①，不为尧存，不为桀亡。应之以治则吉，应之以乱则凶。强本而节用②，则天不能贫；养备而动时，则天不能病③；循道而不贰④，则天不能祸。故水旱不能使之饥，寒暑不能使之疾，妖怪不能使之凶。本荒而用侈，则天不能使之富；养略而动罕，则天不能使之全；倍道而妄行⑤，则天不能使之吉。故水旱未至而饥，寒暑未薄而疾⑥，妖怪未至而凶。受时与治世同，而殃祸与治世异，不可以怨天，其道然也。故明于天人之分，则可谓至人矣⑦。

① 天行：自然界的运行变化。
② 本：荀子所处的时代是农耕时代，所以将农业生产视为根本。
③ 病：窘迫，困顿。
④ 贰：不专一。
⑤ 倍：通"背"，违背。
⑥ 薄：接近，迫近。
⑦ 至人：最高明的人。

译文

自然规律永恒不变，不因为尧是贤君就存在，也不因为桀是暴君而消失，也就是不因为人事的变化而变化。用保证安定的措施去适应它就安定吉祥，用导致混乱的办法去对待它就混乱凶险。加强农业而节约费用，那么天道就不能使人贫穷；衣食齐备而活动适时，那么天道就不能使人困窘；遵循规律而不出差错，那么天道就不能使人遭祸。所以即使水涝干旱也不能使人饥饿，严寒酷暑也不能使人得病，灾祸变异也不能使人遭殃。农业荒废而费用奢侈，那么天道也不能使人富裕；衣食不足而活动又少，那么天道也不能使人安全；违背规律而肆意妄为，那么天道也不能使人吉利。所以水涝旱灾没有来到就挨饿了，严寒酷暑没有迫近就得病了，灾祸变异没有出现就遭殃了。遇到的天时和社会安定时相同，而灾祸却和社会安定时不同，这不可以埋怨天道，是他所采取的措施、办法造成的。因此明白了天和人的区分，就可以称作最高明的人了。

不为而成，不求而得，夫是之谓天职。如是者，虽深，其人不加虑焉；虽大，不加能焉①；虽精，不加察焉，夫是之谓不与天争职。天有其时，地有其财，人有其治，夫是之谓能参②。舍其所以参，而愿其所参③，则惑矣④！

列星随旋，日月递照，四时代御⑤，阴阳大化⑥，风雨博施，万物各得其和以生，各得其养以成，不见其事而见其功，夫是之谓神。皆知其所以成，莫知其无形，夫是之谓天。唯圣人为不求知天。

注释

① 能：干预。
② 参：配合参验。
③ 愿：向往，盼望。
④ 惑：糊涂。
⑤ 代御：交替控制。
⑥ 大化：普遍地造化。

不用做就成功了，不追求就得到了，这叫做自然的职能。像这样，即使意义深奥，那最高明的人也用不着对它加以思虑；即使影响很大，那最高明的人也用不着对它加以干预；即使道理精妙，那最高明的人也用不着对它加以明察，这叫做不同自然争职能。老天有它的时序节令，大地有它的财富资源，人类有他的治理方法，这叫做能与自然相互配合。人如果舍弃了能与自然相互配合的治理方法，而只盼望天地的恩赐，那就太糊涂了。

天上众恒星相互跟随旋转，太阳和月亮相互交替照耀，春夏秋冬轮流控制气候，阴阳二气化成万事万物，风吹雨注普遍地施予大地。万物各自得到阴阳二气和合而产生,各自得到阴阳二气滋养而成长。看不见阴阳二气化生万物的过程而只看到它化生的成果,这就叫做神妙。都知道阴阳二气化生成万物,却无从知道它无影无踪的生成过程,这就叫做天成。只有圣人不致力于去探求化生万物的天道。

【原文】

天职既立,天功既成,形具而神生。好恶、喜怒、哀乐藏焉,夫是之谓天情;耳、目、鼻、口、形,能各有接而不相能也①,夫是之谓天官;心居中虚,以治五官,夫是之谓天君;财非其类②,以养其类,夫是之谓天养;顺其类者谓之福,逆其类者谓之祸,夫是之谓天政。暗其天君,乱其天官,弃其天养,逆其天政,背其天情,以丧天功,夫是之谓大凶。圣人清其天君,正其天官,备其天养,顺其天政,养其天情,以全其天功。如是,则知其所为,知其所不为矣,则天地官而万物役矣③。其行曲治,其养曲适,其生不伤,夫是之谓知天。故大巧在所不为,大智在所不虑。所志于天者④,已其见象之可以期者矣⑤;所志于地者,已其见宜之可以息者矣;所志于四时者,已其见数之可以事者矣;所志于阴阳者,已其见知之可以治者矣。官人守天而自为守道也⑥。

① 能各有接:指五官各有不同的功能,不可代替。
② 财:通"裁",利用。
③ 官:被利用、掌握。
④ 志:知道,了解。
⑤ 见(xiàn):通"现",显示。
⑥ 官人:任用人。"官",用作动词。

【译文】

自然的职能已确定,功效已成就,人的形体也就具备,而精神也就产生了。爱好和厌恶、高兴和愤怒、悲哀和欢乐都蕴藏在形体中,这就叫做天生的情感。耳朵、眼睛、鼻子、嘴巴、身体,各自都能感知对象而却不能相互取代,这就叫做天生的感官。心处在胸腔中,用来管理五官,这就叫做天生的主宰。人利用人类以外的万物来养育人类,这就叫做天然的供养。顺应人的需要来养育人类的就是福,逆着人的需要来养育人类的就是祸,这就叫做天然的政令。搞昏了天生的主宰,扰乱了天生的感官,抛弃了天然的供养,违反了天然的政令,背弃了天生的情感,以致丧失了自然的功效,这就叫做大凶。圣人弄清了那天生的主宰,管理好那天生的感官，完备那天然的供养，顺从那天然的政令，保养那天生的情感，从而成全了自然的功效。像这样，就知道什么是应该做的事，知道什么是不应该做的事，于是天地就能被利用而万物就能被役使了。行动就会井井有条，保养就会处处恰当，生命就能不受伤害，这就叫做知道了天道。所以最大的技巧在于有些事不去做，最大的智慧在于有些事不加考虑。对于上天所要知道的，不过是它所显示的天象资料中对测定气候变化有用的东西；对于大地所要知道的，不过是它所显示的地理条件中对种植庄稼有利的东西；对于四季所要知道的，不过是它所显示的节气规律中对安排农事活动有益的东西；对于阴阳所要知道的，不过是它所显示的因素中对治理各种事物有帮助的东西。圣人任用官吏掌握这些自然规律，而自己所做的只是去掌握治理国家的原则。

【原文】

　　治乱，天邪？曰：日月、星辰、瑞历①，是禹、桀之所同也，禹以治，桀以乱，治乱非天也。时邪？曰：繁启②、蕃长于春夏③，畜积④、收藏于秋冬，是又禹、桀之所同也，禹以治，桀以乱，治乱非时也。地邪？曰：得地则生，失地则死，是又禹、桀之所同也，禹以治，桀以乱，治乱非地也。《诗》曰："天作高山，大王荒之；彼作矣，文王康之。"此之谓也。

① 瑞历：祥瑞的历书。古代认为历书是吉祥之书，故名。
② 繁启：万物萌芽生发。
③ 蕃长：茂盛地生长。
④ 畜：同"蓄"。

　　社会的安定或混乱，是由上天决定的吗？回答道：太阳、月亮、行星、恒星、祥瑞的历书，对夏禹、夏桀都是相同的，夏禹使天下安定，夏桀使天下混乱，安定或混乱并不是由上天决定的。那么是由四时决定的吗？回答道：庄稼萌芽生发、茂盛成长在春夏两季，而积蓄、收藏在秋冬两季，这对夏禹、夏桀也是相同的，夏禹使天下安定，夏桀使天下混乱，安定或混乱并不是由四时决定的。那么是由大地决定的吗？回答道：庄稼得到土地就生长，失去土地就死亡，这对夏禹、夏桀又是相同的，夏禹使天下安定，夏桀使天下混乱，安定或混乱并不是由大地决定的。《诗经·周颂·天作》中说："上天创造了高大的岐山，大王治理扩大了它；岐山已经开垦了，文王安抚定周邦。"就是说的这个道理。

原文

天不为人之恶寒也,辍冬;地不为人之恶辽远也,辍广;君子不为小人之匈匈也①,辍行。天有常道矣,地有常数矣,君子有常体矣。君子道其常②,而小人计其功。《诗》曰③:"礼义之不愆,何恤人之言兮。"此之谓也。

注释

① 匈匈:吵吵闹闹。
② 道:遵守,坚守。
③《诗》:此处所引诗句不见于《诗经》,已失传。

译文

上天不因为人们厌恶寒冷就废止冬季,大地不因为人们厌恶辽远就废止宽广,君子不因为小人争辩喧哗就中止行动。上天有永恒不变的规律,大地有经久不变的法则,君子有坚守不变的规矩。君子遵行常规,小人计较功利。《诗经》中说:"遵行礼义无过错,何必担忧别人说长道短?"就是说的这个道理。

原文

楚王后车千乘①,非知也②;君子啜菽饮水③,非愚也:是节然也④。若夫志意修,德行厚,知虑明,生于今而志乎古,则是其在我者也。故君子敬其在己者,而不慕其在天者;小人错其在己者⑤,而慕其在天者。君子敬其在己者,而慕其在天者,是以日进也;小人错其在己者,而不慕其在天者,是以日退也。故君子之所以日进,与小人之所以日退,一也。君子、小人之所以相县者在此耳⑥!

注释

① 乘(shèng):古时四马一车为一乘。
② 知:同"智",明智。
③ 啜菽(shū):吃粗粮。
④ 节:时运,命运。
⑤ 错:同"措",处理。
⑥ 县:同"悬",悬殊。

译文

楚王出行,随从的车子有上千辆,并不是由于他聪明;君子吃豆汁饮白水,并不是由于他愚蠢。这种情况都是时势命运造成的。至于心地美好，德行敦厚，计虑精明，生在今天而知道古人的事，这些都是取决于自己努力的事情。所以君子慎重地对待那些取决于自己努力的事情，而不去羡慕那些取决于上天的东西；小人丢弃那些取决于自己努力的事情，而羡慕那些取决于上天的东西。君子慎重地对待那些取决于自己努力的事情，而不羡慕那些取决于上天的东西，所以天天在进步；小人丢弃那些取决于自己努力的事情，而羡慕那些取决于上天的东西，所以日日在退步。因此君子之所以天天在进步和小人之所以日日在退步的原因，道理是一样的。君子、小人之所以相差悬殊的原因，就在这里。

星队①、木鸣②，国人皆恐。曰：是何也？曰：无何也，是天地之变，阴阳之化，物之罕至者也。怪之，可也；而畏之，非也。夫日月之有蚀，风雨之不时③，怪星之党见④，是无世而不常有之⑤。上明而政平，则是虽并世起，无伤也；上暗而政险，则是虽无一至者，无益也。夫星之队、木之鸣，是天地之变，阴阳之化，物之罕至者也。怪之，可也；而畏之，非也。

① 队：同"坠"，坠落。
② 木鸣：树木无缘无故发出响声。
③ 不时：不合时节。
④ 党：同"傥"，偶尔。
⑤ 常：同"尝"，曾经。

流星坠落，树木发出响声，国内的人都感到惊恐，说：这是什么原因呢？回答道：没有什么原因呀。这是天地的变异、阴阳的化生、事物中很少出现的现象。觉得它奇怪，可以；但害怕它，就错了。至于太阳、月亮有时发生日食、月食，暴风骤雨有不合时节的袭击，扫帚星偶然出现，是没有哪个时代不曾有过的。君主英明而政治清平，那么这些现象即使同时都出现，也没有什么妨害；君主昏昧而政治暴虐，那么这些现象即使没有一种出现，也没有什么益处。那流星的坠落、树木的发出响声，是天地的变异、阴阳的化生、事物中很少出现的现象。觉得它奇怪，可以；但害怕它，就错了。

原文

物之已至者，人祅则可畏也①：楛耕伤稼，耘耨失岁②，政险失民，田秽稼恶，籴贵民饥，道路有死人，夫是之谓人祆；政令不明，举错不时，本事不理，夫是之谓人祆；礼义不修，内外无别，男女淫乱，父子相疑，上下乖离，寇难并至，夫是之谓人祆。祆是生于乱，三者错③，无安国。其说甚迩④，其灾甚惨。勉力不时，则牛马相生，六畜作祆，可怪也，而不可畏也。

传曰："万物之怪，书不说。"无用之辩，不急之察，弃而不治。若夫君臣之义，父子之亲，夫妇之别，则日切瑳而不舍也⑤。

① 人祆：人为的反常现象。
② 失岁：没有收成。
③ 错：交错。
④ 迩：浅近。
⑤ 切瑳：切磋。

在已经发生的事件中，人为的反常现象是最可怕的。粗放耕作伤害庄稼，胡乱锄草导致歉收，政治险恶失掉民心，田地荒芜庄稼不长，因此米价昂贵、民众饥饿，路上有饿死的人，这就叫做人为的反常现象；政策法令不明确，采取措施不合宜，农业生产不管理，这就叫做人为的反常现象；礼义不加整顿，内外没有分别，男女淫乱，父子猜疑，君臣离心离德，外寇内乱并至，这就叫做人为的反常现象。人为的反常现象实在是产生于混乱，上述三种情况交错出现，就没有安宁的国家了。这种人为的反常现象，说起来道理很浅近，但造成的灾难很惨重。安排劳役不顾农时，牛马相互生出彼此相像的怪胎，六畜就会出现怪异情况，这是奇怪的，但不是可怕的。

古书中说："各种事物的怪异现象，经书上不作解说。"无用处的辩说，不急需的考察，应抛弃不管。至于君臣间的道义、父子间的亲情、夫妇间的区别，那就应该每天切磋琢磨而不可舍弃了。

雩而雨①，何也？曰：无何也，犹不雩而雨也。日月食而救之②，天旱而雩，卜筮然后决大事③，非以为得求也，以文之也④。故君子以为文，而百姓以为神。以为文则吉，以为神则凶也。

① 雩（yú）：古代祈求降雨的祭祀。
② 食：同"蚀"。
③ 筮（shì）：古以蓍草卜吉凶叫"筮"。
④ 文之：粉饰政事。

祈神求雨就下了雨，为什么呢？回答道：这不为什么，也就像不祈神求雨而下了雨一样。太阳、月亮发生了日食、月食，人们就抢救它们，天旱了就祈神求雨，占卜打卦然后决定大事，古人并不认为这些做法就能得到所祈求的东西，只是用它们来粉饰政事罢了。因此君子把这些做法看作粉饰，百姓却把这些做法看作神秘。把这些做法看作粉饰就吉利，把这些做法看作神秘就凶险了。

在天者莫明于日月，在地者莫明于水火，在物者莫明于珠玉，在人者莫明于礼义。故日月不高，则光晖不赫①；水火不积，则晖润不博；珠玉不睹乎外，则王公不以为宝；礼义不加于国家，则功名不白。故人之命在天，国之命在礼。君人者，隆礼、尊贤而王，重法、爱民而霸，好利、多诈而危，权谋、倾覆、幽险而尽亡矣。

大天而思之②，孰与物畜而制之③！从天而颂之，孰与制天命而用之④！望时而待之，孰与应时而使之！因物而多之，孰与骋能而化之⑤！思物而物之，孰与理物而勿失之也！愿于物之所以生，孰与有物之所以成！故错人而思天⑥，则失万物之情。

注释

① 晖：同"辉"，光辉。 赫：显亮。下文"晖润"则形容火的光亮、水的润湿。
② 大天：以天为大，推崇上天。
③ 物畜：把天视为物体而蓄养。
④ 制天命：掌握上天的变化规律。
⑤ 骋能：施展才能。
⑥ 错人：放弃人为的努力。错，同"措"，本意为处置，引申为放弃。

在天上的没有比日月更明亮的了，在地上的没有比水火更明亮的了，在物品中没有比珠玉更明亮的了,在人类社会中没有比礼义更灿烂的了。日月如不高悬天空,它们的光辉就不显亮;水火如不积聚,火的光亮、水的明亮就不大;珠玉如不显露光彩在外,天子、诸侯就不会把它们视作宝贝;礼义不在国家施行,功业名声就不会显著。所以人的命运在天,国家的命运在礼义。统治人民的君主,推崇礼义、尊重贤能就会称王天下;重视法治、爱护民众就会称霸诸侯;贪图财利、诡诈多端就会危险;玩弄权谋、倾轧颠覆、阴暗险恶就会彻底灭亡。

推崇上天而思慕它,哪里比得上把它视为物体蓄养而控制它?顺从上天而颂扬它,哪里比得上掌握它的规律而利用它?盼望上天的赐予而等待它,哪里比得上不失时宜而使用它?听任万物的自然增多,哪里比得上施展人的才能而使它根据人的需要变化呢?意欲万物为自己使用,哪里比得上合理利用万物而不失去它呢?希望了解万物产生的原因,哪里比得上占有万物而促进它更好地成长呢?所以放弃了人的努力而寄希望于上天的赐予,那就掌握不住万物的实际情况。

百王之无变,足以为道贯①。一废一起,应之以贯②。理贯③,不乱;不知贯,不知应变。贯之大体未尝亡也,乱生其差,治尽其详。故道之所善,中则可从④,畸则不可为⑤,匿则大惑⑥。水行者表深⑦,表不明则陷;治民者表道,表不明则乱。礼者,表也。非礼,昏世也;昏世,大乱也。故道无不明,外内异表,隐显有常,民陷乃去。

①道贯:指"道"的一贯原则。
②贯:即"道贯"。
③理贯:整理出道的一贯原则。
④中:与道相合。
⑤畸:偏差。
⑥匿:同"慝"(tè),差错,违反。
⑦表:标志。

历代帝王都没有改变的东西,完全可以作为贯通古今的一贯原则来贯彻实行。国家的一衰一兴,要用一贯的原则去顺应它。整理出贯通古今的一贯原则,国家就不会混乱。不知道贯通古今的一贯原则,就不知道怎样顺应变化。这种一贯原则的主要部分从来没有消亡过。国家混乱,产生于这种贯通古今的一贯原则的实行出了差错;国家安定,就因为这种贯通古今的一贯原则实行得很周详。所以,没有改变的东西中，那些优良的传统，如果符合一贯原则，就可以遵从；偏离了一贯原则，就不可以去实行；如果违反了一贯原则，就会造成极大的混乱。涉水的人依靠标志知道水的深度，标志不明，就会陷入深水被淹死；统治民众的君主依靠一贯原则来作为标准，标准不明，就会使国家造成混乱。礼义，是统治民众的标准。违背了礼义，就是昏暗的社会；昏暗的社会，就会大乱。所以，作为统治民众标准的礼义，在各个方面的规定是无不明白的，外事内政都有不同的标准，无论隐蔽的事还是明显的事都有永久不变的规定，因而民众的灾祸就可以免去了。

原文

万物为道一偏①，一物为万物一偏。愚者为一物一偏，而自以为知道，无知也。慎子有见于后，无见于先；老子有见于诎②，无见于信；墨子有见于齐，无见于畸；宋子有见于少，无见于多。有后而无先，则群众无门；有诎而无信，则贵贱不分；有齐而无畸，则政令不施；有少而无多，则群众不化。《书》曰③："无有作好④，遵王之道。无有作恶⑤，遵王之路。"此之谓也。

注释

① 一偏：一部分。
② 诎：同"屈"，委曲而求全。
③ 《书》：指《尚书》，所引文句出自《尚书·洪范》。
④ 好（hào）：偏好。
⑤ 恶（wù）：厌恶。

译文

万物只是大自然的一部分，某一种事物又是万物的一部分。愚蠢的人只知道某一种事物的一部分，就自以为知道了大自然的规律，这实在太无知了。慎子只看到事物发展后来的情况，而没有看到事物发展开始的原因；老子只认识到委曲忍让的一面，而没有认识到自强进取的一面；墨子只认识到齐一平等的一面，而没有认识到存在等级差别的一面；宋子只看到人寡欲的一面，而没有看到人多欲的一面。如果只看到事物发展后来的情况，而没有看到事物发展开始的原因，那么群众就没有前进的门径；如果只是委曲忍让而不自强进取，那么高贵和卑贱就没有分别；如果只有齐一平等而没有等级差别，那么政策法令就不能贯彻实行；如果只知寡欲而不知多欲，那么群众就得不到教化。《尚书》中说："不要任凭自己的爱好，要遵循君主确定的正道；不要任凭自己的厌恶，要遵循君主确定的正路。"就是说的这种情况。

◎ 乐论篇

文章论述音乐之起源及社会作用。荀子认为，音乐乃人情必不可少的客观需求，不但能表现"人的感情"，而且能"娱"人，具有"入人也深，化人也速"的巨大感染力和"移风易俗"的作用。还批驳了墨子反对音乐的主张，并提出要制定正音雅乐，制止邪声淫音，充分发挥音乐"感动人之善心"的作用。

原文

夫乐者①，乐也②，人情之所必不免也，故人不能无乐。乐则必发于声音，形于动静，而人之道，声音动静，性术之变尽是矣。故人不能不乐，乐则不能无形，形而不为道，则不能无乱。先王恶其乱也，故制雅、颂之声以道之，使其声足以乐而不流③，使其文足以辨而不諰④，使其曲直、繁省、廉肉⑤、节奏，足以感动人之善心，使夫邪污之气无由得接焉。是先王立乐之方也⑥，而墨子非之⑦，奈何！

① 乐（yuè）：音乐，歌舞。
② 乐（lè）：快乐。
③ 流：淫荡。
④ 辨而不諰（xǐ）：清晰而不恐惧。
⑤ 廉肉：刚强和柔顺。
⑥ 方：原则。
⑦ 墨子非之：墨子曾创作《非乐》，全盘否定音乐。

音乐，就是喜乐的意思，是人们情感所必不可缺少的，所以人们不能没有音乐。人的喜乐必然从声音中流露出来，从行动中表现出来；而人之所以为人，外表声音与行动，内在性情及心理的变化，都表现在音乐之中了。因此人不能不喜乐，喜乐就不能不表现出来，表现出来若不引导，就不可能没祸乱。古代的圣王憎恶这种祸乱，所以创作了《雅》《颂》的音乐来引导人们，使人们的歌声足以表达喜乐而不淫荡,使歌声的词句足以清晰而不恐惧,使音律婉转或平直、繁复或省略、雄壮或柔和、徐缓或快速,都足以感动人的善良心思,使那些邪恶污秽的风气没有途径同民众接触。这就是古代圣王创立音乐的原则,但墨子却反对音乐,又能怎么样呢?

故乐在宗庙之中①,君臣上下同听之,则莫不和敬;闺门之内,父子兄弟同听之,则莫不和亲;乡里族长之中,长少同听之,则莫不和顺。故乐者,审一以定和者也②,比物以饰节者也③,合奏以成文者也④;足以率一道,足以治万变。是先王立乐之术也,而墨子非之,奈何!

① 宗庙:祖庙。
② 审一:审定一个主音。
③ 比物:配上乐器。
④ 成文:组成和谐的乐曲。

所以音乐在宗庙之中,君臣上下一同听了它,就没有不和谐严肃的;在家门之内,父子兄弟一同听了它,就没有不和睦相亲的;在乡村里巷之中,年长的和年幼的一同听了它,就没有不和谐顺从的。音乐,是审定了一个主音来确定其他和音的,是配上各种乐器以调整节奏的,是合奏以组成音调和谐的乐曲的;它足以能率领统一的原则,足以能治理各种变化,这就是古代圣王创立音乐的办法,但墨子却反对音乐,又能怎么样呢?

故听其雅、颂之声,而志意得广焉;执其干戚①,习其俯仰屈伸,而容貌得庄焉;行其缀兆②,要其节奏③,而行列得正焉,进退得齐焉④。故乐者,出所以征诛也,入所以揖让也。征诛揖让,其义一也。出所以征诛,则莫不听从;入所以揖让,则莫不从服。故乐者,天下之大齐也⑤,中和之纪也,人情之所必不免也。是先王立乐之术也,而墨子非之,奈何!

① 干戚:盾牌与斧头。此处指反映战争内容的舞蹈道具。
② 缀兆:舞蹈的行列位置。
③ 要(yāo):相符合。

④齐：一致，相同。
⑤大齐：完全划一。

所以人们听了《雅》、《颂》的乐声，志向心胸就宽广了；手执盾牌、斧头，练习俯仰、屈伸等舞蹈动作，容貌就庄重了；行动合于舞蹈的行列位置，与舞曲节奏相符，所以队列方正整齐，进退协调一致。因此音乐，对外可用来征战诛伐，对内可用来恭行礼让，音乐的作用是一样的。对外作为征战诛伐的工具，就没有人不听从；对内作为恭行礼让的手段，就没有人不服从。所以音乐是天下全面整齐一致的工具，是中正平和的纲纪，是人们的情感所必不可缺少的。这就是古代圣王创立音乐的办法，但墨子却反对音乐，又能怎么样呢？

且乐者，先王之所以饰喜也^①；军旅铁钺者^②，先王之所以饰怒也。先王喜怒皆得其齐焉^③。是故喜而天下和之，怒而暴乱畏之。先王之道，礼乐正其盛者也，而墨子非之。故曰：墨子之于道也，犹瞽之于白黑也，犹聋之于清浊也，犹欲之楚而北求之也^④。

①饰：表达。
②铁钺（fūyuè）：斧子与大斧，代指刑罚杀戮。
③齐：适宜，恰当。
④之：到，往。

况且音乐，是古代圣王用以表达喜悦情感的；军队与刀斧，是古代圣王用以表达愤怒情感的。古代圣王的喜悦、愤怒都能通过音乐、军队与刀斧而表达得适宜恰当。所以古代圣王喜悦了，天下人便附和他；愤怒了，暴乱之人便害怕他。在古代圣王的治国原则中，礼义与音乐正是其中最重要的，但墨子却反对它们。因此说：墨子对于正确的治国原则，就像是瞎子对黑白色不能分辨一样，又像是聋子对清浊音不能区别一样，也像是想到南方的楚国却到北方去寻求一样。

夫声乐之入人也深，其化人也速，故先王谨为之文。乐中平则民和而不流，乐肃庄则民齐而不乱。民和齐则兵劲城固，敌国不敢婴也^①。

如是,则百姓莫不安其处,乐其乡,以至足其上矣。然后名声于是白,光辉于是大,四海之民,莫不愿得以为师。是王者之始也。乐姚冶以险②,则民流僈鄙贱矣③。流僈则乱,鄙贱则争。乱争则兵弱城犯④,敌国危之。如是,则百姓不安其处,不乐其乡,不足其上矣。故礼乐废而邪音起者,危削侮辱之本也。故先王贵礼乐而贱邪音。其在序官也⑤,曰:"修宪命⑥,审诗商⑦,禁淫声,以时顺修,使夷俗邪音不敢乱雅⑧,太师之事也。"

① 婴:同"撄",侵犯。
② 姚冶:妖冶,不庄重。
③ 流僈(màn):轻浮放荡。
④ 犯:侵扰,破坏。
⑤ 序官:论列官吏的职责。
⑥ 宪命:法令和文告。
⑦ 诗商:诗章。
⑧ 夷俗:少数民族之习俗。以其落后,故称。

音乐对人的影响是深刻的,对人的感化是迅速的,因此古代的圣王谨慎地修订音乐典章。音乐中正平和,那么民众就和谐而不淫荡;音乐严肃庄重,那么民众就齐心而不混乱。民众和谐、齐心,那么就兵力强劲、城池牢固,敌国就不敢侵犯了。如果这样,那百姓就没有不安居乐处,喜欢家乡的,以使自己的君主得到满足。然后君主的名声就会显扬,光辉因此广大,四海的民众没有不愿意得到这样的君主作师表的。这便是称王天下的开始。如果音乐是妖冶险恶的靡靡之音,那么民众就会淫荡轻慢、卑劣低贱了。民众淫荡轻慢,国家就会混乱;民众卑劣低贱,就会相互争夺。国家混乱、相互争夺,那自然兵力衰弱、城池被侵犯,敌国便来危害了。如果这样,那百姓就会不安居乐处,不喜欢家乡,不能使自己的君主得到满足。所以礼制雅乐就会被废弃,而邪恶的靡靡之音就会兴起,这是国家危殆削弱并遭受侮辱的根源。因此古代的圣王尊重礼制雅乐而鄙贱邪恶的靡靡之音。他在论列官吏职权时说:"修定法令文告,审查诗歌乐章,禁止淫荡乐声,随时修定治理,使落后的风俗和邪恶的音乐不敢扰乱雅乐,这是掌管音乐的太师的职责。"

墨子曰:"乐者,圣王之所非也,而儒者为之,过也。"君子以为不然。乐者,圣人之所乐也,而可以善民心,其感人深,其移风易俗易,故先王导之以礼乐而民和睦。夫民有好恶之情而无喜怒之应，则乱。先王恶其乱也，故修其行，正其乐，而天下顺焉。故齐衰之服，哭泣之声，使人之心悲；带甲婴胄，歌于行伍，使人之心伤；姚冶之容，郑、卫之音，使人之心淫；绅、端③、章甫④，舞《韶》歌《武》，使人之心庄。故君子耳不听淫声，目不视女色，口不出恶言。此三者，君子慎之。

注释

① 齐衰（zī cuī）：用粗麻布做成的丧服。衰，通"缞"。
② 婴胄：戴上头盔。
③ 端：黑色礼服。
④ 章甫：黑色的礼帽。

译文

墨子说："音乐，是圣明帝王所反对的，但儒者却提倡它，那是罪过呀。"君子认为不是这样。音乐，是圣人所喜欢的，它可以使民心向善，它感人至深，它可以移风易俗，因此古代圣王用礼制音乐来引导民众而使民众和睦相处。民众如果内心只有爱憎的感情而没有办法随即表达喜怒，那就要混乱了。古代圣王憎恶这种混乱，所以修养自己的德行，提倡纯正的音乐，天下的民众都顺从他。因此粗麻布做的丧服、哭泣的声音，能使人内心悲痛；身穿铠甲、头戴铜盔，在行伍中唱歌，能使人内心昂扬；妖冶的容貌，郑、卫的淫声，能使人内心淫荡；腰束大带，身着礼服，头戴缁布礼帽，伴随着《韶》、《武》乐曲歌唱舞蹈，能使人内心庄重。所以君子耳不听淫乱的乐声，眼不看女人的美色，口不出粗俗的恶言。这三件事，君子会慎重对待它。

原文

凡奸声感人而逆气应之，逆气成象而乱生焉①。正声感人而顺气应之，顺气成象而治生焉。唱和有应，善恶相象②，故君子慎其所去就也。

君子以钟鼓道志，以琴瑟乐心。动以干戚，饰以羽旄，从以箫管。故其清明象天，其广大象地，其俯仰周旋有似于四时。故乐行而志清，礼修而行成，耳目聪明，血气和平，移风易俗，天下皆宁，美善相乐。故曰：乐者，乐也。君子乐得其道，小人乐得其欲。以道制欲，则乐而不乱；以欲忘道，则惑而不乐。故乐者，所以道乐也。金石丝竹，所以道德也。乐行而民乡方矣。故乐者，治人之盛者也，而墨子非之。

注释

① 成象：形成歌舞。

② 善恶相象：善恶一起形成风气。
③ 羽旄（máo）：野鸡毛和牦牛尾，古时舞蹈所用的道具。
④ 乡方：向往道义。乡，同"向"；方，道义。

大凡淫乱的音乐感动人随即就会出现歪风邪气，歪风邪气形于歌舞，混乱的情况就会发生。雅正庄重的音乐感动人随即就会出现正风顺气，正风顺气形于歌舞，国家就得到治理。一唱一和彼此呼应，善良或邪恶随即就会形成风气。所以君子对待音乐要慎重地取舍选择。

君子用钟鼓雄壮的音乐来导引志向，用琴瑟和悦的音乐来陶冶情操。手举盾牌、斧、钺等舞具跳舞，用野鸡羽毛与牦牛尾巴等舞具做装饰，用石磬、管箫等乐器来伴奏。因此那歌曲声调像天空一样爽朗，像大地一样宽广，那舞姿动作俯仰旋转，有如春夏秋冬四时有序的变化。所以音乐的流行使人志向纯洁；礼仪的推行使人德行高尚。结果使人耳聪目明，性情平和，移风易俗，天下安宁，没有比音乐更好的了。因此说：音乐，就是喜乐的意思。君子喜爱音乐是为了获得道义，小人喜爱音乐是为了满足私欲。用道义来制约私欲，就会欢乐而不淫乱；因欲而忘却道义，就会迷惑而不欢乐。所以音乐，是用来导引欢乐的。金钟、石磬、琴瑟、管箫等乐器，是用来导引人们修养德行的。音乐流行开来，民众就向往道义。因此音乐是治理国家民众的重大措施，但墨子却反对音乐。

且乐也者，和之不可变者也；礼也者，理之不可易者也。乐合同，礼别异。礼乐之统，管乎人心矣。穷本极变，乐之情也；著诚去伪，礼之经也。墨子非之，几遇刑也①。明王已没②，莫之正也。愚者学之，危其身也。君子明乐，乃其德也。乱世恶善，不此听也，于乎哀哉③！不得成也。弟子勉学，无所营也④。

① 几遇刑：接近于犯罪。
② 没（mò）：同"殁"，死去。
③ 于乎：呜呼。
④ 营：通"荧"，迷惑。

况且音乐，是协调人情不可改变的手段；礼仪，是治理国家不可更易的原则。音乐使人和谐一致、同心同德，礼仪使人区分等级、明确差异。礼仪、音乐的纲领，就是管束人们的心灵。彻底地探求人性根本,极大地改变社会风俗,是音乐的实质;彰明真诚,去掉虚伪,是礼仪的准则。墨子反对它们,接近于犯罪了。圣明的帝王已经死去,没有人能纠正邪说。愚蠢的人学习邪说,会危害自身。君子提倡音乐,那是重视仁德。混乱的时代厌恶善良的德行,不听提倡音乐的话,实在可悲呀!音乐因此而不能见成效。弟子们好好学习吧,那就不致听信邪说而迷惑了。

声乐之象①:鼓大丽,钟统实,磬廉制,竽、笙肃和,筦、籥发猛②,埙、篪翁博③,瑟易良,琴妇好,歌清尽,舞意天道兼。鼓,其乐之君邪!故鼓似天,钟似地,磬似水,竽笙筦籥似星辰日月,鞉、柷、拊、鞷、椌、楬似万物④。曷以知舞之意?曰:目不自见,耳不自闻也,然而治俯仰诎信进退迟速⑤,莫不廉制,尽筋骨之力以要钟鼓俯会之节,而靡有悖逆者,众积意謘謘乎⑥!

① 象:表现。
② 筦、籥(yuè):古代编管乐器。
③ 埙(xūn):陶土烧制成的吹奏乐器。 篪(chí):古代的一种竹管乐器。
④ 鞉(táo)、柷(zhù)、拊(fǔ)、鞷(gé)、椌(qiāng)、楬(qià):均为古代打击乐器。
⑤ 诎信:即"屈伸"。
⑥ 謘謘(chí):舒缓的样子。

乐声的表现是:鼓声宏大激越,钟声洪亮浑厚,磬音刚健清脆,竽、笙声肃穆和谐,筦、籥声昂扬振奋,埙、篪声气势浩瀚,瑟音平和温良,琴音柔美婉转,歌声清亮优美,舞蹈的意象能表现宇宙的一切。鼓,大概是音乐的主宰吧!所以鼓声如同天空一样明朗,钟声如同大地一样浑厚,磬声如同流水一样清脆,竽、笙声,筦、籥声如同星辰日月一样和谐有序,鞉、柷、拊、鞷、椌、楬声如同万物一样纷繁错落。何以知道舞蹈的意象呢?回答道:眼睛看不见自己,耳朵听不见自己,然而跳舞的人处理俯首、仰头、弯腰、伸腿、前进、后退、慢舞、快旋的动作,没有不刚健有力、节奏鲜明的,竭尽全身的力气,要使舞蹈应合钟、鼓的节拍而没有违背,众多的舞姿,其含义就体现在这舒缓的动作之中。

【原文】

吾观于乡而知王道之易易也①。主人亲速宾及介②,而众宾皆从之。

至于门外，主人拜宾及介，而众宾皆入，贵贱之义别矣。三揖，至于阶，三让，以宾升，拜至，献酬，辞让之节繁。及介省矣。至于众宾，升受，坐祭，立饮，不酢而降③。隆杀之义辨矣。工入，升歌，三终，主人献之；笙入，三终，主人献之；间歌，三终，合乐，三终，工告乐备，遂出。二人扬觯④，乃立司正。焉知其能和乐而不流也。宾酬主人，主人酬介，介酬众宾，少长以齿，终于沃洗者⑤。焉知其能弟长而无遗也。降，说屦，升坐，修爵无数。饮酒之节，朝不废朝，莫不废夕⑥。宾出，主人拜送，节文终遂。焉知其能安燕而不乱也。贵贱明，隆杀辨，和乐而不流，弟长而无遗，安燕而不乱，此五行者，足以正身安国矣。彼国安而天下安。故曰：吾观于乡而知王道之易易也。

① 乡：乡人请客饮酒的礼节。　易：和声，和乐。　易易：一说很容易。
② 介：主要的陪客。
③ 酢（zuò）：宾客向主人敬酒。
④ 扬觯（zhì）：举杯。
⑤ 沃洗者：洗涤酒杯的人。
⑥ 莫：通"暮"。

我看到乡人请客饮酒的礼仪，便知道先王治国之道的实施非常容易。主人亲自去召请有名望的宾客和主要陪客，其他的客人都跟随着他们。来到门外时，主人拜见宾客和主要陪客，其他的客人都跟着进来，宾客的贵贱不同，接待的礼仪也明显地区别开来。主人经过三次揖让，宾客才走上厅堂的台阶，再经过三次揖让，宾客才登上厅堂，然后行拜礼欢迎，接着主人先敬酒，客人回敬，辞让的礼节仪式繁多。到主要陪客登上厅堂，礼节就简省多了。至于其他的客人，登堂后接受敬酒，坐下洒酒祭神，站立饮酒，不必回敬主人酒就退下堂去。隆重和简省的礼节区分得很清楚。乐工进来，登堂，演唱《鹿鸣》、《四牡》、《皇皇者华》三首歌曲各一遍，主人敬酒；吹笙的进来，吹奏《南陔》、《白华》、《华黍》三首乐曲各一遍，主人敬酒；接着间隔轮流，乐工演唱《鱼丽》一遍，吹笙的吹奏《由庚》一遍，乐工再演唱《南有嘉鱼》，吹笙的再吹奏《崇丘》，乐工再演唱《南山有台》，吹笙的再吹奏《由仪》，最后由乐工演唱《关雎》、《葛覃》、《卷耳》，同时由吹笙的吹奏《鹊巢》、《采蘩》、《采蘋》，这时乐工报告奏乐完毕，便退出去。主人的两个侍从举杯敬酒，又设立了监督行礼的司正。从而知道他们能做到和谐快乐又不淫荡。宾客向主人敬酒以示答谢，主人向主要陪客敬酒以示答谢，陪客向其他客人敬酒以示答谢，宾主依据年少年长的次序都要敬酒表示酬谢,最后便轮到向主人手下盥洗酒杯的人酬谢了。从而知道他们能够做到尊重长者,不会遗漏任何一个人。从退堂,脱鞋,再登堂就座,依次敬酒连续不断。可见乡人请客饮酒的礼仪是有节制的,早晨饮酒不会耽误早上的工作,傍晚饮酒不会耽误晚上要做的事。宾客离去时,主人要拜送,这时全部礼仪就完成了。从而知道他们做到安逸宴乐而不紊乱。贵与贱身份分明,隆重与简省分别清楚,和谐快乐却不淫荡,尊重长者又不会遗漏任何一个人,安逸宴乐而不紊乱,这五种行为,完全可以用来端正自身、安定国家了。国家安定了,天下也就安定了。所以说:我看到乡人请客饮酒的礼仪,便知道先王治国之道的实施非常容易。

乱世之征,其服组①,其容妇②,其俗淫,其志利,其行杂,其声乐险,其文章匿而采③,其养生无度,其送死瘠墨④,贱礼义而贵勇力,贫则为盗,富则为贼。治世反是也。

① 组:本指有花纹的丝织宽带,引申为艳丽的服饰。
② 容妇:男子仿效女子打扮。
③ 匿(tè):通"慝",邪僻。
④ 瘠墨:简单而草率。

混乱时代的特征:人们的服装艳丽,男子打扮妖媚如同妇女一样,风俗淫靡,人们志在贪图私利,品行驳杂不纯,音乐邪恶怪诞,文章内容邪僻而辞藻华丽,人们供养生者而无限度,埋葬死人马虎刻薄,轻视礼义而崇尚勇力,贫困时就偷盗,富裕时就害人。太平时代的情况则与此相反。

◎ 解蔽篇

题解

文章论述了人心有所蔽塞的原因和解除蔽塞（治心）的方法。"治则复经，两疑则惑矣"是本篇的总纲。荀子认为人具有认识各种客观事物的能力，而客观事物本身又有可以被认识的一面。但人们又常常容易犯片面性的错误，即"蔽于一曲，而暗于大理"。"两"（心不专一）、"疑"（疑惑不定）是造成心有蔽塞的主要原因，所以必须治心，以"虚壹而静"之法正确地认识自然规律，只有这样，才能达到"无为"、"无疆"、"不慕往，不闵来"的最高境界，也才能"明参日月"而不会受蒙蔽了。

原文

凡人之患，蔽于一曲①，而暗于大理。治则复经，两疑则惑矣。天下无二道②，圣人无两心。今诸侯异政，百家异说，则必或是或非，或治或乱。乱国之君，乱家之人，此其诚心莫不求正而以自为也。妒缪于道而人诱其所迨也③。私其所积④，唯恐闻其恶也。倚其所私以观异术⑤，唯恐闻其美也。是以与治离走而是己不辍也。岂不蔽于一曲而失正求也哉！心不使焉，则白黑在前而目不见，雷鼓在侧而耳不闻，况于蔽者乎！德道之人⑥，乱国之君非之上，乱家之人非之下，岂不哀哉！

故为蔽：欲为蔽，恶为蔽，始为蔽，终为蔽，远为蔽，近为蔽，博为蔽，浅为蔽，古为蔽，今为蔽。凡万物异则莫不相为蔽，此心术之公患也。

注释

① 蔽：蔽塞。指认识上的局限。 一曲：局部，片面。
② 道：治国之道，为学之道。
③ 妒缪：违背。
④ 私：偏私，偏爱。
⑤ 私：偏颇，偏见。
⑥ 德：通"得"。

译文

大凡人在认识上的毛病，是被事物的某一部分的片面性认识所蒙蔽，而不明白全局性的大道理。纠正片面性就能回归正道,在片面性和全局性两者之间迟疑不决就会迷惑。天下没有两个都正确的原则,圣人没有两种都合理的心思。如今诸侯国采取的政治措施不同,学术百家的学说也不同,所以必然出现有的对、有的错,有的能使国家安定、有的却使国家混乱的说法。搞乱国家的君主,搞乱封邑的人,这些人的真心没有不想求得一条正道而为自己的,只是因为他们违背正道,所以别人就会以他们的所好来引诱他们。他们偏爱自己所积累的知识,惟恐听到别人说自己学说的坏话。依凭自己偏爱的知识去观察与自己不同的学说,惟恐听到别人说异己学说的好话。因此与治国之道背道而驰却仍自以为是,不能停止。这岂不是被事物的某一部分的片面性认识所蒙蔽而失去了对正道的追求吗?如果心思不用在正道上,就是把白的黑的放在面前,眼睛也看不见,雷鸣击鼓的声响在旁边,耳朵也听不到,更何况那些被他们视为异端的把心思用在正道上的人呢?对获得正道的人,搞乱国家的君主非难于上,搞乱封邑的人反对于下,难道还不可悲吗?

何以造成蒙蔽?有欲望造成的蒙蔽,有憎恶造成的蒙蔽;有只看到开始造成的蒙蔽,有只看到终结造成的蒙蔽;有只看到远方造成的蒙蔽,有只看到近处造成的蒙蔽;有只看到广博造成的蒙蔽,有只看到浅陋造成的蒙蔽;有只知道古代造成的蒙蔽,有只知道当代造成的蒙蔽。凡是事物都有差异,那么就没有不相互造成蒙蔽的,这是思想方法上的一个共同的害处。

昔人君之蔽者,夏桀、殷纣是也。桀蔽于末喜①、斯观②,而不知关龙逄③,以惑其心而乱其行;纣蔽于妲己④、飞廉⑤,而不知微子启⑥,以惑其心而乱其行。故群臣去忠而事私,百姓怨非而不用,贤良退处而隐逃,此其所以丧九牧之地而虚宗庙之国也。桀死于鬲山,纣县于赤旆,身不先知,人又莫之谏,此蔽塞之祸也。成汤监于夏桀,故主其心而慎治之,是以能长用伊尹而身不失道,此其所以代夏王而受九有也⑦。文王监于殷纣,故主其心而慎治之,是以能长用吕望而身不失道,此其所以代殷王而受九牧也。远方莫不致其珍,故目视备色,耳听备声,口食备味,形居备宫,名受备号,生则天下歌,死则四海哭,夫是之谓至盛。《诗》曰:"凤凰秋秋⑧,其翼若干⑨,其声若箫,有凤有凰,乐帝之心。"此不蔽之福也。

① 末喜:即妹喜,夏桀的妃子。
② 斯观:夏桀的佞臣。

③ 关龙逢：夏桀的忠臣。
④ 妲（dá）己：商纣王的妃子。
⑤ 飞廉：商纣王的佞臣。
⑥ 微子启：商纣王的兄长。
⑦ 九有：九州。
⑧ 秋秋：同"跄跄"，形容优美的舞姿。
⑨ 干：盾。

古代君主中被蒙蔽的，夏桀、殷纣就是。夏桀被妃子末喜、佞臣斯观所蒙蔽而不赏识关龙逢，因此而使自己心思惑乱、行为荒唐；殷纣被妃子妲己、佞臣飞廉所蒙蔽而不赏识微子启，因此而使自己心思惑乱、行为荒唐。所以群臣都抛弃了忠心而去谋求私利，百姓都怨恨责怪他们，不受他们所用，贤能的人才都辞官回乡、隐居逃避，这就是他们之所以丧失九州土地而使建有宗庙的国都成为废墟的原因。夏桀死在历山，殷纣的头颅被悬挂在红旗飘带上，他们不能预先知道自己的过错，而别人又没有人劝谏他们，这就是被蒙蔽所造成的祸害。成汤吸取夏桀的教训，拿定主意不为奸臣迷惑，谨慎地治理国家，所以能长期地重用伊尹而又不背离正道，这就是他之所以取代夏桀而得到九州的原因。周文王以殷纣为借鉴，拿定主意不为奸臣迷惑，认真端正自己的思想方法，所以能长期地重用吕望而又不背离正道，这就是他之所以取代殷纣而得到九州的原因。远处的国家没有不给他们献上珍贵物品的，所以他们的眼睛能看到所有的美色，耳朵能听到所有的美妙音乐，嘴巴能吃上所有的山珍海味，身体能住上各种豪华的宫殿，名字能加上各种美好的称号；活着时天下的人都歌颂他们的功德，死后四海的人都痛哭失去他们，这就是所谓的极其昌盛。《诗经》中说："凤凰翩翩起舞飞翔，它的双翅如同盾牌一样，它的叫声如同洞箫悠扬。又有雄凤又有雌凰，使帝王心中喜气洋洋。"这就是不被蒙蔽所带来的幸福。

昔人臣之蔽者，唐鞅①、奚齐是也②。唐鞅蔽于欲权而逐戴子③，奚齐蔽于欲国而罪申生④，唐鞅戮于宋，奚齐戮于晋。逐贤相而罪孝兄，身为刑戮，然而不知，此蔽塞之祸也。故以贪鄙、背叛、争权而不危辱灭亡者，自古及今，未尝有之也。鲍叔、宁戚、隰朋仁知且不蔽，故能持管仲而名利福禄与管仲齐。召公、吕望仁知且不蔽，故能持周公而名利福禄与周公齐。传曰："知贤之谓明⑤，辅贤之谓能⑥。勉之强之，其福必长。"此之谓也。此不蔽之福也。

① 唐鞅：战国时期宋康王之臣，最终被宋康王杀死。
② 奚齐：晋献公与宠妃骊姬所生之子。
③ 戴子：指宋国的太宰戴欢。
④ 申生：晋献公的太子。
⑤ 知：识别。
⑥ 辅：辅佐，辅助。

古代大臣中被蒙蔽的，唐鞅、奚齐就是。唐鞅是战国时宋康王的臣子，被争夺权势的欲望所蒙蔽而驱逐了太宰戴欢，奚齐是春秋时晋献公的庶子，被争夺政权的欲望所蒙蔽而加罪于异母兄申生。结果唐鞅被杀死在宋国，奚齐被杀死在晋国。唐鞅驱逐有德才的相国而奚齐加罪于孝顺的兄长，结果身为刑罚所杀，自己还不明白是为了什么，这就是被蒙蔽所造成的祸害。所以，由于贪婪鄙陋而背离正道、争夺权力却又不遭到危险、屈辱、灭亡的，从古至今，还不曾有过。鲍叔、宁戚、隰朋都是齐桓公的大臣，他们仁德明智而且不被蒙蔽，所以能够扶助管仲，而且享有的名望、财利、幸福、俸禄都同管仲一样。召公、吕望都是周文王的大臣，他们仁德明智而且不被蒙蔽，所以能够扶助周公，而且享有的名望、财利、幸福、俸禄都同周公一样。古书上说："能识别贤人叫做明智，能辅助贤人叫做能干。努力识别贤能，尽力辅助贤能，他的幸福必然久长。"就是说的这个道理。这就是不被蒙蔽所带来的幸福。

昔宾孟之蔽者①，乱家是也。墨子蔽于用而不知文，宋子蔽于欲而不知得，慎子蔽于法而不知贤，申子蔽于势而不知知②，惠子蔽于辞而不知实，庄子蔽于天而不知人。故由用谓之道，尽利矣；由俗谓之道，尽嗛矣③；由法谓之道，尽数矣；由势谓之道，尽便矣；由辞谓之道，尽论矣；由天谓之道，尽因矣。此数具者，皆道之一隅也。夫道者，体常而尽变，一隅不足以举之。曲知之人，观于道之一隅而未之能识也，故以为足而饰之，内以自乱，外以惑人，上以蔽下，下以蔽上，此蔽塞之祸也。

孔子仁知且不蔽，故学乱术足以为先王者也。一家得周道，举而用之，不蔽于成积也。故德与周公齐，名与三王并，此不蔽之福也。

① 宾孟：指游说之士。

②不知知:前一"知"即知晓,懂得;后一"知"即才智。
③嗛:通"慊",欲望。

古代游说之士被蒙蔽的,所谓杂家就是。这些学派中,墨子受蒙蔽于只讲实用而不知道礼仪制度,宋子受蒙蔽于只知人有少欲而不知道人还贪得,慎子受蒙蔽于只看到法治而不知道任用贤人,申子受蒙蔽于只看到权势的重要而不知道智慧的重要,惠子受蒙蔽于只知道能言善辩、口才取胜而不知道事物的实际情况,庄子受蒙蔽于只讲求顺应自然、无所作为而不知道人的力量和作用。所以只从实用的角度来论道,人们就都去追求功利了;只从欲望的观点来论道,人们就都去追求满足欲望了;只从法治的角度来论道,人们就都去硬搬法律条文了;只从权势的观点来论道,人们就都去追求权势的便利了;只从言辞的角度来论道,人们就都去追求不切实际的辩论了;只从顺应自然的观点来论道,人们就都去追求听天由命了。这几种说法,都是道的一个方面。所谓道,它本身经久不变却又能穷尽事物的一切变化,一个方面是不足以用来概括它的。认识片面的人,只看到道的一个方面而并未能够认识它,所以把一个方面当作全面的道加以粉饰美化,对内扰乱了自己学派的思想,对外迷惑了别人,在上君主蒙蔽了民众,在下民众蒙蔽了君主,这就是被蒙蔽所造成的祸害。

孔子仁德明智而且不被蒙蔽,所以多方学习、集其大成而足以用来辅佐古代圣王治理天下。只有孔子这一学派掌握了全面的道,并且按照它去做,又不被成见旧习所蒙蔽。所以他的德行与周公相等,他的名声与禹、汤、文、武三代之王并列,这就是不被蒙蔽所带来的幸福。

圣人知心术之患,见蔽塞之祸,故无欲、无恶、无始、无终、无近、无远、无博、无浅、无古、无今,兼陈万物而中县衡焉①。是故众异不得相蔽以乱其伦也②。

何谓衡?曰:道。故心不可以不知道③,心不知道,则不可道而可非道。人孰欲得恣而守其所不可以禁其所可?以其不可道之心取人,则必合于不道人而不合于道人。以其不可道之心与不道人论道人,乱之本也。夫何以知?曰:心知道然后可道。可道然后能守道以禁非道,以其可道之心取人,则合于道人而不合于不道之人矣。以其可道之心与道人论非道,治之要也。何患不知?故治之要在于知道。

① 中：心中。　县衡："悬衡"，衡量事物的标准。
② 伦：秩序。
③ 知道：懂得"道"。

圣人知道思想方法上的弊病，看到被蒙蔽的祸患，所以既不只任凭欲望，又不只任凭憎恶；既不只看到开始，又不只看到终结；既不只看到近处，又不只看到远方；既不只务广博，又不安于浅陋；既不是只知道古代，又不是只知道当今，而是把各种事物都排列起来，在中间树立一个正确的标准加以权衡。这样众多的不同方面就不会相互蒙蔽，以致扰乱了事物本身的条理。

　　什么是权衡事物的标准呢？回答说：就是道——治理国家的正确原则。因此心中不可以不了解道。如果心中不了解"道"，那就会否认道而认可违背道。人谁想在随心所欲时拘守自己所不愿意做的事而禁止自己去做愿意做的事呢？拿他那种否定道的心思去选取人，就必然会同不奉行道的人相投合，而不会同奉行道的人相投合。以那种否定道的心思与不奉行道的人议论奉行道的人，这就是国家混乱的祸根。要是这样，那怎么能了解奉行道的人呢？回答说：心里了解了道，就会认可道。认可了道，才能奉行道并制止违背道的东西。拿那种认可道的心思去选取人，就必然会同奉行道的人相投合，而不会同不奉行道的人相投合。以那种认可道的心思与奉行道的人议论不奉行道的人，这就是把国家治理好的关键。要是这样，那又何须担忧不能了解奉行道的人呢？因此，把国家治理好的关键在于了解道。

　　夏首之南有人焉①，曰涓蜀梁，其为人也，愚而善畏②。明月而宵行，俯见其影，以为伏鬼也；卬视其发③，以为立魅也④，背而走⑤，比至其家，失气而死⑥。岂不哀哉！凡人之有鬼也，必以其感忽之间疑玄之时正之⑦。此人之所以无有而有无之时也⑧。而己以正事，故伤于湿而击鼓鼓痹，则必有敝鼓丧豚之费矣，而未有俞疾之福也。故虽不在夏首之南，则无以异矣。

① 夏首：古地名，在今湖北省夏水之口。
② 善畏：胆子小，易害怕。
③ 卬：通"仰"。

④ 立魅（mèi）：站着的鬼魅。
⑤ 背而走：转身就跑。
⑥ 失气：困而气绝。
⑦ 慼忽：恍惚。
⑧ 无有：以有为无。有无：以无为有。

译文

夏首的南边有一个人，他的名字叫涓蜀梁，他生性愚蠢而又特别胆小。在月光明亮的夜晚行走，低头看见自己的影子，以为是伏在地上的鬼；抬头看见自己的头发，以为是站在面前的鬼怪，于是转身便跑，等跑到自己家中时，就断气死去。这难道不可悲吗？凡人的以为有鬼，那必然是他在精神恍惚之际或者疑惑迷乱之时作出的判断。这正是人们所以把无当有、把有当无的时候，而他们却在这个时候来判定事物。因此有人在得了风湿病时却打鼓以驱除疾病，烹猪以祭祀神灵，那必然会有打破鼓、送掉猪的破费了，但却没有治愈疾病的福气。这种人虽说不住在夏首的南边，却同那个涓蜀梁没有什么区别呀。

原文

凡以知，人之性也；可以知，物之理也。以可以知人之性，求可以知物之理，而无所疑止之①，则没世穷年不能遍也。其所以贯理焉虽亿万，已不足以浃万物之变，与愚者若一。学，老身长子，而与愚者若一，犹不知错，夫是之谓妄人。故学也者，固学止之也。恶乎止之？曰：止诸至足。曷谓至足？曰：圣也。圣也者，尽伦者也；王也者，尽制者也；两尽者，足以为天下极矣。故学者以圣王为师，案以圣王之制为法，法其法以求其统类，以务象效其人②。向是而务，士也；类是而几，君子也；知之，圣人也。故有知非以虑是，则谓之攫③；有勇非以持是，则谓之贼；察孰非以分是，则谓之篡；多能非以修荡是，则谓之知；辩利非以言是，则谓之詍④。传曰："天下有二：非察是，是察非。"谓合王制与不合王制也。天下有不以是为隆正也，然而犹有能分是非治曲直邪？若夫非分是非，非治曲直，非辨治乱，非治人道；虽能之无益于人，不能无损于人；案直将治怪说，玩奇辞，以相挠滑也⑤；案强钳而利口⑥，厚颜而忍诟，无正而恣睢，妄辩而几利；不好辞让，不敬礼节，而好相推挤，此乱世奸人之说也，则天下之治说者，方多然矣。传曰："析辞而为察，言物而为辩，君子贱之。博闻强志，不合王制，君子贱之。"此之谓也。

① 疑止:据上下文意,当作"凝止",即界限。
② 象效:效法。
③ 攫(jué):夺取。
④ 呭(yì):废话。
⑤ 挠滑:扰乱。
⑥ 强钳:强制。

凡是能对事物有所认知,这是人的本性;事物可以被认知,这是事物的规律。以能对事物有所认知的人的本性,来探求事物可以被认知的规律,如果没有什么界限,那么即使过上一辈子、享尽了天年也不可能遍及所有的事物。人们学习到贯通事理的办法就是有亿万条,也终不能通晓万事万物的变化,这同愚蠢的人一个样。学习,本人年老了,子女长大了,仍同愚蠢的人一个样,但还不知道废弃这种做法,那么这就称之为无知之妄人。学习嘛,本来就应有个限度。什么是学习的限度呢?回答道:学习的限度是达到最完满的境界。什么是最完满的境界呢?回答道:圣王之道。圣人,就是完全精通事理的人;王者,就是完全精通治国的人;两方面都精通的人,足以成为天下的最高标准。因此,学习要以圣王为师表,以圣王的制度为法则,效法圣王的制度而探求他们的纲领,并努力效法他们的为人。朝着这个目标而努力追求的,就是士人;效法这种圣王之道而接近它的,就是君子;通晓这种圣王之道的,就是圣人。所以,有智慧而不用来考虑圣王之道的,就叫做抢夺;有勇力而不用来维护圣王之道的,就叫做贼害;观察问题仔细周详而不用来分析圣王之道的,就叫做篡逆;多才多能而不用来学习并光大圣王之道的,就叫做智巧;能说会道而不用来宣传圣王之道的,就叫做废话。古书中说:"天下的事物有是和非两方面,一是通过非来考察是,一是通过是来考察非。"这所谓的是和非,是指符合圣王法度和不符合圣王法度。天下如果有不用圣王的法度为最高标准的,那么还有能够分辨是非、处理曲直的东西吗?至于那不分辨是非、不处理曲直、不辨别治乱、不规范做人的道德,虽然精通它,也无益于人,不精通它,也无损于人;这只不过是研究怪论邪说,玩弄奇异辞藻,用以相互扰乱而已;强行钳制别人而伶牙俐齿,厚着脸皮而忍着诟骂,不守正道而恣意胡为,妄施诡辩而希冀得利,不喜欢辞让,不尊重礼节,而善于相互排挤,这就是混乱时代奸邪的人的学说。而天下研究思想学说的人,却多数是这样的。古书中说:"辨析言辞而自以为明察,空谈名物而自以为善辩,君子鄙贱这种人。见识广博,记忆力强,但不合于圣王的法度,君子鄙贱这样的人。"就是说的这种情况。

原文

为之无益于成也,求之无益于得也,忧戚之无益于几也,则广焉能弃之矣!不以自妨也,不少顷干之胸中①。不慕往,不闵来②,无邑怜之心③,当时则动④,物至而应,事起而辨,治乱可否,昭然明矣!

周而成⑤,泄而败,明君无之有也。宣而成,隐而败,暗君无之有也。故君人者,周则谗言至矣,直言反矣,小人迩而君子远矣。《诗》云:"墨以为明,狐狸而苍。"此言上幽而下险也。君人者,宣则直言至矣,而谗言反矣,君子迩而小人远矣。《诗》曰:"明明在下,赫赫在上。"此言上明而下化也。

① 干:干扰。
② 闵:担心。
③ 邑怜:邑,同"悒",忧愁怜悯。
④ 当时:适时。
⑤ 周:文中指隐瞒实情。

做一件事而无益于成功,追求一件事而无益于收获,担忧危机而无益于补救,那就远远地把它抛弃,不能让它妨碍自己,不能让它有一会儿时间在心中干扰自己。不羡慕过去,不担心未来,没有愁闷怜悯的心情,时机适合就行动,问题来了就应对,事情发生了就处理,至于是治还是乱,是肯定还是否定,就会明白清楚了。

凡事隐瞒就能成功,而泄漏就会失败,英明的君主没有这样的事。凡事公开真相就能成功,而隐瞒实情就会失败,昏暗的君主没有这样的事。统治人民的君主如果凡事隐瞒,那么诽谤的话就来了,正直的话就没了,小人都来亲近,君子就远离了。《诗经》中说:"你把黑暗当成光明,他就会说狐狸是青黑色的。"这是说君主昏暗,那么臣民就会险诈。统治人民的君主如果开诚布公,那么正直的话就来了,诽谤的话就没了,君子都来接近,小人就远离了。《诗经·大雅·大明》中说:"在下的明亮,缘于在上的光辉。"这是说君主光明正大,那么臣民就会被感化。

◎ 正名篇

【题解】

本篇主要论述了与正名有关的名实关系及如何制定名称的问题。"名不正则言不顺，言不顺则事不成"，是儒家学说中一个重要观点，也是先秦诸子百家都很重视的命题。前面荀子系统地论述了王者制名与正名的重要性，提出了创作新名的三个主要对象，说明了单名、兼名、共名、别名等的区别和作用。后面则从正名出发，论述了辩说的重要和方法。荀子认为确定事物的名称一方面要"稽实"，另一方面"名定而实辨"。这是两千多年来中国关于名实问题的一个辉煌篇章。

【原文】

后王之成名①：刑名从商②，爵名从周③，文名从《礼》④。散名之加于万物者⑤，则从诸夏之成俗曲期⑥；远方异俗之乡，则因之而为通。散名之在人者：生之所以然者谓之性。性之和所生，精合感应，不事而自然谓之性。性之好、恶、喜、怒、哀、乐谓之情。情然而心为之择谓之虑。心虑而能为之动谓之伪。虑积焉、能习焉而后成谓之伪。正利而为谓之事。正义而为谓之行。所以知之在人者谓之知。知有所合谓之智。智所以能之在人者谓之能。能有所合谓之能。性伤谓之病。节遇谓之命。是散名之在人者也，是后王之成名也。

【注释】

① 成名：确定名称。
② 刑名：刑法名称。
③ 爵名：爵位名称。
④ 文名：礼义名称。
⑤ 散名：各种各样的名称。
⑥ 曲期：一起加以约定。

【译文】

近代的君主给事物确定名称：刑法的名称依从商朝，爵位的名称依从周朝，礼仪制度的名称依从《礼经》，赋予各种事物的具体名称依从中原华夏各诸侯国已形成的习俗名称。很远的不同习俗的地方，就依靠这些名称相互交流。关于人本身的各种具体名称：人生下来之所以这样叫做性。性是阴阳二气相和而产生的，人的精神接触外界事物引起感应，不经人为的努力而自然形成的叫做本性。本性中的好、恶、喜、怒、哀、乐叫做情感。情感是这样而后心灵给它们以选择，叫做思虑。心灵为之思虑而官能为之行动，叫做人为。思虑的积累和官能的运用，而后形成一种常规，也叫做人为。符合功利的就去做，叫做事业。符合正义的就去做，叫做德行。所以人本来有的认识客观事物的能力叫做知。人的认识能力同客观事物相接触所产生的认识叫做智。人本来有的处理客观事物的能力叫做本能。人的本能同客观事物相接触所形成的能力叫做才能。天性受到伤害叫做病。时节恰好遇到叫做命运。这些就是关于人本身的各种具体名称，这些就是近代的君主给事物确定的名称。

【原文】

故王者之制名，名定而实辨，道行而志通，则慎率民而一焉。故析辞擅作名以乱正名，使民疑惑，人多辨讼，则谓之大奸；其罪犹为符节①、度量之罪也。故其民莫敢托为奇辞以乱正名②，故其民悫③。悫则易使，易使则公。其民莫敢托为奇辞以乱正名，故壹于道法而谨于循令矣，如是则其迹长矣。迹长功成，治之极也，是谨于守名约之功也。

今圣王没，名守慢，奇辞起，名实乱，是非之形不明，则虽守法之吏，诵数之儒，亦皆乱也。若有王者起，必将有循于旧名，有作于新名。然则所为有名，与所缘以同异④，与制名之枢要，不可不察也。

【注释】

① 为：通"伪"，伪造。
② 托：凭借，依托。
③ 悫（què）：诚实，朴实。
④ 缘：依据，根据。

【译文】

所以称王天下的人制定事物的名称，名称一确定，实际事物就能辨别了；制定名称的原则一实行，人的思想就沟通了；于是就谨慎地率领民众来统一使用这些名称。因此，分割离析词语、擅自创造以扰乱正规的名称，使民众疑惑不定，使人们增多争辩，那就称之为极端奸诈的人，他的罪过同伪造符节和度量衡的罪过一样。所以称王天下的人统治的民众，没有敢依托制造奇辞异称来扰乱正规的名称的，因此他的民众朴实。民众朴实就容易役使，容易役使就能成就功业。他的民众没有敢依托制造奇辞异称来扰乱正规的名称的,所以就专一于遵行法度而谨慎地遵循政令。像这样,那他统治的时间就长久。统治长久功业就成就,这是治理天下所达到的极完美的境界。这是严谨地坚持用正规名称来约束民众的功效。

如今圣明的帝王去世了,名称坚持松懈了,奇怪的辞藻出现了,名称同实际混乱了,是非的界限不分明,那么即使坚持法度的官吏、熟读经典的儒生,也都混乱了。如果再有称王天下的人出现,必然会对旧的名称有所沿用,并创制一些新的名称。这样,对为什么要有名称、制定名称有同有异的依据,以及制定名称的原则,就不能不搞清楚明白。

异形离心交喻①,异物名实互纽②,贵贱不明,同异不别。如是,则志必有不喻之患,而事必有困废之祸③。故知者为之分别,制名以指实,上以明贵贱,下以辨同异。贵贱明,同异别,如是,则志无不喻之患,事无困废之祸,此所为有名也。

① 交喻:相互告诉。
② 互纽:互相交结。
③ 困废:困顿废弃。

不同的人如果用不同的意念相互告知,不同的事物如果名称与实际互相交结,那么就会使贵贱分辨不清,同异不能区别。如果这样,那意志必然会有不能表达明白的忧患,而事情必然会有陷入困顿而被废弃的灾祸。因此明智的人给各种事物分别制定名称以指明实际事物,上用以彰明贵与贱,下用以分辨同与异。贵贱彰明,同异分清,如果这样,那意志没有不能表达明白的忧患,事情没有陷入困顿而被废弃的灾祸。这就是为什么要有名称的原因。

然则何缘而以同异?曰:缘天官①。凡同类同情者,其天官之意物也同;故比方之疑似而通②。是所以共其约名以相期也,形体、色、理,以目异;声音清浊、调节奇声,以耳异;甘、苦、咸、淡、辛、酸、奇味,以口异;香、臭、芬、郁、腥、臊、漏、庮、奇臭③,以鼻异;疾、养④、沧、热、滑、铍⑤、轻、重,以形体异;说⑥、故、喜、怒、哀、乐、爱、恶、欲,以心异。心有征知。征知，则缘耳而知声可也，缘目而知形可也，然而征知必将待天官之当簿其类然后可也⑦。五官簿之而不知，心征之而无说，则人莫不然谓之不知，此所缘而以同异也。

① 天官：天生的感官，即五官。
② 疑似：描摹大体相似。疑，通"拟"。
③ 漏、庮（yóu）：马、牛的膻气。
④ 痒：同"痒"。
⑤ 钒：同"涩"。
⑥ 说（yuè）：同"悦"。
⑦ 簿：接触。

那么，依据什么来区别事物名称的同异呢？回答道：依据人天生的感官。凡是同族、又有相同情感的人，他们天生的感官对事物的体会也相同，因此对事物的描摹只要大体相似便能使人通晓，这就是人们能共同使用概括的名称来相互交际的原因。形体、颜色、纹理，因眼睛的感觉而不同；单音和和声、清音和浊音、协调乐器的竽声、奇特的声音，因耳朵的感觉而不同；甜、苦、咸、淡、辣、酸、奇特的味道，因嘴巴的感觉而不同；香、臭、花香、鸟臭、腥、臊、马膻臭、牛膻臭、奇特的气味，因鼻子的感觉而不同；疼、痒、冷、热、滑、涩、轻、重，因身体的感觉而不同；愉悦、痛苦、喜、怒、哀、乐、爱好、厌恶、欲望，因心灵的感觉而不同。心灵能验证事物。既然心灵能验证事物，那么依靠耳朵就可以知道声音，依靠眼睛就可以知道形状，然而心灵的验证事物必然要等待天生感官接触事物之后才行。若是五官接触了事物而不能认知，心灵验证了事物而说不出来，那么人们没有不同意说他无知的。这些就是所说的依据什么来区别事物名称的同异。

然后随而命之：同则同之，异则异之；单足以喻则单①；单不足以喻则兼②；单与兼无所相避则共，虽共，不为害矣。知异实者之异名也，故使异实者莫不异名也，不可乱也。犹使同实者莫不同名也。故万物虽众，有时而欲遍举之，故谓之物。物也者，大共名也。推而共之，共则有共，至于无共然后止。有时而欲遍举之，故谓之鸟兽。鸟兽也者，大别名也。推而别之，别则有别，至于无别然后止。

名无固宜③，约之以命，约定俗成谓之宜，异于约则谓之不宜。名无固实④,约之以命实,约定俗成谓之实名。名有固善,径易而不拂⑤,谓之善名。物有同状而异所者,有异状而同所者,可别也。状同而为异所者,虽可合,谓之二实。状变而实无别而为异者,谓之化;有化而无别,谓之一实。此事之所以稽实定数也,此制名之枢要也。后王之成名,不可不察也。

① 单:单音词。
② 兼:复音词。
③ 固宜:本来就相宜。
④ 固实:本来的某实物。
⑤ 径易:直截了当。

　　明白了这些道理,然后给事物确定名称:相同的事物就确定相同的名称,不同的事物就确定不同的名称;单音词足以使人明白就用单音词的名称;单音词不足以使人明白的就用复音词的名称;单音词和复音词的名称如果性质一致不相违背就共用一个名称,虽然共用一个名称,也不会有什么害处。知道不同实质的事物要用不同的名称,因此要使不同实质的事物具有不同的名称,这是不可混乱的,就如同使相同实质的事物具有相同的名称一样。各种事物虽多,有的时候却要把它们全部举出来,所以称之为"物"。"物"这个名称,是一个最大的共用名称。依次推究而给事物确定共用名称,那么共用名称之上又有共用的名称,直至无共用名称然后终止。有的时候要把它们部分举出来,所以称之为"鸟"、"兽"。"鸟"、"兽"这个名称,是一个最大的个别名称。依次推究而给事物确定个别名称,那么个别名称之下又有个别名称,直至无个别名称然后终止。
　　名称没有本来就合宜的,是人们相约确定名称的,约定俗成就称之为合宜,不同于约定的名称就称之为不合宜。名称没有本来就实指的,是人们相约给实物确定名称的,约定俗成就称之为事物的实际名称。名称有本来就确定得好的,直截了当而又平易不悖事理,叫做好的名称。事物有相同形状而不同实质的,有不同形状而相同实质的,这可以区别开来。形状相同却是不同实质的,虽然可以合用一个名称,也应说它们是两个实体。形状变了而实质并无区别而成为不同事物的,叫做变化;有变化而实体无区别的,应说它是一个实体。这是对事物考察实质、确定名称多寡的办法,这些就是制定名称的原则。近代的君主给事物确定名称,就不能不搞清楚、明白。

175

◎成相篇

【题解】

荀子既是伟大的思想家,也是杰出的文学家。其《成相篇》《赋篇》就是两篇纯文学作品。荀子晚年,因为理想和抱负无法实现,便借用"成相辞"这种民间流行的曲艺形式来抒发一腔忧愤。在回顾历史中宣扬了自己礼法兼治、"明德慎罚"、"贵贱有等"、"务本节用"等思想主张。文章实际包括三篇"成相辞",各自独立。"相"是一种乐器,"成"是把乐曲或曲词演奏(唱)一篇。《成相篇》本来是可以歌唱的,曲词有韵,句有长短,声有高下,辞章转换,婉转舒缓,极尽错综变化之妙。

【原文】

请成相①,世之殃,愚暗愚暗堕贤良②。人主无贤,如瞽无相③,何伥伥。

请布基④,慎听之:愚而自专事不治。主忌苟胜⑤,群臣莫谏,必逢灾。论臣过,反其施,尊主安国尚贤义。拒谏饰非,愚而上同,国必祸。曷谓罢⑥?国多私,比周还主党与施。远贤近谗,忠臣蔽塞,主势移。曷谓贤?明君臣,上能尊主下爱民。主诚听之,天下为一,海内宾⑦。主之孽,谗人达,贤能遁逃国乃蹶。愚以重愚,暗以重暗,成为桀。世之灾,妒贤能,飞廉知政任恶来。卑其志意,大其园囿,高其台。武王怒,师牧野,纣卒易乡启乃下⑧;武王善之,封之于宋,立其祖。世之衰,谗人归,比干见刳箕子累⑨。武王诛之,吕尚招麾,殷民怀⑩。世之祸,恶贤士,子胥见杀百里徒⑪;穆公任之,强配五伯⑫,六卿施。世之愚,恶大儒,逆斥不通孔子拘。展禽三绌⑬,春申道缀⑭,基毕输。

① 相:古代一种民歌的体裁。"请成相"系开头套语。
② 堕:此处是陷害的意思。
③ 相:搀扶盲人的人。
④ 布基:从头叙起。
⑤ 苟:争取,务必。

⑥罢（pí）：通"疲"，不贤能。
⑦宾：宾服，服从。
⑧乡：通"向"，方向。
⑨刳（kū）：剖腹剜心。
⑩怀：归服。
⑪百里：指百里奚，起初为虞国大夫，后协助秦穆公完成霸业。
⑫伯：通"霸"。
⑬展禽：春秋时鲁国人，曾三次任士师，三次遭罢免。
⑭缀：通"辍"，废止。

听我打鼓表一场，说说世间遭祸殃，
愚昧昏暗又糊涂，竟然陷害贤能与忠良。
君主没有贤相国，如同瞎子没人帮，不知所措多迷茫。

听我说那事情的起因，请你认真仔细听，
君主愚昧又专断，国家治理事不成。
君主忌妒、争强又好胜，群臣谁人敢谏诤，灾祸必然要降临。

审查臣子的过错，看他究竟怎么做，
是否尊重君主安祖国，崇尚贤能道义多。
拒绝谏诤又饰过，愚顽附和君主说，国家必定遭灾祸。

什么称作不贤能？国家内部多营私。
相互勾结蒙蔽君主，结党包围正道难实施。
远离贤能亲近谗佞，忠臣被斥逐压抑，君主权势被转移。

什么称作是贤能？君臣大义要分明，
对上尊主心意定，对下爱民多操心。
君主真诚听从他，天下一统多安定，四海宾服是佳音。

君主的罪孽，在于谗佞都显达，
贤能都逃遁，国家受挫折。
愚昧加愚昧，昏庸又昏庸，成为暴君夏桀。

商代的灾害，妒忌贤与能，

飞廉竟然能执政,又把大权交恶来。
纣王意志消沉,大修园林苑囿,高高筑起那鹿台。

周武王因之而发怒,出师伐纣到牧野,
纣王士卒齐倒戈,微子启低头降服。
武王赞赏微子启,封他居住在宋国,建立祠庙祭先祖。

商代社会日见衰,谗佞纷纷齐来归,
比干被剖腹剜心,箕子竟然遭囚禁。
武王兴兵诛商纣,吕尚挥动战旗来指挥,殷商民众都归顺。

再说人世的灾祸,厌恶贤士与能人,
子胥居然被杀死,百里奚陪嫁被迁移。
穆公任用百里奚,国强堪匹敌五霸,六卿官制新设立。

再说人世的愚昧,竟至憎恶大名儒,
拒绝排斥不重用,孔子几次被转拘。
展禽三番被废黜,春申贤德被废止,儒术基业全倾覆。

[原文]

请牧基①,贤者思,尧在万世如见之;谗人罔极,险陂倾侧②,此之疑。基必施,辨贤罢,文武之道同伏戏③。由之者治,不由者乱,何疑为?凡成相,辨法方,至治之极复后王④,法、慎、墨、季、惠,百家之说,诚不详。

治复一,修之吉,君子执之心如结;众人贰之,谗夫弃之,形是诘⑤。水至平,端不倾,心术如此象圣人;〔人〕而有势,直而用抴⑥,必参天。

世无王,穷贤良,暴人刍豢,仁人糟糠。礼乐灭息,圣人隐伏,墨术行。治之经⑦,礼与刑,君子以修百姓宁,明德慎罚,国家既治,四海平。治之志,后势富,君子诚之好以待,处之敦固⑧,有深藏之,能远思。思乃精,志之荣,好而壹之神以成。精神相反,一而不二,为圣人。治之道,美不老,君子由之佼以好⑨,下以教诲子弟,上以事祖考。成相竭,辞不蹶,君子道之顺以达,宗其贤良,辨其殃孽。

① 牧：治理。
② 陂（pō）：不正。
③ 伏戏：即伏羲氏。
④ 复：重复，引申为效法。
⑤ 形：通"刑"，刑法。
⑥ 枻：通"枻"，船桨。
⑦ 经：原则。
⑧ 敦固：坚定。
⑨ 佼：美好。

请听我说治国的根本，在于选择用贤臣，
唐尧距今虽万世，德政至今仍可思。
谗人作恶无不至，邪僻险恶心不正，贤臣竟然被怀疑。

基本国策须实施，辨别贤能与无知，
周文王与周武王，治国之道同伏羲。
遵循此道国必治，违背而行混乱至，何必对此有怀疑。

一边打鼓一边唱，需要辨别治国方，
治理国家大原则，当代帝王要效法。
法、慎、墨、季、惠，百代的主张，胡言乱语真不祥。

治国之道在礼义，遵而行之国大吉，
君子坚守心意定。
众人背离有贰心，谗人要想舍弃它，要用刑罚查到底。

水面极端平，任何时候不会倾，
心术如若这样平，就像大圣人。
圣人如果有权势，正直又宽容，功德齐天一定成。

人间无圣王，走投无路是贤良，
暴虐之人尝鱼肉，仁德贤良咽糟糠。
礼崩又乐坏，圣人隐居而躲藏，墨家学说流行广。

治国的原则，遵行礼义与刑罚，
君子用礼以修身，百姓惧刑而安宁。
彰明美德慎刑罚，国家既安定，天下又太平。

治理国家的大志，权势富贵在其次，
君子诚心为国家，凭借善心待重用。
处世敦厚且坚定，又能深思熟虑，长远思考看得清。

思虑很周密，志向就美好，
爱好又专一，聪明又成功。
心神相随，专一不二，就能成为大圣人。

治理国家的原则，永葆青春而不老，
君子遵循它，鲜艳又美好。
对下用以教诲子弟，对上用以侍奉祖考。

打鼓表完这一场，我的话语还未完，
君子遵照我的话，顺利又通畅。
尊崇贤良的人，辨明罪孽与灾殃。

◎赋　篇

【题解】

赋，铺陈朗诵。引申为一种着意铺叙、"不歌而诵"的文章体裁名称。《赋篇》是赋作为一种用韵散文体裁的肇始，与后来的古赋、骈赋、律赋、文赋相比，具有假物寓意、托物讽喻的特点。本篇始终贯穿着"隆礼"、"重积庥"的观点，是荀子"离谗忧国"、"作赋以风"，融合变化而创造出的一种前所未有的优美的文学形式。

【原文】

爰有大物①，非丝非帛，文理成章。非日非月，为天下明。生者以寿，死者以葬，城郭以固，三军以强。粹而王②，驳而伯③，无一焉而亡。臣愚不识，敢请之王。王曰：此夫文而不采者与④？简然易知而致有理者与⑤？君子所敬而小人所不者与？性不得则若禽兽⑥，性得之则甚雅似者与？匹夫隆之则为圣人，诸侯隆之则一四海者与？致明而约，甚顺而体⑦，请归之礼。——礼。

① 爰（yuán）：在这里。　大物，此指"礼"。
② 粹：纯粹，完全。
③ 驳：杂驳，错杂。
④ 与：同"欤"，吗。
⑤ 致：同"至"，非常。下"致明而约"句中"致"同此。
⑥ 性：人的本性。
⑦ 顺：指条理。　体：指形体。文中言其有固定的格式。

这里有一个很大的东西，
它不是丝不是帛，却条理分明、斐然成章。
不是太阳不是月亮，却为天下带来明亮。
活人有它能长寿，死人有它得安葬，
城郭靠它坚固，三军靠它雄壮。

完全纯粹可称王,错杂不纯能称霸,全没有它就灭亡。
我很愚蠢不知情况,大胆请教大王。
大王说:
这个东西有文饰,但却不很华丽吧?
它是简单易懂而很有条理的吗?
是君子所敬重而小人所轻视的吗?
是本性没得到它就如同禽兽,得到它就品行很端正吗?
是普通人尊崇它就会成为圣人,诸侯尊崇它就会统一天下吗?
它极其明白而又简约,非常合理而又得体。
请把它归结为礼。
——这就是礼。

【原文】

皇天隆物①,以施下民,或厚或薄,常不齐均。桀、纣以乱,汤、武以贤。涽涽淑淑②,皇皇穆穆③,周流四海,曾不崇日。君子以修,跖以穿室。大参乎天,精微而无形。行义以正,事业以成。可以禁暴足穷,百姓待之而后宁泰。臣愚不识,愿问其名。曰:此夫安宽平而危险隘者邪?修洁之为亲而杂污之为狄者邪④?甚深藏而外胜敌者邪?法禹、舜而能弇迹者邪⑤?行为动静待之而后适者邪⑥?血气之精也,志意之荣也。百姓待之而后宁也,天下待之而后平也。明达纯粹而无疵也,夫是之谓君子之知⑦。——知。

【注释】

①皇天:苍天,大天,即自然界。 隆:通"降"。
②涽涽(hūn):混沌不清。 淑淑:清明。文中指忧愁,惆怅。
③皇皇:广大。 穆穆:微小,渺小。
④狄:通"逖",疏远。
⑤弇(yǎn):重复,沿袭。
⑥行为动静:行为举止。
⑦知:同"智",智慧。

【译文】

上天降下一种东西,用来施予天下民众,
有人丰厚,有人菲薄,常常不会一致均衡,
夏桀、商纣因此混乱,商汤、周武因此能贤明。
有人混沌,有人清明,有人浩大,有人微小。

四海之内周流一遍，竟然还不到一整天。
君子用它来修身，盗跖用它来偷窃。
它高大同天相并，它细微而不显其形。
德行道义靠它端正，事业功绩靠它完成。
可以用它禁止暴行，可以用它改变贫穷；百姓靠它然后才能安宁。
我很愚蠢不知情况，希望问问它的名称。
回答道：
这个东西是平安宽宏而又危惧险峻狭隘吧？
它是专要亲近修饰整洁者而疏远杂乱秽污者吗？
是自身深深地隐藏着而对外能战胜敌人吗？
是效法禹、舜而能再度实现禹、舜的伟业吗？
是行为举止靠它然后才能恰当适宜吗？
它是血气的精华，
它是意志的精英。
百姓靠它然后才能安宁，
天下靠它然后才能太平。
它明睿通达、纯粹而无瑕疵，
这就称之为君子的智慧。
——这就是智慧。

有物于此，居则周静致下，动则綦高以巨①。圆者中规，方者中矩。大参天地，德厚尧、禹。精微乎毫毛，而充盈乎大宇②。忽兮其极之远也，攭兮其相逐而反也③，昂昂兮天下之咸蹇也。德厚而不捐，五采备而成文。往来惛惫④，通于大神，出入甚极，莫知其门。天下失之则灭，得之则存。弟子不敏，此之愿陈，君子设辞，请测意之。曰：此夫大而不塞者与⑤？充盈大宇而不窕⑥，入隙穴而不逼者与？行远疾速而不可托讯者与？往来惛惫而不可为固塞者与？暴至杀伤而不亿忌者与⑦？功被天下而不私置者与？托地而游宇，友风而子雨。冬日作寒，夏日作暑。广大精神，请归之云。——云。

① 綦（qí）：极，甚。
② 大宇：整个宇宙。
③ 攭（lì）：云气回旋的样子。
④ 惛（hūn）惫：昏暗不明。

⑤塞：堵塞。
⑥不窕（tiǎo）：不留空隙。
⑦亿：通"意"。

在这里有一种东西，
它停留时周密安静、极其低下、贴近地面，
动荡时极其高大、流布天空、无际无边。
圆时符合圆规所画的圆，方则如同用尺画的一般。
大时可同天地并列，德行比尧、禹敦厚慈善。
小则比毫毛还细微，大则可充盈寥廓的空间。
飘忽时能飞向极远极远，
回旋时相互追逐、时离时返，
高高在上时天下人都会获益解除困难。
它德行敦厚而普盖万物没有丢弃，五彩齐备能形成花纹。
它来去昏暗隐蔽，变幻倏忽如同天神。
它出入非常快捷，却不知什么地方是门。
天下的人失去它就会死亡，得到它就能生存。
学生我不聪敏，愿把这种现象给先生述说。
君子设置这些隐辞，请猜猜它是什么？
回答道：
这个东西是庞大而又不会被堵塞的吗？
它是充满宇宙而没有间隙、进入缝隙而不感到狭窄的吗？
是走得很远而又迅疾且不能负载重物的吗？
是来去昏暗隐蔽而不可能被固定堵塞的吗？
是突然猛烈地到来而又毫不迟疑和忌惮的吗？
是功德覆盖天下而又不自以为有德天下的吗？
是依托大地而遨游宇宙、以风为友而以雨为子女的吗？
它冬天化作寒流，夏日兴起热浪。
它广大而又神奇多变，请把它归结为云。
——这就是云。

有物于此，儳儳兮其状，屡化如神，功被天下，为万世文。礼乐以成，贵贱以分。养老长幼，待之而后存。名号不美，与暴为邻①。功立而身废，事成而家败，弃其耆老②，收其后世。人属所利，飞鸟所害。臣愚而不识，请占之五泰③。五泰占之曰：此夫身女好而头马首者与？屡化而不寿者与？善壮而拙老者与？有父母而无牝牡者与④？冬伏而夏游，食桑而吐丝，前乱而后治，夏生而恶暑，喜湿而恶雨。蛹以为母，蛾以为父。三俯三起，事乃大已。夫是之谓蚕理。——蚕。

① 与暴为邻："蚕"与"残"谐音，所以说"蚕"（残）"与暴为邻"。
② 耆（qí）老：本意指老人，此处指蚕蛾。
③ 五泰：指"万事通"。
④ 牝（pìn）牡：雌雄。

在这里有一种东西，
它赤裸裸没有毛羽，屡屡变化奇妙如神，
功德覆盖天下，成为万代的文采。
礼乐制度靠它完成，贵贱名分靠它区分。
它能养老育婴，依靠它然后才能生存。
它的名号并不好听，由于它同暴字为邻。
它功业成就而自身被废，事业成功而家庭破败。
抛弃了它的老一辈，收留了它的下一代。
它被人类所利用，也为飞鸟所伤害。
我很愚蠢而又不知道情况，请万事通"五泰"猜一猜。
"五泰"推测它说：
这个东西是身体如同女人一样柔美而头如马首的吗？
它是屡屡蜕化而不能长寿的吗？
是善于度过壮年而不善于度过老年的吗？
是有父母而没有雌雄分别的吗？
是冬天隐藏而夏日出游的吗？
它吃桑叶而吐细丝，先杂乱而后条理。
它夏天生长而厌恶酷暑，喜欢湿润而又害怕雨淋。
把蛹当作母亲，把蛾作为父亲。
多次蛰眠多次苏醒，事情才算最后完成。
这就称之为蚕的生活规律。
——这就是蚕。

[原文]

有物于此，生于山阜①，处于室堂。无知无巧，善治衣裳。不盗不窃，穿窬而行②。日夜合离，以成文章③。以能合从④，又善连衡。下覆百姓，上饰帝王。功业甚博，不见贤良。时用则存，不用则亡。臣愚不识，敢请之王。王曰：此夫始生巨、其成功小者邪？长其尾而锐其剽者邪⑤？头铦达而尾赵缭者邪⑥？一往一来，结尾以为事。无羽无翼，反复甚极。尾生而事起，尾遭而事已⑦。簪以为父，管以为母。既以缝表，又以连里。夫是之谓箴理。——箴。

① 山阜：山冈。针由铁制成，铁出自山冈，故为"生于山阜"。
② 窬（yú）：小洞。
③ 文章：这里指用针线缝制而成的花纹。
④ 以：通"已"，既然。
⑤ 剽：指针尖。
⑥ 铦（xiān）达：锋利。　赵缭：绵长。
⑦ 遭（zhān）：回转，指缝纫完毕打线结。

在这里有一种东西，
它产生在山冈，居住在内室厅堂。
没有智慧也没有技巧，却善于缝合衣裳。
不偷盗也不行窃，却能穿洞而前行。
日日夜夜使分离的结合，以制成花纹式样。
既能联合纵向，又善于连接横向。
下以遮盖百姓，上能装饰帝王。
功劳业绩非常博大，却不表现自己的贤良。
使用时它在身旁，不用时它就隐藏。
我很愚蠢不知情况，大胆请教大王。
大王说：
这个东西是开始产生时巨大，而制造成功时很小吧？
它是尾巴拖得很长而末梢非常尖利的吗？
是头部锐利通达，而尾巴摇曳缠绕的吗？
它一往一来地活动，把尾结好才开始做事。
没有羽毛没有翅膀，来回反复很急速。
尾巴一长做事就开始，尾巴收结才停止。
把大簪针当作父亲，把针管作为母亲。
既用它来缝合衣表，又用它来连接衣里。

这就称之为针的活动规律。
——这就是针。

天下不治，请陈佹诗①：天地易位，四时易乡②。列星殒坠，旦暮晦盲③。幽晦登昭④，日月下藏。公正无私，见谓纵横；志爱公利，重楼疏堂；无私罪人，憼革贰兵。道德纯备，谗口将将⑤。仁人绌约，敖暴擅强，天下幽险，恐失世英。螭龙为蝘蜓⑥，鸱枭为凤皇⑦。比干见刳，孔子拘匡。昭昭乎其知之明也，拂乎其遇时之不祥也，郁郁乎其欲礼义之大行也，暗乎天下之晦盲也。皓天不复，忧无疆也。千岁必反，古之常也。弟子勉学，天不忘也。圣人共手，时几将矣。以愚以疑，愿闻反辞。

注释

① 佹（guǐ）：通"诡"，激愤，奇异。
② 易乡：颠倒方向。乡，通"向"。
③ 晦盲：昏暗不明。
④ 幽晦：幽暗。文中喻小人。
⑤ 将将（qiāng）：聚积的样子。
⑥ 螭（chī）龙：传说中一种没有角的龙。
⑦ 鸱（chī）枭：猫头鹰。

如今天下不安定，请听我陈说奇异的诗：
天地调换了位置，四季颠倒了方向。
天上的恒星全坠殒，早晚昏暗不明亮。
阴暗小人登高位，光明君子都隐藏。
公平正直无私欲，反被说成结私党。
志在公利去做官，却被说是为楼堂。
没有袒护有罪人，却视作敌来严防。
道德纯粹又完备，谗言不绝吵嚷嚷。
仁人被贬受贫困，傲横凶暴逞凶狂。
天下黑暗又危险，惟恐精英丢弃光。
蛟龙被当壁虎看，鸱枭反被当凤凰。
比干被剖腹剜心，孔子被困于陈匡。
昭然明白啊，他们的智慧多聪明。

违背世道啊,他们的时运真不祥。
文采郁郁,他们想把礼义在天下推广。
时代昏暗,天下却如此地阴晦不明亮。
光明的天道不复返,人们忧思无限长。
天道千年必复返,古来规律是这样。
弟子要努力去求学,老天不会把你忘。
圣人拱手在等待,必将出现好时光。
我因愚蠢而疑惑,希望听您反复说。

其小歌曰:念彼远方,何其塞矣。仁人绌约,暴人衍矣。忠臣危殆,谗人服矣①。琁②、玉、瑶、珠,不知佩也。杂布与锦,不知异也。闾娵③、子奢④,莫之媒也。嫫母⑤、力父⑥,是之喜也⑦。以盲为明,以聋为聪,以危为安,以吉为凶。呜呼上天,曷维其同⑧!

【注释】

① 服:被任用。
② 琁(qióng):同"琼",美玉。
③ 闾娵(jū):战国时魏国的美女。
④ 子奢:即子都,春秋时郑国的美男子。
⑤ 嫫母:据说是黄帝时的丑女。
⑥ 力父:不详,依文意当是丑男子之名。
⑦ 喜:受人喜欢。
⑧ 同:同道。

那短小的诗歌唱道:
想那遥远的地方,多么闭塞又阻挡。
仁人被贬受贫困,傲横凶暴逞凶狂。
忠臣们遭受危险,奸谗的却被重用。
美玉琼瑶和宝珠,竟然不知去佩戴。
麻布锦帛相混杂,竟然不知区分开。
美如闾娵和子都,无人撮合给做媒。
丑似嫫母同力父,却有人们来喜爱。
以为瞎子看得清,认为聋子听力好。
反以危险为安全,又把吉利当凶兆。
呜呼哀哉老天啊,为何与这些人同在一道?

◎ 宥坐篇

【题解】

本篇摘取"宥坐之器"前两字作篇名。此器皿注满水会倒翻，空着会倾斜，水注得不多不少才会端正。放在座右提醒人不要过分也别不及。主要记载孔子的一些言行事迹，表现了荀子及其学生对孔子思想的向往和继承。《宥坐》以下五篇是摘录的资料，具有一定价值。

【原文】

孔子观于鲁桓公之庙①，有欹器焉②。孔子问于守庙者曰："此为何器？"守庙者曰："此盖为宥坐之器。"孔子曰："吾闻宥坐之器者，虚则欹，中则正，满则覆。"孔子顾谓弟子曰："注水焉！"弟子挹水而注之。中而正，满而覆，虚而欹。孔子喟然而叹曰："吁！恶有满而不覆者哉！"

子路曰："敢问持满有道乎？"孔子曰："聪明圣知，守之以愚；功被天下，守之以让；勇力抚世③，守之以怯；富有四海，守之以谦④。此所谓挹而损之之道也⑤。"

【注释】

① 鲁桓公：名轨或允，惠公子，隐公弟，公元前711—前694年在位。
② 欹（qī）：倾斜。
③ 抚：掩。　抚世：盖世。
④ 谦：通"廉"。
⑤ 挹（yì）：抑。

【译文】

孔子到鲁桓公的庙里参观，看见一只倾斜的器皿在那里。孔子便问守庙的人说："这是什么器皿？"守庙的人回答道："这大概是君主放在座位右边警诫自己的器皿。"孔子说："我听说君主座位右边的器皿，空着便会倾斜，倒入一半水便会端正，灌满了水就会翻倒。"孔子回头对弟子们说："向里面倒水吧！"弟子们舀水去灌注。真的倒入一半水就端正了，灌满了水就翻倒了，空着时就倾斜了。孔子感慨地叹息说："唉！哪里有满了不翻倒的呢！"

子路说："我大胆地问先生，保持盈满有什么办法吗？"孔子说："聪明圣知，要用愚笨来保持它；功劳遍及天下，要用谦让来保持它；勇力超过当世，要用胆怯来保持它；富足拥有四海，要用节俭来保持它。这就是所说的抑制并贬损自满的办法啊。"

【原文】

孔子为鲁摄相，朝七日而诛少正卯①。门人进问曰："夫少正卯鲁之闻人也②，夫子为政而始诛之③，得无失乎？"

孔子曰："居！吾语女其故。人有恶者五，而盗窃不与焉④：一曰心达而险；二曰行辟而坚；三曰言伪而辩；四曰记丑而博⑤；五曰顺非而泽。此五者，有一于人，则不得免于君子之诛，而少正卯兼有之。故居处足以聚徒成群，言谈足以饰邪营众，强足以反是独立，此小人之杰雄也，不可不诛也。是以汤诛尹谐，文王诛潘止，周公诛管叔，太公诛华仕，管仲诛付里乙，子产诛邓析、史付，此七子者，皆异世同心，不可不诛也。"《诗》曰："忧心悄悄⑥，愠于群小⑦。"小人成群，斯足忧矣。

① 少正卯：春秋鲁大夫，曾与孔子讲学，使孔子的学生"三盈三虚"。
② 闻人：因有名而为人所知的人。
③ 始诛：先诛。诛，杀。
④ 与（yù）：归入，加入。
⑤ 丑：怪异。
⑥ 悄悄：忧貌。
⑦ 愠：愤怒。

孔子做鲁国的代理相国，上朝听政七天就杀了少正卯。他的弟子进来问他说："那少正卯，是鲁国有名的人。先生当政而先杀了他，该没有弄错了吧？"

孔子说："坐下！我告诉你其中的原因。人生有五种罪恶行径，而盗窃不包括在内：一是心里精明而用心险恶，二是行为邪僻而又顽固，三是说话虚伪而又动听，四是记忆丑恶的东西而又非常广博，五是顺从错误而又粉饰润色。这五种罪恶行径，一个人身上只要有一种，就难免被君子杀戮，而少正卯却兼有五种。他居住下来就足以聚集徒众而成群结队，他的言谈足以用来掩饰邪恶而蛊惑民众，他的强悍足以用来反对正确的而独立自主，这是小人中的雄杰，是不可不杀的。因此商汤杀了尹谐，周文王杀了潘止，周公杀了管叔，姜太公杀了华仕，管仲杀了付里乙，子产杀了邓析、史付。这七个人呀，都是处在不同的时代而有相同的邪恶心肠，是不可不杀的。"《诗经·邶风·柏舟》中说:"忧心忡忡,由于惹恼了那群小人。"如果小人成群结党,那就足以使人忧虑了。

孔子为鲁司寇,有父子讼者,孔子拘之,三月不别①。其父请止,孔子舍之。季孙闻之,不说,曰:"是老也欺予②,语予曰:'为国家必以孝。'今杀一人以戮不孝③,又舍之。"冉子以告。孔子慨然叹曰:"呜呼!上失之,下杀之,其可乎!不教其民而听其狱,杀不辜也。三军大败,不可斩也;狱犴不治④,不可刑也,罪不在民故也。"嫚令谨诛⑤,贼也;今生也有时,敛也无时,暴也;不教而责成功,虐也。已此三者⑥,然后刑可即也⑦。"《书》曰:"义刑义杀,勿庸以即,予维曰未有顺事。"言先教也。

① 别:决,辨别。
② 老:大夫之尊称。
③ 戮(lù):通"僇",羞耻。
④ 犴:狱。
⑤ 嫚:同"慢"。
⑥ 已:止。
⑦ 即:就。

孔子做鲁国掌管刑狱的司寇,有父子两人打官司,孔子拘留了儿子,过了三个月也不判决。他的父亲请求停止诉讼,孔子才释放了他的儿子。季桓子听说后,很不高兴,说:"这个老头子欺骗我,他曾告诉我说:'治理国家必须用孝道。'如今只要杀这一个人就可以使不孝之子感到羞耻,却又把人释放了。"冉求把这些话告诉了孔子。孔子感慨地叹息说:"唉!君主不教育民众遵守孝道,官吏处死不守孝道的人,这可以吗?平日不教育自己的民众而只是判决他们的诉讼,这简直是在滥杀无辜。全军大败,不可以斩首;监狱没有管理好,不可以加刑;这是由于罪不在民众身上的缘故。法令松弛却严加刑杀,这是残害;庄稼按一定的季节生长,而征收赋税却不时进行,这是残酷;不施行教育却要求成功,这是暴虐。制止这三种做法,然后才可以施加刑罚于人们。"《尚书·康诰》中说:"即使是合于法度的刑杀,也不要立即执行,我只能说,还没把事情理顺。"这是说要先进行教育。

191

◎ 哀公篇

题解

本篇取首句中"哀公"二字作篇名,没什么特别的含义。主要记述了哀公与孔子、定公与颜渊问政的对话,体现了儒家的政治主张,从中可以了解儒家的思想与学说。

原文

鲁哀公问于孔子曰:"吾欲论吾国之士与之治国,敢问何如取之邪?"

孔子对曰:"生今之世,志古之道,居今之俗,服古之服,舍此而为非者,不亦鲜乎?"

哀公曰:"然则夫章甫①、绚屦、绅而搢笏者②,此贤乎?"

孔子对曰:"不必然。夫端衣、玄裳③、絻而乘路者④,志不在于食荤;斩衰⑤、菅屦⑥、杖而啜粥者⑦,志不在于酒肉⑧。生今之世,志古之道,居今之俗,服古之服,舍此而为非者,虽有,不亦鲜乎!"

哀公曰:"善!"

注释

① 章甫:商代的一种礼帽,叫缁布冠。行冠礼后戴。
② 绅:士大夫束在腰间一头垂下的大带子。 笏(hù):古代大臣上朝时手中所执以记事的手板。
③ 玄裳:祭祀时所穿的黑色礼服。
④ 絻(miǎn):同"冕",士大夫所戴的礼帽。
⑤ 斩衰(cuī):古代的一种丧服。
⑥ 菅(jiān):茅草。
⑦ 啜(chuò)粥:古代丧礼之一,守孝期间不喝酒吃肉而食粥。
⑧ 志不在于酒肉:古礼规定,守丧不能喝酒吃肉。

译文

鲁哀公问孔子:"我想选择我国的人才与他们共同治理国家,冒昧地问一下该怎么选取呢?"

孔子回答道:"生在今天的世上,牢记古代的治国原则;处在今天的习俗中,穿着古代式样的服装;做到这样而干坏事的人不是很少吗?"

哀公说:"既然这样,那么戴着殷代式样的礼帽,穿着缚带的鞋子,结着宽大的腰带并插着笏板的人,他们都贤能吗?"

孔子回答道:"不尽然。那些穿着祭祀礼服、黑色礼袍,戴着古代礼帽,乘坐祭天大车的人,心思不在吃荤;那些披麻戴孝、穿着草鞋、持着孝棍吃薄粥的人,心思不在酒肉。生在今天的世上,牢记古代的治国原则;处在今天的习俗中,穿着古代式样的服装;做到这样而干坏事的人不是很少吗?"

哀公说:"好!"

【原文】

鲁哀公问舜冠于孔子,孔子不对。三问,不对。哀公曰:"寡人问舜冠于子,何以不言也?"

孔子对曰:"古之王者有务而拘领者矣①,其政好生而恶杀焉。是以凤在列树②,麟在郊野③,乌鹊之巢可俯而窥也④。君不此问,而问舜冠,所以不对也。"

① 务:通"帽"。便帽。古代礼帽曰"冠"。 拘领:圆领,便服。古代礼服为方领。
② 凤:传说为祥鸟。雄为凤,雌为凰。
③ 麟:传说为仁兽。雄为麒,雌为麟。
④ 乌:古代传说乌鸦反哺,视为孝鸟。

鲁哀公向孔子问到舜所戴的帽子,孔子不作回答。问了三次,也不回答。哀公问:"我向您问舜所戴的帽子,为何不说话呢?"

孔子回答道:"古时帝王有戴便帽和穿圆领便服的,他们的政治措施爱惜生命、憎恶刑杀,喜欢人们生存而厌恶杀人。因此凤凰栖息在树林里,麒麟活动在国都郊外,乌鸦、喜鹊的巢可以低头观察到。您不问这个,却问舜的帽子,所以我不回答啊。"

定公问于颜渊曰:"东野毕之善驭乎①?"

颜渊对曰:"善则善矣!虽然,其马将失②。"

定公不悦,入谓左右曰:"君子固谗人乎!"

三日而校来谒,曰:"东野毕之马失,两骖列③,两服入厩。"定公越席而起曰:"趋驾召颜渊!"

颜渊至。定公曰："前日寡人问吾子,吾子曰:'东野毕之驭善则善矣!虽然,其马将失。'不识吾子何以知之?"

颜渊对曰:"臣以政知之。昔舜巧于使民,而造父巧于使马。舜不穷其民,造父不穷其马,是以舜无失民,造父无失马也。今东野毕之驭,上车执辔,衔体正矣;步骤驰骋,朝礼毕矣④;历险致远,马力尽矣。然犹求马不已,是以知之也。"

定公曰:"善!可得少进乎?"

颜渊对曰:"臣闻之,鸟穷则啄,兽穷则攫,人穷则诈。自古及今,未有穷其下而能无危者也。"

① 东野毕:鲁定公时人,善驯马驾车。 驭:驾车。
② 失(yì):奔逃,逃逸。
③ 骖(cān):古代用四匹马拉的车,两边的马叫"骖",中间的马称"服"。 列:同"裂"。
④ 朝礼:古代朝廷规定的礼仪,这里指驭礼。

鲁定公问颜渊:"东野毕善于驾车吗?"

颜渊回答道:"好倒是好。虽然这样,但他的马将要逃跑了。"

定公很不高兴,进去对左右侍臣说:"君子原来是谗毁人的吗?"

三日后养马的人来拜见定公,说:"东野毕的马逃跑了。车旁的两匹马挣脱缰绳跑了,中间驾辕的两匹马回到了马棚。"定公离开坐席站起来说:"赶快驾车去召颜渊来。"

颜渊来了。定公问:"前日我问您,您说:'东野毕驾车,好倒是好。虽然这样,但他的马将要逃跑了。'不知道您是怎么知道的?"

颜渊回答道:"我是从处理政事的一般规律推测得知的。过去虞舜善于役使民众,而造父善于驱驾马车。虞舜不让他的民众穷困至极,造父不使他的马筋疲力尽,因此虞舜没有逃亡的民众,造父没有逃跑的马。今天东野毕驾车,登上马车手执缰绳,马嚼子和马身都端正了;无论慢行、快跑、驱赶、奔驰,全部合乎朝廷规定的礼仪;经历了各种险阻到达了远方,马力已经用尽,但他仍然驱马不停地奔走,因而我知道他的马会逃跑。"

定公说:"好!可不可以稍微深入地说说?"

颜渊回答道:"我听说过这样的话:'鸟儿走投无路会乱啄,野兽走投无路会乱抓,人走投无路会欺诈。'从古到今,还没有君主使臣民穷困至极、走投无路而能无危险的啊。"

◎ 附　录

荀子简表

公元前321—前319年(齐宣王在位)
　　十五岁(假定年龄)
　　　　初游学于齐。(据《通鉴大事记》)

前317年(齐宣王、齐湣王在位)
　　十七岁左右
　　　　苏秦被杀,张仪相秦。荀子"随而笑之"。(据《风俗通义》)

前316年
　　十八岁左右
　　　　燕王哙让国。此前荀子或曾游燕见哙。(据梁启雄《荀子柬释》、《韩非子》"燕王哙贤子之而非荀卿"。)

前286—前285年(齐湣王在位)
　　五十岁
　　　　荀子二次游学于齐。(《史记·孟子荀卿列传》:"年五十始来游学于齐。")

前285年
　　五十岁上下
　　　　荀子游说齐相,不听,遂适楚。

前284年—前255年(齐襄王在位)
　　五十岁以后
　　　　荀子复游齐,官祭酒。(《史记·孟子荀卿列传》:"荀卿三为祭酒焉。齐人或谗荀卿,荀卿乃适楚,而春申君以为兰陵令。"又,《史记·春申君列传》:"(楚)考烈王元年,以黄歇为相,封为春申君……春申君相楚八年,为楚北伐灭鲁,以荀卿为兰陵令。")

前267年
　　六十八岁上下
　　　　秦以范雎为相,号应侯。荀子入秦。

前266年
　　六十九岁上下

赵孝成王即位，荀子与临武君于赵孝成王前议兵。

前255年

八十岁左右

荀子仕楚为兰陵令。《荀子传徵》："中间以谗去楚归赵，赵以为上卿。未几复返楚为兰陵令。"

又，《荀子传徵》："当荀卿去楚归居于赵之时，与临武君议兵于赵孝成王之前，又应聘于秦，见昭王及应侯。"（据《荀子·儒效篇》："秦昭王问孙卿子曰……"《荀子·议兵篇》："临武君与孙卿子议兵于赵孝成王前……"《荀子·强国篇》："应侯问孙卿子曰：入秦何见？……"）

《风俗通义·穷通》："荀卿适楚，春申君以为兰陵令……春申君谢之，孙卿去之，游赵，应聘于秦。"

前238年（楚考烈王二十五年）

九十多岁

春申君被杀，荀子被废，居兰陵。（《盐铁论》："李斯相秦，荀卿为之不食。"已是公元前213年事，以此计荀子已近一百二十岁了。）

《荀子》名言警句

△学不可以已。（第001页）

△青，取之于蓝，而青于蓝；冰，水为之，而寒于水。（第001页）

△不登高山，不知天之高也；不临深溪，不知地之厚也。（第001页）

△吾尝终日而思矣，不如须臾之所学也；吾尝跂而望矣，不如登高之博见也。登高而招，臂非加长也，而见者远；顺风而呼，声非加疾也，而闻者彰。（第002页）

△蓬生麻中，不扶而直；白沙在涅，与之俱黑。兰槐之根是为芷，其渐之滫，君子不近，庶人不服。其质非不美也，所渐者然也。（第003页）

△居必择乡，游必就士。（第003页）

△肉腐出虫，鱼枯生蠹。怠慢忘身，祸灾乃作。强自取柱，柔自取束。邪秽在身，怨之所构。施薪若一，火就燥也；平地若一，水就湿也。（第003页）

△质的张而弓矢至焉，林木茂而斧斤至焉，树成阴而众鸟息焉。（第003页）

△积土成山，风雨兴焉；积水成渊，蛟龙生焉。（第004页）

△不积跬步，无以至千里；不积小流，无以成江海。骐骥一跃，不能十步；驽马十驾，功在不舍。锲而舍之，朽木不折；锲而不舍，金石可镂。（第004页）

△无冥冥之志者，无昭昭之明；无惛惛之事者，无赫赫之功。（第004页）

△玉在山而草木润,渊生珠而崖不枯。(第004页)
△真积力久则入,学至乎没而后止也。(第005页)
△君子之学也,入乎耳,箸乎心。(第005页)
△若挈裘领,诎五指而顿之,顺者不可胜数也。(第007页)
△百发失一,不足谓善射;千里跬步不至,不足谓善御。(第008页)
△不全不粹之不足以为美也。(第009页)

——以上《劝学篇》

△见善,修然必以自存也;见不善,愀然必以自省也。(第010页)
△身劳而心安,为之;利少而义多,为之。(第012页)
△良农不为水旱不耕,良贾不为折阅不市。(第012页)
△劳苦之事则争先,饶乐之事则能让。(第012页)
△骥一日而千里,驽马十驾则亦及之矣。(第013页)
△跬步而不休,跛鳖千里;累土而不辍,丘山崇成;厌其源,开其渎,江河可竭;一进一退,一左一右,六骥不致。(第013页)
△道虽迩,不行不至;事虽小,不为不成。(第013页)
△安燕而血气不惰,劳倦而容貌不枯。怒不过夺,喜不过予。(第015页)

——以上《修身篇》

△君子行不贵苟难,说不贵苟察,名不贵苟传,唯其当之为贵。(第017页)
△君子崇人之德,扬人之美,非谄谀也;正义直指,举人之过,非毁疵也。(第019页)
△公生明,偏生暗,端悫生通,诈伪生塞,诚信生神,夸诞生惑。(第023页)
△凡人之患,偏伤之也。(第023页)

——以上《不苟篇》

△虽有戈矛之刺,不如恭俭之利也。(第025页)
△与人善言,暖于布帛;伤人以言,深于矛戟。(第025页)
△饥而欲食,寒而欲暖,劳而欲息,好利而恶害,是人之所生而有也。(第029页)
△斩而齐,枉而顺,不同而一。(第033页)

——以上《荣辱篇》

△相形不如论心,论心不如择术。(第035页)
△形相虽恶而心术善,无害为君子也;形相虽善而心术恶,无害为小人也。(第035页)
△欲观千岁,则数今日;欲知亿万,则审一二。(第040页)
△以近知远,以一知万,以微知明。(第040页)
△赠人以言,重于金石、珠玉;观人以言,美于黼黻文章;听人以言,乐于钟鼓

琴瑟。(第041页)

△君子贤而能容罢,知而能容愚,博而能容浅,粹而能容杂。(第042页)
△言而非仁之中也,则其言不若其默也,其辩不若其讷也。(第043页)

——以上《非相篇》

△信信,信也;疑疑,亦信也。(第051页)
△言而当,知也;默而当,亦知也。(第051页)
△不知则问,不能则学,虽能必让,然后为德。(第051页)
△耻不修,不耻见污;耻不信,不耻不见信;耻不能,不耻不见用。(第053页)
△不诱于誉,不恐于诽。(第053页)

——以上《非十二子篇》

△满则虑嗛,平则虑险,安则虑危。(第060页)
△恭敬以先之,忠信以统之,谨慎以行之,端悫以守之。(第061页)
△伏而舐天,救经而引其足也。(第062页)
△时诎则诎,时伸则伸。(第062页)

——以上《仲尼篇》

△言必当理,事必当务。(第064页)
△凡事行,有益于理者,立之;无益于理者,废之。(第065页)
△凡知说,有益于理者,为之;无益于理者,舍之。(第065页)
△贵名不可以比周争也,不可以夸诞有也,不可以势重胁也。(第067页)
△贵名起如日月,天下应之如雷霆。(第067页)
△通则一天下,穷则独立贵名。(第069页)
△知之曰知之,不知曰不知。(第070页)
△以浅持博,以古持今,以一持万。(第070页)
△不闻不若闻之,闻之不若见之,见之不若知之,知之不若行之。(第071页)
△闻之而不见,虽博必谬;见之而不知,虽识必妄;知之而不行,虽敦必困。(第071页)
△习俗移志,安久移质。(第072页)
△积土而为山,积水而为海。(第073页)
△工匠之子莫不继事。(第073页)
△居楚而楚,居越而越,居夏而夏:是非天性也,积靡使然也。(第073页)

——以上《儒效篇》

△贤能不待次而举,罢不能不待须而废。(第075页)
△贤不肖不杂则英杰至,是非不乱则国家治。(第076页)
△争则必乱,乱则穷矣。(第077页)

△君者，舟也；庶人者，水也。水则载舟，水则覆舟。(第078页)
△无德不贵，无能不官，无功不赏，无罪不罚。(第079页)
△四海之内若一家。(第081页)

——以上《王制篇》

△乱则国危，治则国安。(第092页)
△百乐者，生于治国者也；忧患者，生于乱国者也。(第092页)
△能当一人而天下取，失当一人而社稷危。(第100页)

——以上《王霸篇》

△法者，治之端也；君子者，法之原也。(第105页)
△械数者，治之流也。(第106页)
△君子者，治之原也。(第106页)
△原清则流清，原浊则流浊。(第106页)
△隆礼至法则国有常，尚贤使能则民知方，纂论公察则民不疑，赏免罚偷则民不怠，兼听齐明则天下归之。(第112页)

——以上《君道篇》

△政令教化，形下如影；应卒遇变，齐给如响；推类接誉，以待无方。(第121页)
△人贤而不敬，则是禽兽也；人不肖而不敬，则是狎虎也。(第125页)

——以上《臣道篇》

△凡流言、流说、流事、流谋、流誉、流诉，不官而衡至者，君子慎之。(第128页)
△川渊深而鱼鳖归之，山林茂而禽兽归之。(第128页)
△川渊枯则龙鱼去之，山林险则鸟兽去之。(第128页)

——以上《致士篇》

△上得天时，下得地利，观敌之变动，后之发，先之至，此用兵之要术也。(第133页)
△用兵攻战之本在乎壹民。(第133页)
△兵要在乎善附民而已。(第133页)
△知莫大乎弃疑，行莫大乎无过，事莫大乎无悔。(第139页)
△虑必先事而申之以敬，慎终如始，终始如一。(第139页)
△凡百事之成也，必在敬之；其败也，必在慢之。(第139页)

——以上《议兵篇》

△天行有常，不为尧存，不为桀亡。(第143页)
△大巧在所不为，大智在所不虑。(第145页)
△天不为人之恶寒也，辍冬；地不为人之恶辽远也，辍广。(第147页)
△大天而思之，孰与物畜而制之！从天而颂之，孰与制天命而用之！望时而

待之，孰与应时而使之！（第150页）

　　　　　　　　　　　　　　　——以上《天论篇》

△足以率一道，足以治万变。（第154页）
△声乐之入人也深，其化人也速。（第155页）

　　　　　　　　　　　　　　　——以上《乐论篇》

△凡人之患，蔽于一曲，而暗于大理。（第162页）
△知贤之谓明，辅贤之谓能。勉之强之，其福必长。（第164页）
△道者，体常而尽变，一隅不足以举之。（第165页）

　　　　　　　　　　　　　　　——以上《解蔽篇》

△名无固宜，约之以命，约定俗成谓之宜，异于约则谓之不宜。（第174页）
△名有固善，径易而不拂，谓之善名。（第175页）

　　　　　　　　　　　　　　　——以上《正名篇》

△愚而自专事不治。（第176页）

　　　　　　　　　　　　　　　——以上《成相篇》

△天下不治，请陈佹诗。（第187页）

　　　　　　　　　　　　　　　——以上《赋篇》

△虚则欹，中则正，满则覆。（第189页）
△中而正，满而覆，虚而欹。（第189页）
△聪明圣知，守之以愚；功被天下，守之以让；勇力抚世，守之以怯；富有四海，守之以谦。（第189页）
△居处足以聚徒成群，言谈足以饰邪营众，强足以反是独立。（第190页）
△三军大败，不可斩也；狱犴不治，不可刑也，罪不在民故也。（第191页）

　　　　　　　　　　　　　　　——以上《宥坐篇》

△生今之世，志古之道，居今之俗，服古之服。（第192页）
△舜不穷其民，造父不穷其马，是以舜无失民，造父无失马也。（第194页）
△鸟穷则啄，兽穷则攫，人穷则诈。（第194页）

　　　　　　　　　　　　　　　——以上《哀公篇》

《荀子》主要版本

清王先谦《荀子集解》（光绪辛卯思贤讲舍本）
宋浙本《荀子》（文物出版社影印，原本今藏北京图书馆）
古逸丛书本《荀子》（民国十八年上海涵芬楼影印）

安雅堂刻本《荀子》(乾隆丙午嘉善谢墉安雅堂刻)
《六子全书》本《荀子》(明嘉靖十二年顾春世德堂刊)
方苞删定本《荀子》(乾隆元年刊)
郝懿行《荀子补注》(齐鲁先哲遗书)
日本久保爱《荀子增注》(日文政八年即1825年平安书林水玉堂刊)
刘师培《荀子补释》(刘申叔先生遗书本)
刘师培《荀子斠补》(刘申叔先生遗书本)
高亨《荀子眉笺》(稿本)
杨树达《读荀子小笺》(稿本)

《荀子》重要研究著作

王先谦《荀子集解》
俞樾《荀子诗说》
刘师培《荀子补释》
梁启雄《荀子简释》(原名《荀子柬释》)
钟泰《荀注订补》
于省吾《双剑誃荀子新证》
张觉《荀子译注》
三秦出版社中华传统文化丛书《白话荀子》
岳麓书社《白话荀子》
齐鲁书社《荀子诂释》
北京大学出版社《荀子新注》
罗根泽《先秦散文选》
方孝博《荀子选》
日本久保爱《荀子增注》
日本物茂卿《读荀子》
日本冈本保孝《荀子考》
日本猎饲彦博《荀子补遗》

图书在版编目（CIP）数据

荀子 / 孙安邦译注 . —2 版 . —太原：三晋出版社，2008.4（2024.5 重印）

（中国家庭基本藏书·诸子百家卷）

ISBN 978 – 7 – 80598 – 922 – 8 – 01

Ⅰ.荀… Ⅱ.孙… Ⅲ.①儒家②荀子—译文③荀子—注释 Ⅳ.B222.6

中国版本图书馆 CIP 数据核字（2008）第 054766 号

荀　子

译 注 者：孙安邦

责任编辑：张雪琴	审 订 者：孙安邦
封面设计：敬人工作室	版式设计：敬人工作室
责任校对：张雪琴	责任印制：李佳音

出版发行：山西出版集团·三晋出版社
地　　址：太原市建设南路 21 号
电　　话：（0351）4956036（咨询）　　4922268（邮购）
传　　真：（0351）4922102
网　　址：www.sxskcb.com
邮　　编：030012

印刷装订：山西新华印业有限公司

（本书如有破损、缺页、装订错误，请与本社联系调换）

| 开　　本：787mm×960mm　　1/16 |
| 字　　数：260 千字 |
| 印　　张：13.5 |
| 版　　次：2008 年 4 月第 2 版 |
| 印　　次：2024 年 5 月第 2 次印刷 |
| 书　　号：ISBN 978 – 7 – 80598 – 922 – 8 – 01 |
| 定　　价：52.00 元 |

版权所有，翻印必究。本书图文未经书面授权，不得以任何方式转载或公开发表。